21 世纪全国高等医药院校规划教材

卫 生 法 学

主 编 刘 艳

副主编 方和金

编 委 （排名不分先后）

王朝阳　汪 珍　汪 奇　王 华

夏一鑫　秦 明　赵艳宏　范晨荟

郑 义　张爱华　朱 佳　刘光翀

中国医药科技出版社

图书在版编目（CIP）数据

卫生法学/刘艳 主编． -北京：中国医药科技出版社，2006.8
ISBN 978-7-5067-3484-4

Ⅰ．卫… Ⅱ．刘… Ⅲ．卫生法--法的理论--中国

Ⅳ．D922．161

中国版本图书馆 CIP 数据核字(2006)第 087798 号

出　版	中国医药科技出版社	
地　址	北京市海淀区文慧园北路甲22号	
邮　编	100082	
电　话	发行：010-62227427　邮购：010-62236938	
网　址	www.cmstp.com	
规　格	$787 \times 1092mm^1/_{16}$	
印　张	$15^1/_4$	
字　数	390千字	
版　次	2006年8月第1版	
印　次	2013 年 2 月第 3 次印刷	
印　刷	北京印刷一厂	
经　销	全国各地新华书店	
书　号	ISBN 978-7-5067-3484-4	
定　价	23.00元	

本社图书如存在印装质量问题请与本社联系调换

出 版 说 明

　　随着我国高等教育改革的深入，我国的高等医学教育在教学体制、教学理念、学科设置和教学内容等多方面都取得了长足的进步。21世纪的医学教育将更加注重人才的综合培养：不仅要培养学生具有学科专业知识和能力，而且要具有知识面宽、能力强、素质高的特点，注重创新精神、创新意识、创新能力的培养。

　　教材建设是教学改革的关键环节。长期以来，医学教育教材的单一已不能体现各高校的办学特点，也不能体现教学改革与教学内容的更新。教材的多元化和具有地方性特色是教材建设的必要手段。因此，为了适应21世纪医学教育发展的需要，我们组织有关专家编写了这套"21世纪全国高等医药院校教材"。

　　本套教材的编写是在充分向各医学院校调研、总结归纳的基础上开展的。在编写过程中特别注重体现各学科的基本理论、基本方法和基本技能，力求体现内容的科学性、系统性、实用性和可读性，最大程度地满足师生们的要求。在基本理论和基本知识上以"必须，够用"为度，并作适当扩展；重点强调基本技能的培养，突出实用性。本套教材紧扣人才培养目标和教学大纲，适当兼顾各校学生不同起点的要求，以确保教材的实用性和通用性，可供高等医药院校临床、基础、预防、护理、口腔、药学、检验、卫生管理等专业使用。

　　该套教材汇集了各学科相关专家多年来教学经验和实践经验，在编写过程中付出了大量心血，也做了很多有益的尝试和创新。衷心希望这套教材能够为我国的医学教育贡献一份力量。当然，由于时间仓促，不可避免地还会存在各方面不足，欢迎各院校师生批评指正。

编　者

目　　录

第一章　卫生法概述

【目标解读】
1. 理解卫生法的概念及基本原则
2. 了解国内外卫生法的发展历程
3. 了解卫生法的作用

第一节　卫生法的概念及基本原则

一、卫生法学的概念

(一) 卫生法

卫生法是指由国家制定或认可，并由国家强制力保证实施的、在调整和保护人体健康的活动中形成的各种社会关系的法律规范的总称。卫生法规定了所有卫生部门的组成、职责、权限、活动原则、工作程序和工作方法，规定了卫生部门与公民个人、社会群体在卫生活动领域的权利和义务，为国家卫生行政机关、医疗卫生单位在行使其职权及卫生业务开展方面提供了法律依据和保障，也保护了广大人民的合法权益。卫生法是我国社会主义法律体系的一个组成部分，其宗旨是保护和增进人民健康，促进卫生事业的发展。

卫生法有狭义和广义之分。狭义的卫生法仅指由全国人民代表大会及其常务委员会所制定的各种卫生法律；广义的卫生法，不仅包括上述各种卫生法律，而且还包括被授权的其他国家机关制定和颁布的从属于卫生法律的在其所辖范围内普遍有效的法规和规章，如卫生条例、规则、决定、标准、章程、办法等，还包括宪法和其他部门法律中有关卫生的内容。

(二) 卫生法学

卫生法学是研究卫生法律规范及其发展规律的一门学科。卫生法学是自然科学和社会科学相互渗透和交融，并随着生物－心理－社会医学模式的产生而发展起来的一门新兴的边缘交叉学科。从医学角度看，卫生法学属于理论医学的范畴；从法学角度看，卫生法学则是法律科学中一门有关医药卫生问题的应用科学。

"卫生"一词在这里应作广义的理解，即泛指为维护人体健康而进行的一切个人和社会活动的总和。它有3个基本环节：一是使人体在出生前后便有一个比较强健的体质；二是促使人体在生活和劳动过程中增强体质，能够避免和抵御外部环境对人体的不良影响，并保持完满的精神状态和良好的社会适应能力；三是对业已患病的人体进行治疗，使之恢复健康。随着社会的发展和自然科学的进步，卫生已成为一项重要的社会事业和具有科学内涵的知识体系。

二、卫生法的基本原则

卫生法的基本原则是指在我国整个社会主义卫生法制建设过程中必须始终遵循的用以调整卫生关系的具有普遍指导意义的准则。它贯穿于卫生立法、卫生司法和卫生守法等一切卫生活动中。要在卫生立法中体现它，在卫生执法和守法中贯彻它。

从广义上讲，四项基本原则是我国一切工作的基本指导思想，也是我国卫生法所应遵循的基本原则。民主原则、社会主义原则等是整个社会主义法制的原则，当然也是卫生法的基本原则。从狭义上讲，卫生法的基本原则是指卫生法所特有的原则。

（一）保护公民健康原则

保护公民身体健康是我国一切卫生工作和卫生立法的根本宗旨和最终目的。根据这一原则，我国每个公民都依法享有改善卫生条件、获得基本医疗保健的权利。这项权利将保障公民增进身体健康，提高生命质量。这一原则首先体现在我国各项卫生立法中。作为我国根本大法的宪法中，专门规定了有关维护人体健康的条文。此外，《中华人民共和国药品管理法》、《中华人民共和国执业医师法》、《中华人民共和国食品卫生法》、《中华人民共和国传染病防治法》等法律中，均将保护公民健康作为立法宗旨。我国刑法中对危害公共卫生罪作了专门规定，旨在加大保护公民身体健康的力度。虽然我国卫生法制尚不健全，卫生立法还任重道远，但保护公民身体健康的立法宗旨将永远不变。

其次，这一原则体现在我国确立的各种卫生制度中和卫生机构的设置上。新中国成立以后，我国迅速着手建立卫生管理机构和医药卫生机构，特别是基层卫生机构，这些机构为保护公民身体健康提供了保障。如卫生防疫机构特别是基层防疫网和保健网的建立和不断完善，使我国传染病的发病率及死亡率大大降低，有效保护了人民的身体健康。

人民群众是国家的主人，是一切物质财富和精神财富的创造者，因此，一切卫生工作和活动都必须从全体公民的利益出发。保护人体健康，使人人享有卫生保健的权利，这是一切卫生工作和卫生立法、司法的出发点和归宿。

（二）预防为主的原则

预防为主是我国卫生工作的根本方针，它是卫生立法及司法必须遵循的一条重要原则。预防和治疗，是医疗卫生保健工作的两大基本组成部分，是有机联系、不可缺一的两个方面。在这两个方面中，预防显得尤为重要。我们应正确处理防病和治病的关系，把防疫工作放在首位，坚持防治结合，预防为主。重视预防工作，加大医疗卫生基本设施建设力度，彻底改变不良卫生习惯，严格把住生产、工作、学习、生活等环节的医疗卫生质量要求，就可控制和减少疾病。因而，卫生工作要坚持"预防为主，综合治理"的方针。对待疾病，首先从预防着手，做到无病防病、有病治病、防治结合、立足于防。实践证明，预防为主、积极主动地同疾病做斗争的方针，对控制疾病的发生和流行，保护和增进人体健康，具有投入少、效益高的特点。

新中国成立后，党和政府一贯重视卫生预防工作，并迅速建立了卫生预防机构，大力开展卫生防疫工作和爱国卫生运动，对消灭和控制各种传染病的发生和传播起到了重要的作用。卫生法制建设应紧紧围绕这个中心，从有利于增强预防保健机构的自我发展入手，加强卫生预防立法和司法工作。随着我国工业的发展，特别是乡镇企业的兴起，工业废物、环境污染、食品加工不良、假冒伪劣药品、医疗责任事故等危害公民健康的新因素不断增加，如何加强管理，解决这些新问题，已成为卫生立法的迫切任务。随着现代医学的发展和医学模式的转变，人们日益重视心理、社会、环境对人体的影响，预防的内涵和外延也在变化。过去占我国死亡率首位的传染病正退居次要地位，而心脑血管疾病等则上升为主要疾病，这些疾病与人们的生活方式、行为、环境、心理等因素密切相关。卫生立法和司法应相应转移预防的重点，扩大预防的范围。

我国政府在医疗卫生管理及立法中充分体现了"预防为主"的原则，先后制定并发布了关于预防接种、妇幼保健、传染病防治、国境卫生检疫、环境污染防治以及食品卫生、药品管理等法律法规，并建立了相应的机构和制度。近年来又发布了有关艾滋病防治、SARS 防治等对新出现的传染病的管理、预防的法规。刑法中也对危害公民生命健康的行为进行了规范，如规定了非法采集供应血液罪、传播性病罪等。这些法律、法规及规章都体现了"预防为主"的基本原则和精神。

（三）中西医协调发展原则

中西医协调发展原则是指在对疾病的诊疗护理中，要正确处理中国传统医学和西方医学的关系，要认真学习现代医学，努力发展和提高现代医学的科学技术水平。同时还必须努力继承和发展祖国传统医学遗产，运用现代科学技术知识和方法对其加以研究、整理、挖掘，把它提高到现代科学水平，从而使中西两个不同理论体系的医学互相取长补短、协调发展。我们既要认真学习现代医学，也不能偏废传统医学，注重中西医相互吸收、相互结合、协调发展。中西医各自的长处和缺点决定了它们彼此不能互相取代。

中西医协调发展，一方面有利于中医的发展，因为现代科技的应用使中医在诊断方法和治疗技术上更加合理；同时，应用现代科技对中医理论加以分析、证实和说明，更有利于中医的继承和发扬。另一方面，中西医协调发展也有利于西医的发展，中医的辨证施治理论和丰富的医疗经验也将充实西医的内容，有利于现代医学的进一步发展。将中西医协调发展确立为卫生工作的基本原则，并以法律手段将其贯彻实施，将大大促进我国医学卫生事业的发展，并最终有利于公民的健康。

（四）国家卫生监督原则

这是指卫生行政机关或国家授权的卫生职能部门对辖区内有关单位和个人执行国家颁布的卫生法律、法规、条例和标准情况进行的监察、督导。

任何法律的有效实施，都必须要有强有力的监督措施，卫生法也是如此。因此，我国必须加强卫生法规的监督执法力度。目前，公民的法律意识还较薄弱，受市场经济利益机制的驱动，某些部门、单位、个人只重经济发展，追求短期效益，不重社会效益和环境保护，甚至见利忘义，置他人的生命健康于不顾。这些行为都严重危害到了广大人民群众的切身利益，需要我们加大监督力度。实行国家卫生监督原则，必须把行政性监督与社会监督、群众监督紧密结合起来，严格依法办事，同一切违反卫生法规的现象做斗争，直至追究法律责任。

（五）患者权利自主原则

患者权利自主原则是指患者自己决定和处理卫生法所赋予的患者权利。20世纪70年代以来许多国家如荷兰、丹麦、美国等，越来越重视患者权利的保护问题，有的甚至制定了专门的患者权利保护法。美国著名学者安纳斯鉴于1972年美国医院协会的"病人权利法案"有关病人权利条文不够理想，提出了一个可作样板的病人权利法案草案，在更宽泛的范围内规定了权利的内容。虽然病人权利运动仍然处于初级阶段，但我们可以看出，这一运动有它的必然性。而在我国，维护病人权利，尊重患者自主意识，同样有它的必然性。我国目前虽然还没有专门的患者权利保障法，但我国现行的卫生法律、法规都从不同的角度对患者的权利，如医治权、知情权、同意权、隐私权、参与权、申诉权、赔偿请求权等作了明确具体的规定。如《医疗事故处理条例》第11条规定："在医疗活动中，医疗机构及其医务人员应当将患者的病情、医疗措施、医疗风险等如实告知患者，及时解答其咨询；但是，应当避免对患者产生不利后果。"虽然，这一条款是从医疗机构及其医务人员应当履行的义务角度来说的，但它从患者享有权利的角度来看，明确了患者的知情权。

第二节　卫生法的发展历程及其作用

一、卫生法的发展历程

公元前3000年左右，古埃及就颁布了有关卫生的法令，这些法律对于公共卫生和清洁居室、屠宰食用动物和正常饮食、性关系、掩埋尸体、排水以及处罚违纪医生、严禁弃婴等都有明确的规定。公元前2世纪的古印度的《摩奴法典》规定，医生出现医疗事故，处以罚金；其数目大小依病人的等级而定。公元前450年，古罗马的《十二铜表法》规定，医生疏忽而使奴隶死亡要赔偿。《科尼利阿法》规定，医生使病人致死，罚以放逐或斩首；还规定医生给人春药、堕胎，则处以流放或没收部分财产，如病人因之死亡，则施术者处死刑。1140年，西西里国王罗格尔二世曾下令，"为了避免王室臣民因一些经验不足的医生治疗的危险，对于未经政府考试证明已经修完了一定医学课程的医生，禁止开业"。这是欧洲历史上最早由官方颁布的关于医生资格及活动等方面的规定，以约束医生，保护病人，同时又给医生和病人以法律上的保障，只是各国各地依政府体制状况而不尽相同。

约公元前1792年至公元前1750年，古巴比伦第六代国王汉谟拉比在位时所制定的《汉谟拉比法典》，不但是一部世界最古老、最完整的奴隶制法典，而且还是一部论述详细、内容准确的医药卫生法典。

（一）国外卫生法发展历程

在世界各国的法律中，早就有与医疗卫生有关的法律规范。公元前 3000 年左右，古埃及就开始颁布一些有关医药卫生方面的法令。公元前 1750 年，古巴比伦国王汉谟拉比所颁布的世界上最古老的成文法典《汉谟拉比法典》，其中记载医药的条文 40 条款，约占整个条文的 1/7。内容涉及到公共卫生、食品保洁、医事组织、医疗事故赔偿制度等卫生法规和当时社会的卫生法治思想。古印度和古希腊的法律中，也都有关于医药卫生方面的法律规定，如公元前 2 世纪古印度的《摩奴法典》中规定僧侣不得娶病家女子为妻，规定死者火葬，提倡素食，重罚酗酒者等。

在所有古代奴隶制社会中，罗马奴隶制社会的医疗卫生法律最为发达，涉及到医疗卫生的许多方面，其中最著名的是公元前 450 年颁布的《十二铜表法》、《阿基拉法》、《科尼利阿法》、《得森维尔法》。这些法对医生的管理监督、医疗事故的处罚赔偿、城市预防疾病、食品卫生监督、妓女的管理、妇女的怀孕时间等方面都作了明文规定。特别值得一提的是，古罗马人在历史上首次规定了行医的许可制度，这在今天看来也是非常杰出的。因此，古罗马法对以后的卫生立法具有较深远的影响。

公元 5 世纪，欧洲封建国家先后兴起，在这一时期，各国卫生法所规定和调整的范围有所扩大，医疗卫生的许多方面都出现了成文法规，对医生的资格要求更为严格。如 13 世纪法国的腓特烈二世制定发布的《医生开业法》、《药剂师开业法》。此后，欧洲其他国家亦相继发布类似的法规，并编撰一系列药典，如 1499 年《佛罗伦萨药典》、1546 年《纽伦堡药典》与 1618 年《伦敦药典》，这些都对促进药品管理有相当大的作用。

中世纪后期，由于医学的发展和医科学校的出现，许多国家对卫生、药品和食品等方面的管理，都作了法律上的规定，并出现了带有资本主义因素的法规，有的成了近代法律的雏形。如 13 世纪法国国王腓特烈二世颁布了《医生开业法》、《药剂师开业法》以及有关医科学校管理的法令。随着资本主义的发展，卫生法也进入了发展阶段，许多国家出现了专门的卫生法。如 13 世纪威尼斯制定了药剂师管理规章；14 世纪，威尼斯、马赛等地颁布了检疫法，开创了国境卫生检疫的先河；15 世纪前后，佛罗伦萨、纽伦堡、巴赛尔等地都出现了药典。英国 1601 年制定的《伊丽莎白济贫法》是最早的现代资产阶级卫生立法，影响最久，达 300 余年。1848 年又制定了《卫生法》，1859 年公布了《药品食品法》，1878 年颁布了《全国检疫法》，以后又逐步制定了《助产士法》、《妇幼保健法》、《精神缺陷法》、《国家卫生服务法》、《卫生和安全法》等。美国纽约市 1866 年通过了《都会保健法案》，1902 年制定了有关生物制品的法规，1906 年颁布了《纯净食品与药物法》，1914 年制定了《联邦麻醉剂法令》等。

二次世界大战后，随着社会经济的发展和科学技术的进步，卫生立法在各国受到普遍的重视。在各国的宪法中都明确规定公民享有健康保护权。各国分别制定了关于医院管理的医政法规，规定了医师、药师、助产士、医学检验人员的职权范围、惩罚办法及考试措施等。在劳动保护、控制传染病的法律、卫生检疫法律等方面也都建立了相应法律。在社会福利事业上，各国相继制定了老人保健法、精神卫生法、福利法、国民健康保险法等等，使医药卫生法在社会生活的各个方面发挥越来越大的作用。

进入 20 世纪 60 年代以后，卫生立法得到了迅速发展，在社会生活中的作用越来越重要。世界上许多国家都把卫生立法作为贯彻实施国家提出的医疗卫生方针政策，实现医疗卫生领域重大战略目标的主要手段。虽然各国政治、经济、历史、文化传统有所差异，但都根据各自国家不同时期的任务和存在的卫生问题，加强了卫生立法。其主要内容涉及到公共卫生、疾病防治、医政管理、药政管理、医疗保健、健康教育、精神卫生等诸多方面。

(二) 中国卫生法发展历程

奴隶制时代的卫生法是我国卫生立法的启蒙时期。商朝就已产生了卫生法律条文，如《韩非子·内储记》中有"殷之法，刑弃灰于街者。"亦即禁止在街上倾倒生活垃圾的规定。西周的《周礼》详实地记载了当时的医事管理制度，包括司理医药的机构、病历书写和医生考核制度等。当时，医生已是一种官职，并有专业分工。医师为众医之长，其职责是"医师掌医之政令，聚毒药以供医事"。在宫廷中，医生分为"食医"（营养）、"疾医"（内科）、"疡医"（外科）、"兽医"四科。医师之下，又设有上士、中士、下士（皆为医官），史（管文书医案），府（管药物、器械、会计），徒（供使役、看护）等官职。在管理方面，建立了世界上最早的关于病历书写和死亡报告制度。"凡民之有疾病者，分而治之。死终，则各书其所以，而入于医师。"此外，周代还建立了对医师实行年终考核制度。另外，在个人卫生、环境卫生、预防保健方面也有一些规定，如对死者要埋葬，隔离麻风病人等。

两千多年的封建社会，尽管封建王朝兴衰更替，但是都比较重视制定卫生法规和建立比较完备的卫生管理制度。秦代起，封建社会有了比较系统的法典，如《秦律》、《汉律》。有关医疗卫生方面的规定也在这些法典中出现。在医疗机构的设置上，秦代在中央政府中设有太医令丞，掌管医疗政令。《秦律》规定了禁止杀婴、堕胎等。到了汉代，开始对医和药分别设官管理，并为适应战争需要，建立军医制度。从两晋经隋唐至五代，伴随着封建法典的不断完善和医学的发展，卫生管理制度逐步完善。《唐律》是世界上封建社会中最系统和最严密的法典之一，《唐律》的记载中有："凡律十有二章，——今二十有七篇，分为三十卷——其中二十七是医疾。"关于医事的律令，如医生不能欺诈病人，"诸医违方诈疗疾病而取得财物者，以盗论。"关于药事的律令，如"合和御药误不如本方及封题者，医绞。"关于卫生保健方面的律令，如禁止同姓结婚，"同姓为婚者，各徒 3 年。"《唐律》还对官方征用医师的考试和录用、医校的设置等作了规定。

宋金元时期，卫生制度在许多方面沿袭唐制，但在卫生立法上有所发展。北宋王安石为相时，颁布了《市易法》，由政府控制药品交易。官药局实施轮值制度，保证昼夜供药，并规定有对药品的检验制度和特殊情况的免费供药制度。宋代还颁布了《安剂法》，规定医务人员人数及升降标准，这是我国最早的医院管理条例。宋代的法律规定，庸医伤人致死依法绳之；凡利用医疗诈取财物者，以匪盗论处。值得一提的是，宋代法医学有了迅速发展。宋慈所著的《洗冤集录》成为死伤断狱的法典，后世法医著作大多以它为蓝本。

到了明代，《大明会典》规定，医家要世代行医，不许妄行变动；太医院的医师必须是医家子弟经过考试录用；对合和御药错误、使用毒药杀人、庸医杀人应予以处罚。明代开始，制定了记录详细、项目完整、层次固定的病案格式。清王朝建立后，先是因沿明代法典，后制定了《大清律》。在《清朝通典》中对太医院的职责、医师的升补告退等作了具体规定。对庸医和失职人员，清《新清律》规定了非常具体明确的认定标准和处刑方式。在传染病方面，清政府就天花和其它一些疾病的防治发布命令，如对天花患者，政府设有"种痘局"进行管理。"京师民有痘者，令移居出城，杜传染"。

中华民国时期的卫生法是我国卫生立法专门化、具体化的时期。国家设卫生部负责全国医药卫生工作，医药卫生管理制度日趋完备，曾制定了《全国海港检疫条例》、《公立医院设置规则》、《中医条例》及《医师法》、《药师法》、《医事人员检核办法》、《中医师检核办法》、《传染病预防条例》等法规。

新民主主义革命时期的卫生法是中国共产党在革命根据地制定的。中国共产党对根据地人民的身体健康十分关心和重视，在大力开展卫生工作，建立健全卫生管理机构的同时进行了卫生立法，先后颁布实施了《卫生法规》、《卫生运动纲要》、《卫生防疫条例》、《战时卫生勤务条例》等，在中国卫生法历史上揭开了崭新的一页。这些法规的实施，使根据地的卫生事业有法可依，有章可循，也为新中国成立后的卫生立法奠定了基础。

中华人民共和国的成立标志着我国卫生法进入了新的历史时期，其发展可分为三个阶段。

第一阶段　从中华人民共和国成立到1954年第一部宪法公布。这一时期制定了大量的卫生法规来促进卫生事业的发展和保障公民的身体健康。如起临时宪法作用的《共同纲领》第四十八条明确规定"推广医药卫生事业，并注意保护母亲、婴儿和儿童的健康"，为当时的卫生立法指明了方向。此后，先后颁布了《中央人民政府卫生组织条例》、《种痘暂行办法》、《交通检疫暂行办法》、《管理麻醉药品暂行条例》、《工厂卫生暂行条例》、《医师暂行条例》、《中医师暂行条例》及《民用航空检疫暂行办法》等。这是卫生立法的起步阶段。

第二阶段　1954～1966年。在宪法指导下，国家先后颁布了大量的卫生法规。1954年卫生部颁发的《卫生防疫暂行办法》促进了各级卫生防疫站的建设。在此基础上发布的《卫生防疫站工作条例》保证了卫生防疫工作的顺利开展。1955年卫生部颁发的《传染病管理办法》规定了法定传染病的种类、报告制度及处理办法。在劳动卫生及食品卫生方面，先后颁发了《工厂安全卫生规程》、《工业企业卫生设计暂行卫生标准》、《职业病范围和职业病患者处理办法》、《职业病中毒和职业病报告试行办法》、《食品卫生管理试行条例》、《饮用水质标准》等一系列条例和标准。1957年公布了《中华人民共和国国境卫生检疫条例》及其实施细则，使国境卫生检疫工作有了法律保证。在药政方面先后颁发了《关于加强药政管理的若干规定》、《管理毒药、限制剧毒药暂行规定》等，1965年又再版了《中华人民共和国药典》。这一时期的卫生立法工作虽取得了一定的成绩，但由于国内卫生立法经验不足，也不注重借鉴外国卫生立法经验，整个国家也存在轻视法制的思想，卫生法制工作未达到应有的水平。1966～1976年十年动乱期间，社会主义法律制度被破坏，卫生法制也遭到了践踏，卫生法发展中断。

第三阶段　党的十一届三中全会以来，社会主义民主和法制建设得到了加强，卫生立法工作有了突破性进展，卫生法制建设进入了健康、稳步、兴旺发展的崭新历史阶段。1982年宪法中有关国家发展医疗卫生事业、保护人民健康的规定，为新时期卫生立法指明了方向，提供了依据。随着社会主义市场经济的逐步形成、完善和卫生改革的不断深化，卫生法制建设日益重要和迫切，卫生立法步伐大大加快。改革开放以来的 20 年间，全国人民代表大会常务委员会已制定了《中华人民共和国食品卫生法》、《中华人民共和国药品管理法》、《中华人民共和国国境卫生检疫法》、《中华人民共和国传染病防治法》、《中华人民共和国红十字会法》、《中华人民共和国母婴保健法》、《中华人民共和国献血法》、《中华人民共和国执业医师法》等 8 部卫生法，居文教卫生系统立法工作之首，且其立法层次和法律地位均较高，国务院制定发布和批准发布的卫生行政法规有 100 多个，如《麻醉药品管理办法》、《精神药品管理办法》、《医疗用毒性药品管理办法》、《放射性药品管理办法》、《医疗事故处理条例》、《公共场所卫生管理条例》等。卫生部制定和颁发的卫生规章及其他规范性文件数以千计，如《全国医院工作条例》、《医院工作制度》、《医院工作人员职责》、《药品卫生标准》、《药品管理实施办法》等。各省、自治区、直辖市也结合实际制定了一批地方性法规，使我国的医药卫生事业逐步走上法制化轨道，也使我国卫生法体系初步形成。

二、卫生法的作用

（一）贯彻党的卫生政策，促进卫生事业发展

在社会主义建设中，卫生事业占有重要地位，它决定着能否提高人民的健康水平和促进民族的繁衍，决定着能否调动人民的生产积极性，为建设社会主义事业贡献力量。党和国家为保证人民的心身健康，通过卫生立法，使党和国家的卫生政策具体化、法律化，成为具有相对稳定性、明确规范性和国家强制性的法律条文。卫生行政部门和司法机关可以根据卫生法律规范的规定，坚持依法行政，切实保护公民和社会组织的合法权益，从"人治"走向"法治"；公民和社会组织也可以对照卫生法律规范的规定，判断和约束自己的卫生行为，自觉改变不良卫生习惯，使党和国家的卫生政策通过法律这一强制措施得以落实。

发展卫生事业，管理十分重要，除采取行政、经济、科技、教育等手段外，还必须采取强有力的法律手段。通过卫生立法，可使国家卫生管理工作有章可循，有法可依，使卫生工作向科学化、社会化和法制化发展，从而促进社会主义卫生事业的发展。

（二）保障公民生命健康

卫生工作的目的是防病治病，保护人类健康。为了保证这一目的的实现，从事卫生工作的人员，必须增强卫生法制观念，严格遵守卫生技术规范，各司其职，各负其责。但是，如果不用法律来规范这些卫生活动，或者这些规范不能为卫生工作者切实遵循，那么卫生工作的目的是无法实现的。卫生法就是国家围绕并实现这一目的而制定的行为规范的总和。特别是把现代卫生工作中的许多卫生标准、卫生技术规范和操作规程变成了具有国家强制力的法律规范，使公民的生命健康权从法律上得到有效保障。

（三）促进医学科学和经济的发展

卫生法是保证和促进医学科学发展的手段。医学的存在是卫生立法的基础，卫生法的

制定与实施是保证和促进医学发展的重要手段。我国颁布的许多卫生法律、法规和规章，使医疗卫生事业从行政管理上升为法律管理，从一般技术规范和医德规范提高到法律规范，为医学科学的进步和发展起着强有力的法律保障作用。20世纪以来，医学的进步还向法律提出了一系列新的课题，如试管婴儿、精子库、器官移植、变性手术、克隆技术等。因此，必须用法律这惟一具有国家强制力的手段来控制、规范并促进医学沿着造福于人类的方向而不是相反的方向发展。

经济的发展离不开体魄健全、智能优良的人。卫生法保护人体的生命健康，也就是最终保护生产力，为经济建设发挥推动和促进作用。同时，卫生法的实施，还可以促进企业加强自身管理，推动企业生产和技术革新，制定和完善管理制度，改进经营方法和生产工艺，提高产品卫生质量，自觉遵守卫生法规，提高生产水平和经济效益，从而推动经济不断发展。

（四）促进国际卫生合作

随着对外开放政策的实行，我国同世界各国的友好往来日益增多，出入境的人口也不断增加，食品、药品、医疗用品的进出口贸易不断扩大，传染病的传播机会增多，卫生活动中的争议也会增加。为了预防传染病在国际间传播，维护我国主权，保障彼此间权利和义务，我国颁布了《国境卫生检疫法》、《艾滋病监测管理的若干规定》、《外国医师来华短期行医暂行管理办法》等一系列涉外的卫生法律、法规和规章。为了推动世界卫生事业的发展，我国政府正式承认《国际卫生条约》，参加缔结了《麻醉品单一公约》和《精神药物公约》等。

【练一练】

选择题

制定卫生法的根本宗旨是（　　　）

A. 保护公民健康权　　　　　　B. 体现预防为主的思想

C. 体现公平原则　　　　　　　D. 保障社会健康

辨析题（判断正误，并简要说明理由）

到目前为止，我国卫生法体系中还没有"母法"——《卫生法》，这是一个欠缺。

简答题

1. 简述什么是卫生法。

2. 卫生法的基本原则是什么？

第二章 卫生法律关系

【目标解读】
1. 理解卫生法律关系的概念、特征及其分类
2. 熟悉卫生法律关系的三个构成要素

第一节 卫生法律关系概述

一、卫生法律关系的概念

卫生法律关系,是指卫生法在调整人们在卫生组织、管理和服务过程中形成的权利、义务关系。具体而言,卫生法律关系就是国家机关、企事业单位、社会团体、公民个人在卫生管理和医药卫生预防保健服务过程中,根据卫生法律规范所形成的权利和义务关系。

二、卫生法律关系的特征

卫生法律关系是法律关系的一种,同时又是有别于其他法律关系的一种特殊法律关系,其独有的特征如下:

(1) 卫生法律关系是由卫生法所调整的社会关系。卫生法律关系的形成,必须以相应的卫生法律规范的存在为前提。国家制定的卫生法律规范,规定了国家卫生行政机关、企事业单位、社会团体和公民之间一定的权利和义务关系,从而使他们之间的关系具有法律性质。所以,我国卫生法律规范的存在是我国卫生法律关系产生的前提,卫生法律关系是由卫生法所调整的社会关系。

(2) 卫生法律关系是卫生法律规范实现的特殊形式。卫生法律规范在实际中的运用和实现表现为卫生法律关系。法律规范在逻辑上表现为假定、处理、法律后果三部分,是在假定某一事实存在的情况下,设定人们有某种权利和义务,并不表示人们的现实行为。而卫生法律关系则是在卫生法律规范所假定的事实已经存在的情况下,实际产生的权利和义务关系。

(3) 卫生法律关系是一种纵横交错、内外交叉的法律关系。纵向关系和横向关系相互交错、相互结合,形成一个统一的有机整体,具有纵横交错的综合性的特征。卫生立法是综合性的社会立法,它不仅包括纵向的卫生管理立法,还包括横向的卫生服务关系的立

法。与之相适应，卫生法律关系也包括两个方面，即纵向的卫生管理关系和横向的卫生服务关系，两者是一个有机的整体。这两种关系存在区别，不能互相取代，也不能厚此薄彼。同时，两者又有密切联系，它们的最终目的都是保障公民的身体健康。

（4）卫生法律关系的主体具有特殊性。卫生法是一个专业性很强的部门法，这就决定了卫生法律关系主体的特殊身份，即通常是从事卫生工作的组织和个人。在纵向关系中，必定有一方当事人是卫生管理机关，如卫生行政机关、食品卫生监督机构等；在横向关系中，必定有一方当事人是医药卫生保健服务机构或个人。卫生法律关系要求主体具有专业性、特殊性，但并不是有卫生管理机构和卫生服务机构参与的法律关系都是卫生法律关系。这些机构内部及其相互之间，以及他们与其他的国家机关、企事业单位、社会组织和公民个人之间，也可能发生民事法律关系。只有以卫生管理和卫生服务为内容，为我国现行的卫生法律规范调整所形成的法律关系才是卫生法律关系。

三、卫生法律关系的分类

作为卫生法律关系的基础的卫生关系是多种多样的，调整它们的卫生法律法规也是多种多样的，两者相互作用、组合，决定了卫生法律关系必然也是多种多样的。按卫生法律关系的卫生活动内容可分为卫生行政法律关系、卫生诉讼法律关系、医政管理法律关系、药政管理法律关系、卫生保健法律关系、妇幼卫生和计划生育法律关系、食品卫生法律关系、精神卫生法律关系、公共卫生监督法律关系等等；按卫生法律关系的结构形态可分为卫生管理法律关系、卫生服务法律关系；按卫生法律关系的法律性质可分为组织法律关系、财产法律关系。

第二节　卫生法律关系的要素

法律关系的构成要素是指任何法律关系应由哪几个方面组成，如果缺乏其中某一个方面，该法律关系就无法形成或继续存在。卫生法律关系同其他法律关系一样，包括主体、客体和内容三方面的要素，但其具体内涵有所不同。

一、卫生法律关系的主体

卫生法律关系的主体是指卫生法律关系的参加者，亦即在卫生法律关系中享有权利并承担义务的当事人。这里的人既可能是有生命并具有法律人格的个人，称自然人，包括公民、外国人和无国籍人；也可以是法律拟制的人，即由法律赋予人格并将其视同自然人一样有独立意志和利益的组织体，包括特定情况下的国家、国家机关、企事业单位、社会团体和外国组织。在我国，卫生法律关系的主体包括国家机关、企事业单位、社会团体和公民。

1. 国家机关　可分为三种类型：一是各级卫生行政部门及其卫生监督机构以卫生监督管理机关的身份，在依法对其管辖范围内的国家机关、企事业单位、社会团体、公民个人行使其卫生行政管理与监督职能中结成卫生行政法律关系；二是各级各类国家机关因需要医疗卫生预防保健服务，而同提供医疗卫生预防保健服务的企事业单位结成卫生服务法律关系；三是各级卫生监督管理机关之间、各级卫生监督管理机构与同级政府之间、各级卫生行政部门与法律授权承担公共卫生事务管理的事业单位之间、各类卫生监督管理机关与其卫生监督执法人员之间，分别以领导与被领导、管理与被管理的身份结成内部的卫生管理关系。

2. 企事业单位　分为两种类型：一是它们以卫生行政管理相对人的身份，同有管辖权的卫生监督管理机关结成卫生行政法律关系；二是提供医疗卫生预防保健服务的企事业单位，一方面以提供者的身份，同需求这种服务和产品的国家机关、企事业单位、社会团体、公民个人结成卫生服务法律关系，另一方面以管理者的身份，同本单位的职工结成内部的卫生管理关系。

3. 社会团体　可分为医疗卫生社会团体和一般社会团体。医疗卫生社会团体如中国红十字会、中华医学会等，它们在卫生法律关系中的地位和作用类似于医疗卫生事业单位，他们在为社会提供卫生咨询和医疗预防保健服务工作时，即参与了卫生法律关系，成为卫生法律关系的主体。

4. 公民　公民是卫生法律关系中重要的主体，可以参与多种卫生法律关系。其作为卫生法律关系的主体有两种情况：一种是以特殊身份成为卫生法律关系的主体，如医疗机构内部工作人员管理关系中的医疗机构工作人员；另一种是以普通公民身份参加卫生法律关系成为主体，如医疗服务关系中的病人。对于依法个体行医的公民，其地位和作用类似于医院，他与病人发生卫生服务关系，同时接受当地医疗卫生行政机关和其他主管机关的管理和监督。此外，居住在我国的外国人和无国籍的人，也可以成为我国卫生法律关系的主体，如在国境卫生检疫法律关系中接受我国国境卫生检验检疫机关检疫查验中的外国入境人员。

二、卫生法律关系的内容

卫生法律关系的内容，是指卫生法律关系的主体所享有的权利和承担的义务。卫生法律关系主体的权利，是由卫生法律规范规定的，是卫生法律关系主体以相对自由的"作为"或"不作为"的方式获得利益的一种手段。卫生法律关系主体的义务，是卫生法律关系主体以"作为"或"不作为"方式实现权利主体获得利益的一种手段。比如，卫生行政机关根据《食品卫生法》的有关规定，有权责令不符合卫生要求的企业经营厂家改正或责令其停业，就是行政主体根据法定权力要求负有义务的相对人作出一定的行为。而第35条第4款关于"食品卫生监督员对生产经营者提供的技术资料负有保密的义务"的规定，则意味着行政主体及其工作人员必须在作出上述行为时受到某种限制。卫生法律关系中的权利与义务，往往是相互对立、相互联系、彼此一致的。权利的内容，需要通过相应的义务表现出来；义务的内容，需要相应的权利予以限定。当事人一方享有权利，必然有另一方负有相应的义务，并且权利和义务往往是同时产生、变更和消灭的。在法制社会里既不允许只享有权利而不承担义务，也不允许只承担义务而不享有权利。

三、卫生法律关系的客体

卫生法律关系客体,是卫生法律关系当事人权利义务所指向的共同对象。这是联系卫生法律关系主体的权利和义务的介质,没有客体,就不可能形成卫生法律关系。法律关系的客体不仅可以是客观物质世界的各种物(如药品、医疗器械等),也可以是客观精神世界的各种现象(如休息、劳动、健康等)。当然,法律关系的客体必须是能够满足人们需要的客观现象。随着社会的发展,许多原来不属于法律关系客体的社会财富变为客体,如清洁的空气、试管婴儿等。另外,没有法律规范的规定,客观现象就无法成为法律关系的客体。比如,在《大气污染防治法》等法律规范作出明文规定前,大气就不能成为法律关系的客体。

卫生法律关系的客体主要有以下四种:

1.公民的生命健康权利　世界卫生组织（WHO）把健康定义为“健康不仅是没有疾病和症状,而且是一种个体在身体上、心理上和社会适应性的完好的状态”。保护公民的生命健康权,是我国社会主义民主和法制的根本原则之一。我国的卫生法律、法规明确地规定了公民的生命健康权是卫生法律关系的重要保护客体,因此,公民的生命健康权利是卫生法律关系的最高层次的客体。

2.物　主要包括进行各种医疗和卫生管理工作过程中需要的生产资料和生活资料,以满足人民群众对医疗保健的需要,如药品、食品、化妆品、医疗器械等。

3.行为　这是指卫生法律关系主体中权利主体行使权力和义务主体履行义务所进行的活动。如申请许可、卫生审批、医疗服务等。行为可分为合法行为和违法行为两种方式,合法行为依法受法律保护,违法行为将引起法律责任和法律制裁。

4.智力成果或精神产品　这是主体从事智力活动所取得的成果,属于精神财富。如医疗卫生科学技术发明、专利、学术著作等。

在卫生行政法律关系中,行政主体的权利表现为行政立法部门制定非立法性行政规范权、行政许可权、行政奖励权、行政处罚权、行政强制权、行政裁决权等。行政主体的义务主要有:履行职务不失职,遵守权限不越权,合理行使裁量权、不滥用职权,正确适用法律、避免适法错误,重证据和事实,遵守法定程序,防止程序违法。行政相对人的权利主要有:行政参与权、获得行政保护权、生存照顾权、因行政所生之权（比如听证权）、行政监督权、获得法律救济权。行政相对人的义务主要有:遵守行政法律规范的义务,服从具体行政管理的义务,协助行政的义务。在卫生民事法律关系中,卫生民事主体双方的权利和义务基本上是对等的。比如医疗卫生服务机构有为对方提供卫生服务的义务,同时又有获取相应报酬的权利;被服务方有权获得一定的卫生服务,同时也有支付报酬的义务。但是在公共卫生法律法规中,行政机关与相对人的权利义务并不均衡,一般为行政机关的权利多、义务少,而管理相对人一方的权利少、义务多。

【练一练】

简答题

1.简述卫生法律关系。

2.简述卫生法律关系的要素。

第三章 卫生法律规范与卫生法渊源

【目标解读】
1. 理解卫生法律规范的分类
2. 理解卫生法律规范的逻辑结构
3. 了解我国卫生法律规范的渊源

第一节 卫生法律规范

卫生法律规范是由国家制定或认可的、体现统治阶级意志并以国家强制力保证实施的卫生行为规则。卫生法律规范是卫生法的主干部分。如果说卫生法律原则是卫生法的"灵魂"，卫生法律概念是卫生法的"骨骼"，那么卫生法律规范则是卫生法的"细胞"。除了卫生法律原则和卫生法律概念外，卫生法则是由无数个卫生法律规范组成，离开了具体的卫生法律规范，卫生法也就不存在了。

一、卫生法律规范的分类

按照不同的标准，可以将卫生法律规范划分为以下几类：

1. 按法律规范是授予权利还是设定义务来分，可分为授权性卫生法律规范、义务性卫生法律规范和复合性卫生法律规范。这是最重要也是最常用的分类。

授权性卫生法律规范是规定人们可以为或不为一定行为，以及要求他人为或不为一定行为的卫生法律规范。它授予人们某种权利，在法律上确认了某种选择的自由。在卫生法律条文中，通常是以"有……权利"、"有权……"、"能……"、"可以……"、"允许……"等方式表示的。如《执业医师法》第十三条规定："取得医师资格的，可以向所在地县级以上人民政府卫生行政部门申请注册。"这就是一个授权性的卫生法律规范。

义务性卫生法律规范是规定人们必须为或不为一定行为的卫生法律规范，它规定的是人们的义务，没有选择性。义务性卫生法律规范不仅包括规定人们必须作一定行为的卫生法律规范，而且还包括禁止人们作一定行为的卫生法律规范，即禁止性的卫生法律规范。因为法律上的义务不仅指必须积极地做出某种行为的义务，还包括消极地不作出某种行为的义务。义务性卫生法律规范通常都是以"必须……"、"有……义务"、"应……"、"禁止……"等方式表示的。如《医疗事故处理条例》第十四条规定："发生医疗事故的，医疗机构应当按照规定向所在地卫生行政部门报告。"这就是一个义务性卫生法律规范。

　　复合性卫生法律规范是兼具授予权利和设定义务的双重属性的卫生法律规范。这种规范一方面授予当事人某种权利，当事人可以据此作为或不作为，其他人不得干涉，甚至还得服从；但另一方面，此种权利是不允许当事人放弃或选择的，必须行使，因此又具有义务性的属性。卫生法律规范有许多属复合性的法律规范，因为授予国家卫生行政机关及其工作人员职权的卫生法律规范大多数是复合性的，如《食品卫生法》第三十七条规定："县级以上卫生行政部门对已造成食物中毒事故或者有证据证明有可能导致食物中毒事故的，可以对该食品生产经营者采取封存有关食品原料、工具等临时控制措施。"这个法律规范对县级以上卫生行政部门来说，它既授予了他们采取临时控制措施的权利，同时也规定了，当发生中毒事故或有证据证明有可能导致中毒事故时，他们就有必须采取相应的临时控制措施的义务，否则，就是失职违法行为。因此，这个卫生法律规范就是一个典型的复合性法律规范。

　　2. 按照权利与义务的刚性程度，可以分为任意性卫生法律规范与强行性卫生法律规范。任意性卫生法律规范是指所规定的权利和义务具有相对肯定的形式，允许当事人变更的卫生法律规范。权利性卫生法律规范绝大多数属于任意性卫生法律规范。强行性卫生法律规范是指规定的权利义务具有绝对肯定的形式，不允许当事人予以变更的卫生法律规范。义务性卫生法律规范与复合性卫生法律规范绝大多数是强行性卫生法律规范。

　　3. 按卫生法律规范的内容是否直接地被明确规定下来来分，可分为确定性卫生法律规范、委任性卫生法律规范和准用性卫生法律规范。

　　确定性卫生法律规范是指明确地规定了行为规范的内容，无需再援用其他规范来确定本规范内容的法律规范。这是卫生法律规范中最常见的形式。

　　委任性卫生法律规范是没有明确规定法律规范的内容，而授权某一机关加以具体规定的卫生法律规范。如《食品卫生法》第十五条规定："国家未制定卫生标准的食品，省、自治区、直辖市人民政府可以制定地方卫生标准，报国务院卫生行政部门和国务院标准化行政主管部门备案。"这就是一条委任性卫生法律规范。

　　准用性卫生法律规范是指没有明确规定法律规范的内容，但明确指出可以援用其他规范，使内容得以明确的卫生法律规范。准用性卫生法律规范允许援用的规范有两种情况：一种是其他法律规范，常表述为"依照《中华人民共和国刑法》第××条追究刑事责任"等方式。另一种是非法律规范，在卫生法律规范中有许多法律规范是引用技术性规范、卫生标准、操作规程、诊疗护理常规、规章制度等非法律规范的内容来明确卫生法律规范的具体内容。如《传染病防治法实施办法》第九条规定："集中式供水必须符合国家《生活饮用水卫生标准》。"《执业医师法》第二十二条规定："医师在执业活动中必须遵守操作规程。"《医疗事故处理条例》第二条规定："医疗事故是指医疗机构及其医务人员在医疗活动中，违反医疗卫生管理法律、行政法规、部门规章和诊疗护理规范、常规、过失造成患者人身损害的事故。"以上例子中的卫生标准、操作规程、诊疗护理常规、规章制度本来不是卫生法律规范，但经以上法律规范的援用，就将它们作为了判断当事人是否履行了义务以及是否违法的标准。

二、卫生法律规范的逻辑结构

卫生法律规范与其他法律规范一样，有严密的逻辑结构，这是它区别于道德和习惯的重要特征之一。卫生法律规范的逻辑结构是指一条完整的卫生法律规范是由哪些要素和成分所组成，这些要素和成分是以何种逻辑联系结为一个整体的。了解卫生法律规范的逻辑结构是深入理解卫生法的基础。可以把卫生法律规范的要素分为假定、处理和法律后果三个部分，并由此考察它们之间的逻辑关系。

（一）假定

假定是卫生法律规范中关于适用该规范的条件和情况的规定，有人将它称为"条件"或"条件假设"。任何卫生法律规范都只能在一定范围内适用，也就是说，只有在符合卫生法律规范所规定的一定的条件或出现了这一规范中所指出的一定情况时，该卫生法律才能适用。这里所说的"一定条件"、"一定情况"是由卫生法律规范中的假定部分来明确的。如《医疗事故处理条例》第十三条规定："医务人员在医疗活动中发生或者发现医疗事故……应当立即向所在科室负责人报告……"。这个法律规定中的"医务人员在医疗活动中发生或者发现医疗事故"这一部分就是该法律规范的假定部分，它明确规定了适用这一法律规范的情况。

（二）处理

处理是卫生法律规范中关于行为模式的规定，即卫生法律规范中关于允许做什么、禁止做什么和必须做什么的规定，有人将之称为"行为模式"或"权利义务的规定"。处理部分是行为规则的本身，是卫生法律规范中最基本的部分，缺少这一部分法律规范就没有内容。处理部分指明了当"假定"部分的条件情况出现时人们的行为模式，即人们可以做什么，必须做什么，或不能做什么。由于法律允许做什么就是授予可以为一定行为的权利，法律规定必须做什么或禁止做什么就是设定必须为或不为一定行为的义务，因而处理部分实际上是对权利和义务的规定。在卫生法律规范中规定权利义务的那一部分就是处理部分。如《医疗事故处理条例》第十三条中的"应当立即向所在科室负责人报告"就是该卫生法律规范的处理部分，它规定了发生医疗事故或事件的医疗单位必须做什么和不能做什么。

（三）法律后果

法律后果是卫生法律规范中对遵守规则或违反规则的行为给予肯定或否定的规定。法律后果分为肯定性法律后果和否定性法律后果。肯定性法律后果是确认行为以及由此产生的利益和状态具有合法性、有效性，并予以保护甚至奖励。如《执业医师法》第十二条规定："医师资格考试成绩合格，取得执业医师资格或执业助理医师资格。"其中"取得执业医师资格或者执业助理医师资格"就是对"参加医师资格考试成绩合格"这一行为的确认和保护。否定性法律后果是否认行为及由此产生的利益和状态具有合法性和有效性，且不予以保护甚至对行为人施以制裁。如《执业医师法》第三十六条规定："以不正当手段取得医师执业证书的，由发给证书的卫生行政部门予以吊销；对负有直接责任的主管人员和其他直接责任人员，依法给予行政处分。"在此条规定中，"由发给证书的卫生行政部门予以吊销；对负有直接责任的主管人员和其他责任人员，依法给予行政处分"就是对"以不正当手段取得医师执业证书"行为的合法性、有效性的否定以及对行为人的制裁，这是一种否定性的法律后果。

在理解卫生法律规范的逻辑结构时，必须注意以下几个问题：

（1）任何一条完整意义的卫生法律规范都必须由假定、处理和法律后果三个要素按一定逻辑关系结合而成。三个要素缺一不可，缺少任何一个要素，不仅意味着该要素不存在，而且也意味着该卫生法律规范不存在。缺少了"假定"部分，该卫生法律规范就不知在什么情况下对谁适用；缺少"处理"部分，卫生法律规范就没有行为模式，没有内容；缺少"法律后果"，法律规范则失去了作为法律的强制性，与道德规则、风俗习惯无异。如《执业医师法》第二十四条规定："对急危患者，医师应采取紧急措施进行诊治，不得拒绝急救处置。"《执业医师法》第三十六条以及刑法有关条文对由于不负责任导致延误对危急患者的抢救与诊治，从而造成严重后果的，规定了行政处罚措施以及刑事责任。对于这条卫生法律规范，如没有"假定"部分，则医师就不知对什么样的病人应进行紧急救治；如没有"处理"部分——"应采取紧急措施进行诊治，不得拒绝急救处置"，那么对急危病人，医师就没有法定的行为模式；如没有法律后果部分——相应的行政处罚或刑事责任，则该规范就失去了法律的强制性，与治病救人的医德规范无异了。

（2）在立法实践中，出于立法技术的考虑，为了防止法律条文过于繁琐，在表述卫生法律规范的内容时，常对某些要素加以省略。省略并非不存在，省略的内容存在于法律内在的逻辑联系之中，并且可以被人们，至少被那些法律专业人员毫无歧义地推导出来。但原则上是不允许对法律后果部分进行省略，尤其是对制裁性的规定就绝不可以省略，否则法律就丧失了可操作性。

（3）应将卫生法律规范与卫生法律条文区别开来。卫生法律条文只是卫生法律规范的表现形式，卫生法律规范是卫生法律条文的内容。卫生法律规范虽然是通过卫生法律条文表现出来的，但它们之间又并非是一一对应的关系。一个法律条文完整地表述一个法律规范的情况很少。通常情况下，一个法律规范的内容要通过数个法律条文表述出来，而这数个法律条文可能并不在同一法律文件甚至同一法律部门内。有时一个卫生法律条文也可以表述几个卫生法律规范。

第二节　卫生法渊源

卫生法的渊源又称卫生法的法源，是指卫生法律规范的具体表现形式。由于这些形式的权威性质，渊源于这些形式的规范具有相应的法律效力。

一、宪法

宪法是国家的根本大法，是国家最高权力机关通过法定程序制定的具有最高法律效力的规范性法律文件。宪法所规定的内容是社会和国家生活中最根本的问题，是国家一切立法的基础，也是我国卫生法的基本渊源。《中华人民共和国宪法》有关卫生的规定主要有：国家尊重和保障人权；国家发展医疗卫生事业，发展现代医药和我国传统医药，举办各种医疗卫生设施，开展群众性卫生活动；推行计划生育；发展社会保险、社会救济和医疗卫生事业；保护婚姻、家庭、母亲和儿童的合法权益等。

二、卫生法律

卫生法律是由全国人大及其常委会制定的法律文件。我国现有的卫生法律都是由全国人大常委会制定的，共有 10 部，它们是：《食品卫生法》、《药品管理法》、《国境卫生检疫法》、《传染病防治法》、《职业病防治法》、《母婴保健法》、《人口与计划生育法》、《献血法》、《执业医师法》和《红十字会法》。此外，《刑法》、《民法通则》、《婚姻法》等法律中有关卫生的条款也是卫生法的渊源。

三、卫生法规

卫生行政法规，是指由国务院依法制定的有关卫生行政管理的规范性法律。它既是卫生法的渊源之一，也是下级卫生行政部门制定各种卫生行政管理规章的依据。卫生法规是以宪法和卫生法律为依据，针对某一特定的调整对象而制定的。它有 3 种类型：第一种是国务院制定的，如《医疗事故处理条例》；第二种是由卫生部提出法规草案，经国务院批准，以卫生部令的形式发布的，如《艾滋病监测管理的若干规定》；第三种是指省、自治区、直辖市及省会所在地的市和经国务院批准的较大的市的人大及其常委会，根据国家授权或为贯彻执行国家法律，结合当地实际情况制定的卫生方面的规范性文件，称为地方性卫生法规。

四、卫生规章

卫生规章，是指有关行政机关依法制定的有关卫生行政管理的规范性法律文件。卫生规章是卫生法律和法规的补充，从制定的程序和发布的形式看也有 3 种类型：第一种是卫生部制定发布的，如《人类辅助生殖技术管理办法》、《传染性非典型肺炎防治管理办法》；第二种是由卫生部与其他部门联合制定发布的，如卫生部和国家工商行政管理局发布的《街头食品卫生管理暂行办法》、《精神疾病司法鉴定暂行规定》；第三种是由各省、自治区、直辖市以及各省、自治区人民政府所在地和经国务院批准的较大城市的人民政府，根据卫生法律制定的地方卫生规章，如《宁波市献血条例》、《上海市生食水产品卫生管理办法》。

五、技术性法规

技术性法规是从事卫生监督、监测和管理，进行医学诊断和治疗的准则。它是卫生法的重要渊源，包括医疗技术规范、操作规程和卫生标准等。以卫生标准为例，国家根据卫生保健要求，对生产、生活环境中化学性、物理性及生物性有害因素所确定的卫生学允许的限度。卫生标准一经批准发布，就是卫生技术法规，具有法律约束力。我国现行卫生标准按《卫生标准管理办法》分为国家标准、部标准和地方标准。

（1）国家标准是指对保障人体健康、促进生产发展具有重大意义而必须在全国范围内各部门、各地区统一执行的标准。

（2）部标准也称专业标准，是指在全国卫生专业范围内统一执行的标准。

（3）地方标准是指尚未制定国家标准，而在本地区有特殊需要的标准。我国现行卫生标准主要有工业企业设计卫生标准、生活饮用水标准、食品卫生标准、放射卫生防护标准和职业病诊断标准等。

六、卫生国际条约

卫生国际条约，是指我国与外国缔结或者我国加入并生效的国际法规范性文件。它可由全国人大常委会决定同外国缔结卫生条约和卫生协定，或由国务院按职权范围同外国缔结卫生条约和协定。这些国际卫生条约和协定，除我国声明保留的条款外，对我国产生约束力，如《国际卫生条例》、《1971年精神药物公约》、《麻醉品单一公约》等。

【练一练】

选择题

下列法律规范中，不属于全国人大常委会制定的是（　　　）

A. 献血法　　　　　　　　　　B. 职业病防治法

C. 医疗事故处理条例　　　　　D. 母婴保健法

简答题

1. 简述我国卫生法的渊源，并列出属于我国卫生法律渊源的法律形式。

2. 简述卫生法律规范的逻辑结构。

第四章 卫生法的制定与实施

【目标解读】
1. 掌握卫生法制定的依据
2. 熟悉卫生法制定所依从的基本原则
3. 理解卫生法的制定机关和制定程序
4. 理解卫生法的适用范围
5. 了解违反卫生法所应承担的法律责任
6. 了解卫生行政处罚

第一节 卫生法的制定

一、卫生法制定的概念

卫生法的制定又称卫生立法，是指特定的国家机关依照法定权限和法定程序制定、修改或废止规范性卫生法律文件的一种专门性活动。卫生法的制定是卫生执法、卫生司法和卫生守法的前提和基础，在我国卫生法制建设中具有重要的地位。2000 年 3 月 15 日，九届全国人大三次会议审议通过的《中华人民共和国立法法》，对于规范卫生立法活动，健全国家卫生立法制度，建立和完善有中国特色社会主义卫生法律体系，保护人体健康，促进经济发展，建设社会主义法制国家具有重要意义。

卫生法的制定在法理上可以从广义和狭义上去理解。狭义的卫生法的制定仅指最高国家权力机关依照法定权限和法定程序制定、修改或废止卫生法律的特定活动。广义的卫生法的制定是指有关的国家机关依照法定权限和法定程序，制定、修改各种具有不同法律效力的规范性文件的活动。既包括国家权力机关制定的卫生法律，也包括国家行政机关、地方权力机关、地方人民政府等制定卫生法规、规章和其他规范性法律文件的活动。

二、卫生法制定的依据

（一）宪法是卫生法制定的法律依据

宪法是国家的根本大法，具有最高的法律效力，是一切立法的依据，卫生立法要以宪法中有关医药卫生方面的规定为依据。卫生工作的方针和政策是党和国家根据广大人民的利益制定的，能够及时地反映广大人民群众医药卫生保健方面的愿望和要求，对卫生立法工作具有指导作用。通过立法，使卫生工作的方针和政策上升为国家意志，对全体公民具有普遍约束力，以保证党和国家卫生方针和政策的贯彻执行。

（二）卫生方针、政策是卫生法制定的政策依据

卫生方针、政策是党和国家在一定历史阶段，为实现卫生事业的目标而提出的行为准则。它在卫生法调整的社会关系中具有特别重要的作用，必然成为卫生法制定的重要依据。卫生方针、政策一旦上升为国家意志，变成国家法律，则成为全体公民、法人遵行的行为准则。

（三）实事求是、一切从实际出发

实事求是，从实际出发，从中国国情出发，理论联系实际，是我国卫生立法工作必须遵循的思想路线。我国是发展中的社会主义国家，人口多，底子薄，政治、经济、文化发展很不平衡，因此，卫生立法要从这一国情出发，既要积极，又要慎重，既要考虑必要性，又要考虑可行性，做到成熟一个，制定一个，使卫生立法工作随着形势发展需要不断完善。

（四）医药卫生的客观规律是卫生法制定的科学依据

这一依据是由卫生法固有的特征所决定的。卫生事业在相当程度上是在现代自然科学及其应用科学技术高度发展的基础上展开的。医学、药物学、卫生学、生物学等自然科学有其客观的规律。卫生立法必须严格遵循客观规律办事，在立法中既要反映医药卫生等自然科学的规律，也要反映社会经济发展的规律。同时，由于卫生问题既有物质、技术方面的因素，也有社会方面的因素，所以，卫生立法反映客观规律还要求随着客观情况和党的政策变化而不断变化，这样才能使制定的卫生法律规范符合客观实际，适应我国卫生事业发展的需要，适应社会主义现代化建设的需要。

三、卫生法制定的基本原则

我国卫生法是工人阶级和广大人民群众意志和利益的集中表现，因此，它的制定应遵循以下原则：

（一）遵循宪法基本原则的原则

宪法是国家的根本大法，它集中体现和反映了全国各族人民的根本利益和共同愿望。因此，一切法律、法规、规章都必须遵循宪法的基本原则，不得与宪法相抵触。卫生立法遵循宪法的基本原则，最根本的是要以经济建设为中心，坚持四项基本原则，坚持改革开放。坚持四项基本原则，就是坚持社会主义道路，坚持人民民主专政，坚持中国共产党的领导，坚持马列主义毛泽东思想邓小平理论。"一个中心，两个基本点"是新时期党的基本路线，党和国家的一切工作都要坚持这个基本路线。卫生立法工作是党和国家的一项重

要工作，必须坚持这个基本路线，这是卫生立法工作沿着正确方向前进的政治保证。

（二）古为今用，洋为中用的原则

卫生法是具有社会公益和科学技术性的法，因而在古今中外的卫生法规中有许多共性的内容，有许多值得学习之处；现代发达国家的卫生立法经验和立法技术也有不少可供借鉴；国际交往中形成的国际卫生法规和惯例有许多有益的地方值得吸收。我们在卫生立法时，应对古今中外法律加以研究、分析，有选择地加以借鉴，使卫生立法奠基于科学的基础之上，与国际接轨。

（三）原则性与灵活性相结合的原则

原则性是指在卫生立法中必须坚持决定卫生法的性质、根本任务、方向以及有关卫生法律体系的科学性与和谐性统一的原则。灵活性是指在整体上坚持以上原则的前提下，在特定情况和条件下允许在一定范围内和程度上作灵活变通的规定，在立法上留有余地。我国在卫生法的制定中，既将卫生法律的立法权高度集中在权力机关，又允许各地区、各部门制定一些与卫生法律不相抵触，又适用各地区、部门特点的法规、规章和文件。

（四）依照法定的权限和程序的原则

国家机关应当在宪法和法律规定的范围内行使职权，立法活动也不例外。这是社会主义法治的一项重要原则。依法进行立法，即立法应当遵循法定权限和法定程序进行，不得随意立法。

四、卫生法制定的机关

我国的立法机关及其权限是由宪法、立法法及其他相关立法制度严格规定的。

（1）全国人民代表大会和全国人民代表大会常务委员会行使国家立法权。具体是：全国人大有权制定宪法和法律；人大常委会有权制定和修改除应当由全国人民代表大会制定的法律以外的其他法律。

（2）国务院有权根据宪法和法律，规定行政措施、制定行政法规、发布决定性的命令，改变或者撤销各部、各委员会发布的不适当的命令、指示和规章，改变或者撤销地方各级卫生行政机关的不适当的决定和命令。

（3）国务院各部、各委员会根据法律和国务院的行政法规、决定、命令，在本部门的权限内，发布命令、指示和规章。

（4）地方各级人大及其常委会是地方性卫生法规的制定机关，在不与宪法、法律、法规相抵触的前提下，制定和公布地方性卫生法规。

（5）地方人民政府是地方性卫生规章的制定机关，根据辖区的具体情况和实际需要，在不与宪法、法律、行政法规、地方性法规相抵触的前提下，制定和颁布地方性卫生规章。

（6）民族自治地方的人民代表大会有权依照当地的民族特点，制定有关卫生方面的自治条例和单行条例。

五、卫生立法程序

卫生立法程序，是指拥有立法权的国家机构制定卫生法所必须遵循的方式、步骤、顺序。根据我国宪法、法律的有关规定和立法实践，卫生立法程序分为以下 4 个阶段：

1. 法律议案的提出

法律议案的提出是指被授予专门权限的有关机关和人员向立法机关提出议案。根据法律规定，国务院具有卫生法律议案的提案权。从卫生法律草案的一般形成过程来说，在卫生法律议案提出之前，都要由卫生部等有关部委组织法律草案起草小组，开展调查研究和起草工作，经国务院讨论通过后，由国务院作为法律议案提出。

2. 法律草案的审议

法律草案的审议是指法律制定机关对于列入议事日程的法律草案进行正式审议和讨论。全国人大组织法规定，向全国人大提出的法律草案，要经过全国人大常委会审议提出，在大会审议时，还要由法律委员会根据代表审议提出的意见进行审议并提出报告，再由主席团决定提交大会讨论通过。向全国人大常委会提出的卫生法律草案，在列入议事日程后，首先在人大常委会会议上就卫生法律草案起草情况进行说明，经初步审议后，交全国人大有关委员会综合各方面意见进行审议，向下一次人大常委会会议提出审议报告，再由人大常委会进一步审议通过。向地方各级人民代表大会提出的卫生法规草案，由同级人民代表大会主席团提请大会讨论，或者交付议案审查委员会审查后再提请人民代表大会讨论。

3. 法律的通过

法律的通过是指法律制定机关对法律表示正式同意，从而使法律草案成为法律。根据法律规定，全国人大通过法律或议案时，由主席团决定采用无记名投票或举手表决，或其他方式进行。法律和议案由全国人大以全体代表的过半数通过；全国人大常委会审议的法律草案和其他议案，由常委会全体成员的过半数通过。

4. 法律的公布

法律的公布是指法律制定机关将通过的法律用一定形式予以正式公布。我国宪法规定，中华人民共和国主席根据全国人大或全国人大常委会的决定公布法律。

第二节　卫生法的实施

一、卫生法实施的概念

卫生法的实施是指国家机关及其工作人员、社会团体和公民实现卫生法律规范的活动，是卫生法律规范在社会生活中的贯彻与实现。我国卫生法实施的方式有两种，即卫生法的适用和卫生法的遵守。卫生法的适用是指国家专门机关、组织及其工作人员根据法定的职权和程序，将卫生法律规范运用于具体的人或事的专门活动，它是保证我国卫生法实施的重要方式。按照适用卫生法的国家机关、组织及其工作人员的不同，卫生法的适用又可分为卫生执法和卫生司法。卫生法的遵守即卫生守法，是指一切单位和个人严格依照卫生法律规定去从事各种事务和行为的活动。

二、卫生法的适用

卫生法的适用有广义和狭义之分。广义的卫生法的适用，是指国家授权的有关机关、部门和组织，依其职能权限，将卫生法律规范应用于具体人、组织和事件的活动。狭义的卫生法的适用，是专指各级卫生行政部门的卫生行政管理活动和各级卫生监督机构的卫生检查监督活动，以及他们依法对违反卫生法律规范的行为人所作的处理和追究，即通常所说的卫生监督和卫生行政执法。卫生法适用的基本要求是：正确、合法、及时。卫生法的适用同其他执法活动相比较，具有以下特征：

（1）根本目的是保护公民的健康权。卫生法的适用是针对公民、法人、社会团体和其他国家机关贯彻执行卫生法的情况进行监督，并对违法者给予必要处理的特定活动，以达到正确运用法律手段更好地保护公民的健康权。

（2）主体必须是国家授权的有关机关和组织。适用卫生法的主体包括卫生行政部门、司法机关、卫生监督机构。它们在执法职能上存在着差异，体现在形式、方法、处理结果上各有特点。

（3）遵循法律规范和技术规范。在处理卫生案件或纠纷时，应以卫生法律、法规和卫生标准为准绳。

（4）国家监督和群众监督相结合。卫生法的适用要求把卫生执法机构的专门工作即国家卫生监督与社会性、群众性的卫生监督工作结合起来。

三、卫生行政执法

卫生行政执法又称卫生执法，它是指我国卫生行政执法主体依照卫生法律、法规处理具体卫生行政事务的活动。

（一）卫生行政执法的原则

1. 依法行政原则

依法行政原则是指卫生行政执法机关应严格依照法律规定执法，它是依法治国原则在卫生行政执法活动中的具体体现，是卫生行政执法活动的最基本原则。这一原则要求卫生执法主体必须在法定职权范围内，严格依照卫生法律、法规规定的内容和程序执法。

2. 公平合理原则

卫生行政执法要贯彻公平合理原则，这是现代法治社会对卫生行政执法提出的一个要求，也是市场经济对卫生执法的必然要求。市场经济要求主要用法律手段进行卫生行政管理，在行政执法过程中做到适宜、恰当、合情、公正，充分体现在适用法律上一律平等；对不适当、不合理的执法行为应通过法定程序予以及时纠正；禁止滥用自由裁量权，坚持法律原则和法律精神，维护卫生行政执法的权威和尊严。

3. 效率原则

效率原则是指在依法行政的前提下，最大限度地发挥卫生执法机关的功能，取得最大的行政执法效益。由于多方面原因，造成卫生行政管理存在卫生执法与有偿技术服务行为不分，卫生执法队伍分散等情况，使得行政执法效率低下，难以适应社会主义市场经济体制和卫生法制建设的要求。现实要求我们要尽快进行卫生监督体制改革，组建统一的卫生监督机构，行使卫生监督职能，进行综合管理，建立统一、高效的卫生执法监督体制。

（二）卫生行政执法的主体

根据《中华人民共和国行政处罚法》以及其他法律、法规的规定，我国卫生行政执法主体有以下三种：

1. 行政机关

行政机关是国家设置的依法行使国家职权，执行法律、法规，组织和管理国家行政事务的国家机关。目前我国卫生行政主体中的行政机关主要有：①各级卫生行政机关；②药品监督管理机关；③计划生育管理机关；④国境卫生检疫机关。

2. 法律法规授权组织

根据《中华人民共和国行政处罚法》的规定，我国的法律、法规可以把某些行政执法权授予不是行政执法机关的组织行使，使该组织取得行政执法的主体资格。这些根据法律、法规授权而取得卫生行政执法资格的组织，就是法律、法规授权组织。我国卫生行政执法中的法律、法规授权组织主要是各级卫生防疫机构。各级卫生防疫机构是承担我国卫生防疫任务的卫生事业单位，但多年来，根据我国卫生法律、法规的授权，还承担着有关卫生监督执法工作，具有独立的监督权、处罚权。

3. 受委托组织

受委托组织是指受卫生行政执法机关委托，承担具体卫生执法任务的组织。受委托组织必须符合《中华人民共和国行政处罚法》规定的三个基本条件，即依法成立的管理公共事务的组织，有熟悉相关法律和业务的工作人员，有相应的技术检查和鉴定能力。受委托组织接受委托后，只能以委托机关的名义执法，并且不能再委托。委托机关必须根据法律、法规的明确规定，在其法定权限范围内委托事项，委托机关对受委托组织在委托权限内的行为负责监督，并承担法律责任。在我国卫生执法实践中，卫生行政执法主体中的受委托组织主要是县级以上各级卫生防疫机构和近年来各地相继建立的公共卫生监督所、职业卫生监督所等组织。

四、卫生法的遵守

卫生法的遵守是指各种社会组织、企事业单位和公民在从事生产、生活及管理活动中，要严格遵守卫生法，自觉维护卫生法，切实做到依法办事。在卫生法的遵守中，应特别重视以下人员的守法教育：①医药卫生法律规范所指向的一切与人体健康有关的企事业部门和社会服务性行业及其从业人员；②卫生技术人员；③卫生行政部门和卫生监督机构的工作人员。

第三节　卫生违法的法律责任

一、卫生法律责任的概念

卫生法律责任是指行为人由于不履行或拒绝履行卫生法所确定的义务，侵犯了他人健康权利而应承担的法律后果。

卫生法律责任具有以下特点：①它与违法行为相联系，只有某种违法行为存在，才能追究其法律责任；②它的内容是法律明确规定的，有关卫生法律都明确具体地规定了什么样的违法行为应承担什么样的法律责任；③它具有国家强制性，由国家司法机关和国家授权的行政机关依法追究法律责任，并由国家强制力保证其执行。

二、卫生法律责任的种类

依法追究行为人的卫生违法行为，是国家保障卫生法得以实施的法律强制手段。依照卫生违法行为的性质、情节、动机和危害程度，卫生法律责任可以分为行政责任、民事责任和刑事责任。

（一）卫生行政责任

这是指医疗机构工作人员或从事与卫生事业有关的企事业单位和工作人员或公民违反卫生法中有关卫生行政管理方面的规范，尚未构成犯罪，而应承担的法律责任。根据我国现行卫生行政管理法规的规定，追究卫生行政责任的形式有行政处罚和行政处分两种。

（1）行政处罚

是指卫生行政机关和授权的卫生监督机构对违反卫生行政管理法规的单位和个人的一种行政制裁。根据《行政处罚法》和我国现行卫生法律、法规、规章的规定，卫生行政处罚的种类主要有：警告、罚款、没收违法所得、没收非法财物、责令停产停业、暂扣或吊销有关许可证等。在具体的卫生法律规范性文件中，对各类卫生行政处罚，依具体管理内容，有不同的具体规定。如对吊销许可证，《食品卫生法》中规定吊销"食品卫生许可证"；《医疗机构管理条例》中规定吊销"医疗机构执业许可证"等。

卫生行政处罚一般由县以上卫生行政部门、食品药品监督管理部门或工商行政管理部门决定，其中有的还须报同级人民政府批准。

（2）行政处分

是指有管辖权的国家机关或企事业单位的行政领导对所属一般违法失职人员所给予的一种行政制裁。行政处分的种类有：警告、记过、记大过、降级、撤职、开除等。

（二）卫生民事责任

这是指医疗机构和卫生工作人员或从事与卫生事业有关的机构违反卫生法律规定、侵害公民的健康权利时，应向受害人承担赔偿责任。违反卫生法的民事责任主要是弥补受害一方当事人的损失，它以赔偿责任为主要形式，即是一种侵权损害赔偿责任。卫生法律规定，损害赔偿的诉讼时效一般为 1 年，从受害人或者其代理人知道或者应当知道被损害之日起 1 年内提出，超过期限的不予受理。如遇有特殊情况，诉讼时效可以中止、中断或延长。

（三）卫生刑事责任

这是指行为人实施刑事法律禁止行为而应承担的法律责任。卫生法律、法规对于刑事责任的规定，是直接引用刑法中有关条款的规定。根据我国《刑法》规定，实现刑事责任的方法是刑罚。刑罚是我国审判机关依照刑法的规定，剥夺犯罪人某种权益的一种强制处分。它包括主刑和附加刑。主刑有：管制、拘役、有期徒刑、无期徒刑、死刑，它们只能单独适用。附加刑有：罚金、剥夺政治权利、没收财产，它们可以附加适用，也可以独立适用。对于犯罪的外国人，还可以独立适用或附加适用驱逐出境。

我国《刑法》对违反卫生法行为的刑事责任作了明确规定，规定了 10 多个与违反卫生法有关的罪名，完善了卫生违法的刑事责任。如生产、销售假药罪，生产、销售劣药罪，生产、销售不符合标准的医疗器械罪，生产、销售不符合卫生标准的食品罪，在生产、销售的食品中掺入有毒有害非食品原料罪，医用卫生材料罪，生产、销售不符合卫生标准的化妆品罪，违反规定引起甲类传染病传播或者有传播严重危险罪，违反规定造成病菌种、毒种扩散罪，违反国境卫生检疫规定罪，非法组织他人出卖血液罪，非法采集、供应血液罪，非法制作、供应血液制品罪，采集、供应血液或者制作、供应血液制品部门不依照规定进行检测或者操作罪，医疗事故罪，非法行医罪，破坏节育手术罪，传播性病罪等。

第四节　卫生行政处罚

一、卫生行政处罚的概念

卫生行政处罚，是指卫生行政机关依据卫生法律规定，对违反卫生行政法的相对人所实施的一种行政法律制裁。行政处罚是卫生行政过程中运用最多的执法手段。例如，食品卫生行政处罚、药品监督管理行政处罚等。1996 年 3 月 17 日八届全国人大第 4 次会议通过了《中华人民共和国行政处罚法》为规范行政处罚的设立和实施，保障和监督行政机关有效实施行政管理，维护公共利益和社会秩序，保护公民、法人或者其他组织的合法权益提供了法律依据。

二、卫生行政处罚的基本原则

卫生行政处罚的基本原则是指贯穿卫生行政处罚的始终，指导卫生行政处罚的制定和实施的基本准则。

（一）坚持事实清楚、证据确凿原则

卫生行政机关在作出卫生处罚决定前，必须弄清案件的事实真相，才可以根据情况的具体情节，依法作出处罚决定。案件的证据是证明案件真实情况的客观依据。所以，证据必须客观存在，并且要确凿。所谓确凿，不仅要求证据是真实的，而且要依法已经取得。

（二）合法、适当、公开、公正原则

卫生行政机关在查明违法事实之后，依法给予处罚决定时，所适用的法律、法规、规章一定要正确。对卫生违法行为给予行政处罚的规定必须公布，未经公布的不得作为卫生行政处罚的依据。

根据行政处罚法的规定，公正原则包含两层意思：一是实施卫生行政处罚必须以事实为依据，坚持实事求是；二是实施卫生行政处罚应当"过罚相当"，即决定卫生行政处罚必须与卫生违法行为的事实、性质、情节及社会危害程度相当。

（三）卫生行政处罚与教育相结合的原则

实施卫生行政处罚，纠正卫生违法行为，应当坚持处罚与教育相结合的原则。处罚是手段，而不是目的，发生违反卫生行政管理秩序的行为后，应当先行教育公民、法人或其他组织自觉守法，能够通过教育而达到警戒其下次不再犯的，应该坚持教育而不是处罚。

（四）相对人救济权利保障原则

公民、法人或其他组织对行政主体所给予的卫生行政处罚享有陈述权、申辩权；对卫生行政处罚不服的，有权依法申请行政复议或者提起行政诉讼。公民、法人或其他组织因行政主体违法给予的行政处罚而受到损害的，有权依法提出赔偿要求。因此，被处罚人对行政主体实施的卫生行政处罚拥有陈述权、申辩权、申请行政复议权、申请行政诉讼权以及获得行政赔偿权。

三、卫生行政处罚的种类

根据我国行政处罚法的规定和有关卫生法律、法规、规章的具体规定，我国卫生行政处罚包括以下5类：

（一）警告

警告是指行政主体向卫生违法当事人发出警戒，申明其有卫生违法行为，通过对其名誉、荣誉、信誉等施加影响，引起其精神上的警惕，从而不再实施违反卫生法行为的处罚形式。

（二）罚款

罚款是指行政主体强制卫生违法当事人交纳一定钱币的处罚，这是最常用的一种处罚

形式。

（三）没收违法所得和非法财物

没收违法所得和非法财物是指行政主体把卫生违法当事人的违法所得和非法财物的财产所有权予以最终剥夺的处罚形式。

（四）责令停产停业

责令停产停业是指行政主体强制卫生违法当事人在一定期限内停止经营的处罚形式。

（五）暂扣或吊销卫生许可证

暂扣或吊销卫生许可证是指行政主体对卫生违法当事人取消许可证，或在一定期限内扣留许可证的处罚形式。

四、卫生行政处罚的程序

卫生行政处罚的程序就是指实施卫生行政处罚行为时所必须遵循的方法、步骤和次序的总和。我国的卫生法近年来也逐渐重视行政处罚的程序问题，如对违反《医疗机构管理条例》的行为的行政处罚，卫生部专门制定了这一行政处罚的程序。我国行政处罚法为规范行政处罚行为，设定了三个作出行政处罚决定的程序，即简易程序、一般程序和听证程序。严格说来，听证程序是一般程序中的一个中间环节。但一般程序中未必都要经过听证这一环节，简易程序中根本就不包括听证这一环节，所以就把听证程序作为一种特别的程序来对待。

（一）简易程序

违法事实确凿并有法定依据，对公民处以 50 元以下，对法人或其他组织处以 1000 元以下罚款或者警告的行政处罚的，可以当场作出行政处罚的决定。

（二）一般程序

一般程序必须经过 4 个步骤：调查取证；告知处罚事实、理由、依据和有关权利；听取陈述、申辩和举行听证；做出处罚决定，送达处罚决定书。

（三）听证程序

听证程序是指卫生行政处罚主体在做出卫生行政处罚前，在非本案调查人员的主持下，举行由该案的调查人员和拟被行政处罚的当事人参加的供当事人陈述、申辩以及与调查人员辩论的听证会。听证只适用于责令停产停业、吊销许可证或执照、较大数额罚款等较重的行政处罚。卫生行政处罚主体在做出以上较重的行政处罚前应告知当事人有要求听证的权利，并按以下程序组织听证：

（1）当事人要求听证的，应当在行政机关告知后 3 日内提出；

（2）行政机关应当在听证的 7 日前，通知当事人举行听证的时间和地点；

（3）除涉及国家秘密、商业秘密或个人隐私外，听证公开举行；

（4）听证由行政机关指定的非本案调查人员主持，当事人认为主持人与本案有直接利害关系的，有权申请回避；

（5）当事人可以亲自参加听证，也可以委托 1~2 人代理；

（6）举行听证时，调查人员提出当事人违法的事实、证据和行政处罚的建议，当事人进行申辩和质证；

（7）听证应当制作笔录，笔录交当事人审核无误后签字或盖章。

五、卫生行政处罚的执行

卫生行政处罚的执行，是指执法主体实现卫生行政处罚决定书所确定的内容而进行的活动。卫生处罚决定作出后，当事人应当在规定的期限内予以履行；对决定不服的可以申请行政复议或提起行政诉讼。但是，行政处罚不停止执行（法律另有规定的除外）。有下列情形之一的，卫生执法人员可以当场收缴罚款：①依法给予 20 元以下罚款的；②不当场收缴事后难以执行的。

当事人在法定时间内不申请行政复议或不提起诉讼又不执行的，行政机关可以采取下列措施：①到期不交纳罚款的，每日按罚款数额的 3% 加处罚款；②申请人民法院强制执行。卫生行政处罚决定履行或者执行后，承办人应当制作结案报告。并将有关的案件材料进行整理装订，加盖案件承办人印章，归档保存。卫生行政机关应当将适用听证程序的行政处罚案件在结案后 1 个月内报上级卫生行政机关法制机构备案。

【练一练】

选择题

对公民进行行政处罚时，适用简易程序的情况是（　　）

A.20 元以下罚款　　　　　　　　B.50 元以下罚款

C.100 元以下罚款　　　　　　　D.200 元以下罚款

简答题

1. 简述卫生法制定的基本原则。

2. 简述卫生行政处罚的种类。

第五章 卫生法律救济

【目标解读】
1. 了解卫生法律救济的概念及途径
2. 理解卫生行政复议的概念和基本原则
3. 掌握卫生行政复议的受理范围和程序
4. 掌握卫生行政诉讼的要素及其与卫生行政复议的关系
5. 掌握卫生行政赔偿的构成要件、范围及程序

第一节 卫生法律救济概述

一、卫生司法救济的概念

卫生法律救济是指当卫生行政机关在卫生管理过程中侵犯了相对人的权益时，相对人可以通过行政复议、行政诉讼等方式获得法律上的补偿。

卫生法律救济首先以相对人的权利受到损害为前提。在卫生行政管理活动中，少数或个别相对人的权益受到损害在所难免，受到损害的相对人就需要获得法律救济，以便得到补偿。所以，卫生法律救济是为矫正卫生行政机关的侵害行为和相对人受到侵害的情况而建立的解决纠纷、补救相对人受损权益的制度。其次，卫生法律救济的根本目的是保证合法利益的实现和法定义务的履行。卫生行政管理活动中的权利纠纷或权利冲突会导致合法权益受到损害或者特定义务无法履行，法律救济就是使受到冲突纠纷影响的合法权利和法定义务能够实际地得到实现和履行。在不能恢复原状的情况下，通过调解和强制方式，使冲突和纠纷造成的实际损失和伤害得到合理补偿。

二、卫生法律救济的途径

卫生行政管理活动中的法律救济主要通过以下 3 种途径来实现：①诉讼方式 凡是卫生行政机关侵犯了相对人的合法权益，符合民事诉讼法、刑事诉讼法和行政诉讼法受案范围的，可以通过诉讼渠道求得司法救济；②行政方式 我国法律规定了行政复议和行政赔偿等形式的行政救济方式；③仲裁和调解等其他方式 主要是指通过卫生组织内部机构以及其他民间渠道来实现法律救济，例如仲裁制度、调解制度等。

第二节　卫生行政复议

一、卫生行政复议的概念及特征

卫生行政复议，是指公民、法人或者其他组织认为卫生行政机关的具体行政行为侵犯其合法权益，按照法定的程序和条件向做出该具体行政行为的上一级卫生行政机关提出申请，受理申请的行政机关对该具体行政行为进行审查，并作出复议决定的活动。

卫生行政复议包括以下几层含义：①卫生行政复议只能由作为行政相对人的公民、法人或者其他组织提起。除此以外，任何其他主体不得提起行政复议。②卫生行政复议权只能由做出具体行政行为的行政机关的上一级行政机关或者法律授权的组织行使。③卫生行政复议对于公民、法人和其他组织是维护其合法权益的一种程序性权利，不得被非法剥夺。但公民、法人或者其他组织可以自主处分自己的程序性权利，既可以提起行政复议，也可以放弃行政复议的权利。④卫生行政复议的对象原则上只能是卫生行政机关做出的具体行政行为。

卫生行政复议是一种具有行政与司法双重性的活动，即行政复议以准司法的方式来审理特定的行政争议。行政复议既不完全等同于行政行为，又不完全等同于司法活动。主要表现在：①行政复议是具有一定司法性的行政行为。这是指有行政复议权的行政机关借用法院审理案件的某些方式来审查行政争议，即行政复议机关作为第三人对行政机关和行政相对人之间的行政争议进行审查并作出裁决。②卫生行政复议是行政机关的内部纠错机制。卫生行政复议是行政系统内部的行政机关对下级或所管辖的行政机关做出的违法或不当的具体行政行为实施的一种纠错行为，不同于法院通过行政诉讼审查行政机关具体行政行为合法性的司法审查制度。

作为一般行政复议制度，卫生行政复议在卫生行政管理领域的具体化应具备以下行政复议的一般特征：

（1）职权性　依法行使职权是现代依法治国，行政机关依法行政的最重要特征。履行卫生行政复议职权必须遵循依法行政的原则。

（2）救济性　卫生行政复议具有卫生行政救济性，也就是说，卫生行政复议对卫生行政活动的失误有补救作用。卫生行政复议就是对卫生违法或不当的具体行政行为进行补救而建立起来的一种行政救济制度。

（3）监督性　卫生复议机关的复议过程，实质上就是卫生复议机关对做出具体卫生行政行为的卫生行政机关实施监督的过程，是一种层次监督和事后监督。

（4）程序性　卫生行政复议虽然从法律行为性质来说是一种卫生行政行为，但它由于涉及到行政争议的解决，因此比一般的卫生行政行为具有更高的程序性要求。

（5）行政性　卫生行政复议是一种卫生行政行为，卫生行政复议的主体只能是国家卫生行政机关，是国家卫生行政机关自身所进行的一种内部约束，因此，履行卫生行政复议职责属于行使卫生行政权的范围。

二、卫生行政复议的原则

卫生行政复议的原则，是指由宪法和法律规定的，反映行政复议的基本特点，贯穿于行政复议法及行政复议活动，并对其具有普遍指导意义的原则。行政复议有以下基本原则：

（一）合法原则

合法原则是指卫生行政复议机关必须严格依照法规授予的职责权限，以事实为根据，以法律为准绳，对卫生行政管理相对人申请复议的卫生监督行为，按法定程序进行审查。对合法的、适当的卫生监督行为，依法予以维持；对违法或不当的卫生监督行为，依法予以改变或者撤销，或者责令被申请人做出新的卫生监督行为。

（二）公正原则

公正原则，是指复议机关在行使复议权时应当公正地对待复议双方的当事人，不能有所偏袒。

（三）公开原则

公开原则，是指行政复议活动应当公开进行，复议案件的受理、调查、审理、决定等一切活动都应该尽可能地向当事人、公众及社会舆论公开，使社会各界了解行政复议活动的基本情况。

（四）及时原则

及时原则在行政复议中的地位尤其重要。在保证公正、效率的前提下，应当在尽可能短的时间内给相对人一个答复，以减少当事人在行政复议之前的负担。具体要求包括：①受理复议申请应当及时；②复议案件的审理要按审理期限审结案件；③作出复议决定应当及时；④对复议当事人不履行复议决定的情况，复议机关应当及时处理。

（五）便民原则

卫生行政复议是卫生行政系统内部监督的一种方式，按现行的卫生法律、法规的规定，都不是实体上的终局决定，还要受到司法监督。因此，卫生行政复议既要注意合法性，又要做到高效率。这就要求遵循及时原则。卫生行政复议机关收到复议申请后，要抓紧时间进行各项工作，在法定期限内做出处理或决定。

（六）诉讼终局原则

诉讼终局原则，是指行政复议机关的复议决定不是最终发生法律效力的决定，复议当事人对该决定不服的，可以在法定期限内向人民法院提起行政诉讼，人民法院经审理后作出的终审决定才是发生法律效力的终局决定。

（七）卫生行政复议不适用调解原则

按照行政复议法规定，复议机关审理复议案件，不适用调解。在卫生行政复议中实行这一原则在于，卫生行政争议中的被申请人是依法行使卫生监督职权的卫生行政机关或法律、法规授权的组织，它们没有随意处分行政职权的权利，不能以调解的方式解决卫生行政争议。

三、卫生行政复议的受案范围

根据行政复议法的规定，卫生行政复议仅能对卫生行政机关做出的具体行政行为进行复议，其受案范围也是由法律、法规明确规定的。主要有：

（1）对卫生行政机关作出的行政处罚不服的；

（2）对卫生行政机关采取的有关强制性措施决定不服的；

（3）认为卫生行政机关侵犯其合法经营自主权的；

（4）认为符合条件申请有关卫生许可证（照），卫生行政机关拒绝颁发或不予答复的；

（5）要求卫生行政机关履行其他法定职责拒不答复的；

（6）认为卫生行政机关违法要求履行义务的；

（7）认为卫生行政机关侵害其财产人身权的；

（8）其他可以申请卫生行政复议的具体行政行为。

行政复议法对行政复议的排除范围作出了规定：

（1）不服行政处分及其他人事处理决定的；

（2）不服行政机关对民事纠纷作出的调解和其他处理的。对这些事项申请人不得提出复议申请。

此外，行政复议法还规定，公民、法人或者其他组织认为行政机关的具体行政行为所依据的规定违法，在对具体行政行为申请行政复议时，可以一并向行政复议机关提出对该规定的审查申请。

四、卫生行政复议程序

（一）申请期限

公民、法人或者其他组织认为卫生行政机关的具体行政行为侵犯其合法权益的，可以自知道该具体行政行为之日起60日内提出行政复议申请，但是法律规定的申请期限超过60日的除外。因不可抗力或者其他正当理由耽误法定申请期限的，申请期限自障碍消除之日起继续计算。

（二）申请人

依照行政复议法申请行政复议的公民、法人或者其他组织是申请人。

（三）管辖

卫生行政复议的管辖有以下几种：①对县级以上卫生行政机关的具体行政行为不服的，申请人可以向该卫生行政机关的本级人民政府申请行政复议，也可以向上一级卫生行政机关申请行政复议；②对卫生行政机关依法设立的派出机构依照法律、法规或者规章规定，以自己的名义做出的具体行政行为不服的，向设立该派出机构的卫生行政机关或者该机关的本级人民政府申请行政复议；③对法律、法规授权的组织的具体行政行为不服的，可向直接管理该组织的卫生行政机关申请行政复议；④两个卫生行政机关或卫生行政机关与其他行政机关共同做出的行政行为，向其共同上一级行政机关申请行政复议。

（四）审查

卫生行政复议机关收到行政复议申请后，应当在 5 日内进行审查。对不符合法律规定的行政复议申请，决定不予受理，并书面告知申请人。法律、法规规定应当先向卫生复议行政机关申请行政复议，对行政复议决定不服再向人民法院提起行政诉讼的，卫生行政复议机关不予审理或者受理超过行政复议期限不作答复的，公民、法人或者其他组织可以自收到不予受理决定书之日起或行政复议期满之日起 15 日内，依法向人民法院提起行政诉讼。

卫生行政复议期间具体行政行为不停止执行，但是在下列情况下可以停止执行：①被申请人认为需要停止执行的；②行政复议机关认为需要停止执行的；③申请人申请停止执行，行政复议机关认为其要求合理，决定停止执行的；④法律规定停止执行的。

（五）决定

卫生行政复议原则上采取书面审查的办法，但是申请人提出要求或者行政复议机关认为必要时，可以向有关组织和人员调查情况。在行政复议过程中，被申请人不得自行向申请人和其他有关组织或者个人收集证据。

卫生行政复议机关应当自受理申请之日起 60 日内作出行政复议决定，但是法律规定的行政复议期限少于 60 日的除外。情况复杂，不能在规定期限内作出行政复议决定的，经批准可延长期限，但是最多不超过 30 日。复议机关经审理，应当按不同情况依法作出决定，并制作复议决定书。复议决定书一经送达，即具有法律效力。

根据行政复议条例的规定，卫生行政复议机关根据不同的情况，分别做出以下复议决定：

1. 决定维持原卫生监督行为

经过审理，卫生行政复议机关认为：

（1）被申请人作出的卫生监督行为符合法律、法规、规章以及其他规范性文件的规定，适用法律正确。

（2）被申请人自己举出的事实及证据，足以证明自己做出卫生监督行为的前因后果，且符合法律、法规、规章等规范性文件规定的实体要件。

（3）被申请人做出卫生监督行为的程序符合法定要求。

（4）被申请人做出的卫生监督行为符合法定权限，即无越权行为等。据此，就应决定维持原卫生监督行为。

2. 履行决定

被申请人不按照法律、法规和规章的规定履行自己的职责是一种失职行为，复议机关应做出被申请人履行其职责的决定。

3. 决定撤销、变更被申请人的卫生监督行为

经过审理，卫生行政复议机关认为被申请人的卫生监督行为有下列情形之一的，决定撤销、变更，并可以责令被申请人重新做出卫生监督行为。

（1）主要事实不清的。

（2）适用法律、法规和规章以及其他具有普遍约束力的规范性文件错误的，这一般简称适用法律错误。

（3）违反法定程序，影响申请人合法权益的。

（4）超越或者滥用职权的。

第三节　卫生行政诉讼

一、卫生行政诉讼概述

卫生行政诉讼是指公民、法人和其他组织认为卫生行政机关的具体行政行为侵犯了自己的合法权益，依法向人民法院起诉，人民法院在双方当事人和其他诉讼参与人参加下，审理和解决行政案件的活动。

卫生行政诉讼具有以下特点：①是通过审判方式解决行政争议的一种司法活动；②是通过审查行政行为合法性的方式解决行政争议的活动；③是解决特定范围内行政争议的活动；④卫生行政争议当事人地位具有特殊性，即不平等性。

二、卫生行政诉讼的构成要件

卫生行政诉讼的构成要件主要有：

（1）原告是认为具体行政行为侵犯其合法权益的公民、法人或者其他组织；

（2）被告是行使卫生管理职权的行政机关或法律、法规授权组织；

（3）有具体的诉讼请求和事实依据；

（4）被诉讼的客体，必须是法律规定可以向人民法院起诉的行政机关的具体行政行为；

（5）必须在法定的期限内向人民法院起诉，并由人民法院受理，依法审理作出裁决。

三、卫生行政诉讼与行政复议的关系

（一）卫生行政诉讼与卫生行政复议的相同点

卫生行政诉讼和卫生行政复议的结合共同构成了解决卫生行政争议、进行卫生行政救

济的法律制度。两者都是在卫生监督过程中，作为相对人一方的公民、法人或者其他组织不服卫生行政机关的具体行政行为而提起的请求国家机关对卫生行政争议进行审理和裁决的活动，两者均是解决行政诉讼的方法和手段。

（二）卫生行政诉讼与卫生行政复议的区别

1. 受理的机关不同

卫生行政复议由国家行政机关受理。一般情况下，由做出具体行政行为的卫生行政机关的上一级卫生行政机关受理；法律另有规定，由人民政府做出的某些具体行政行为，如卫生行政许可、卫生行政处罚等，则由上一级人民政府受理。卫生行政诉讼则由人民法院受理。

2. 两者的性质不同

卫生行政复议是卫生行政机关、人民政府行使内部监督权的一种具体行政行为；卫生行政诉讼是人民法院依法行使国家审判权的一种司法行为。

3. 适用的程序不同

卫生行政复议适用行政复议法，是一种行政程序。按照行政效率原则，卫生行政复议程序要求在保证公正解决卫生行政争议的前提下，力争及时高效。卫生行政诉讼则适用行政诉讼法，是一种司法程序，其特征是公正规范。

4. 审查范围不同

卫生行政复议是行使行政监督权内部监督解决，不仅可以对卫生监督行为是否合法合理做出决定，而且可以直接变更卫生监督行为。卫生行政诉讼是行使司法审判权，它只能基于行政权的卫生监督行为的合法性做出裁决，一般不能变更卫生监督行为。

5. 法律效力不同

按照有关法律规定，相对人如果对卫生行政复议决定不服，仍可向人民法院提起卫生行政诉讼，如果相对人直接向人民法院提起卫生行政诉讼，则不能再提起卫生行政复议，如果经过两审就是终审判决，双方当事人必须履行。

四、卫生行政诉讼的基本制度

卫生行政诉讼除了要遵循诉讼制度的共同原则外，它有自己的特有的基本制度，主要有以下几项：

（一）行政诉讼期间，具体行政行为不停止执行

指在行政诉讼中，原卫生行政机关的具体行政行为不因为原告的起诉和人民法院的审理而停止执行。也就是说，卫生行政机关的具体行政行为一旦做出，就假设是符合法律的规定，是合法的行政行为，对行政机关本身和行政管理相对人都具有约束力，必须遵守执行。任何人不得以自己的判断否定行政行为的约束力。利害关系人对具体行政行为不服起诉到法院后，在未经人民法院变更、撤销以前，具体行政行为要继续执行，但法律另有规定的例外。

（二）审查具体行政行为的合法性

在行政诉讼中，人民法院只对卫生行政机关具体行政行为的合法性进行审查，一般不进行是否合理的审查。在一般的情况下，人民法院也不能直接变更具体行政行为的内容，只有在具体行政行为明显不当的情况下，才能变更行政机关的具体行政行为。

（三）被告负举证责任

举证责任，是指承担责任的当事人必须对自己主张的事实举出证据证明其确实存在，否则就要承担败诉后果。在民事诉讼中，是谁主张谁举证；而在行政诉讼中，则要求被告卫生行政机关负举证责任，必须提供做出具体行政行为的事实依据和法律依据，否则要承担败诉的结果。

（四）不适用调解

在行政诉讼中，人民法院审理卫生行政案件不能适用调解的审理方式和结案方式，而是由人民法院在查明事实、分清是非的基础上依法作出公正判决。但在涉及行政赔偿的问题上，可以通过调解解决。

（五）相对人自由选择救济途径

这是指对卫生行政机关的具体行政行为不服，既可以先向行政机关申请行政复议，对复议裁决不服再向人民法院提起行政诉讼，也可以不经复议而直接向人民法院提起行政诉讼，采取哪种救济方法，由相对人自由选择。

五、卫生行政诉讼的受案范围

卫生行政诉讼的受案范围是指人民法院受理或主管一定范围内卫生行政争议案件的权限，或者说哪些卫生行政案件相对人有权向人民法院提起卫生行政诉讼。依据行政诉讼法的规定并结合卫生行政诉讼的实际情况，卫生行政诉讼的受案范围主要包括：①不服卫生行政机关做出的行政处罚案件；②不服卫生行政机关采取的行政强制措施案件；③不服卫生行政机关对医疗事故的行政处理案件；④认为卫生行政机关违法要求履行义务的案件；⑤认为卫生行政机关不履行法定职责的案件。

六、卫生行政诉讼程序

（一）卫生行政诉讼起诉和受理

起诉，是指公民、法人或其他组织，认为卫生行政机关的具体行政行为侵犯了其合法权益，向人民法院提出诉讼请求，要求人民法院行使审判权，依法予以保护的诉讼行为。起诉分为两种情况：一种是当事人对具体行政行为不服，可以不经过复议，在知道做出具体行政行为之日起 3 个月内直接向人民法院起诉，但法律另有规定的除外，如《国境卫生检疫法》、《传染病防治法》、《食品卫生法》、《公共场所卫生管理条例》都规定为 15 日内，而其他卫生法律、法规则无时间规定。另一种情况是对卫生行政机关的具体行政行为不服，只能向卫生行政机关申请行政复议，经复议以后才能向人民法院起诉，如《放射防护条例》、《尘肺病防治条例》及《化妆品卫生监督条例》就规定应先申请复议，对复议不服的可在 15 日内提起诉讼。原告起诉后，经人民法院审查认为符合条件，应当在接到起诉书 7 日内决定是否应当立案受理。

（二）卫生行政诉讼审理和判决

我国行政诉讼实行两审终审制，当事人不服一审人民法院裁判的可以上诉，第二审人民法院的裁判是终审裁判，当事人如不服可以进行申诉，但二审裁判必须执行。人民法院受理行政案件采取合议制，开庭审理。除涉及国家秘密、个人隐私和法律另有规定外，一般实行公开审理，由合议庭进行法庭调查和双方当事人辩论，在辩论终结后依法裁判。依据行政诉讼法的规定，人民法院可作出如下判决：

（1）判决维持卫生行政机关的原处理决定。主要是指卫生行政机关的具体行政行为证据确凿，适用法律、法规正确，符合法定程序，判决维持原处理决定。

（2）判决撤销或部分撤销卫生行政机关所作出的具体行政行为。主要是指卫生行政执法的具体行政行为主要证据不足，或者适用法律、法规有错误，或者违反法定程序，或者超越职权和滥用职权的。此外，还可判处卫生行政机关重新做出一个具体行政行为。

（3）判决卫生行政机关在一定期限内履行其法定职责。主要是指卫生行政机关不履行或者拖延履行法定职责，判决其履行职责。

（4）判决变更原处理决定。主要是指卫生行政执法部门的行政处罚显失公正，由法院判决变更。

（三）卫生行政诉讼执行

人民法院和卫生行政机关依照法定程序，对拒不履行法院作出的已经生效的法律文书的当事人，可以采取强制措施强制其履行义务。人民法院对卫生行政案件的执行主要有两种情况：一是人民法院判决生效后，义务人不执行生效判决，卫生行政机关可以向一审人民法院申请强制执行；二是卫生行政机关做出的具体行政行为超过复议及起诉期限，当事人既不申请复议和起诉又不履行义务时，卫生行政机关可以向人民法院申请强制执行。

第四节　卫生行政赔偿法

一、卫生行政赔偿的概念及特征

1. 卫生行政赔偿的概念

卫生行政赔偿是指卫生行政机关及其工作人员违法行使职权，侵犯公民、法人或其他组织的合法权益造成损害后果，由卫生行政机关依法予以赔偿的制度。卫生行政赔偿是国家赔偿制度的重要组成部分。1994年5月12日，第八届全国人大常委会第7次会议通过的《中华人民共和国国家赔偿法》是进行卫生行政赔偿的法律依据。

2. 卫生行政赔偿的特征

卫生行政赔偿的特征主要有：

(1) 卫生行政赔偿是卫生行政机关及其工作人员在执行公务时所做出的具体行政行为违法，给卫生管理相对人造成损害而发生的赔偿；

(2) 卫生行政机关是卫生行政侵权损害责任的承担者；

(3) 卫生行政机关对于因故意或重大过失，给卫生行政管理相对人造成侵权损害的工作人员有追偿权；

(4) 卫生行政侵权赔偿以支付赔偿金为主要方式，但管理相对人也可以同时或单独请求作出处理决定的卫生行政机关承认错误、赔礼道歉、恢复名誉、消除影响、返还权益及其他赔偿形式承担责任。

二、卫生行政赔偿的构成要件

发生行政机关及其工作人员的卫生行政管理行为是否违法，是确定国家是否应当承担赔偿责任的标准。

因此构成卫生行政赔偿必须同时具备以下四个基本要件：

(1) 侵权主体是卫生行政执法主体；

(2) 必须是主体行使职权时的具体行为违法；

(3) 必须有损害的结果存在；

(4) 损害的结果与侵权主体的违法行为之间存在因果关系，即损害后果是国家卫生行政管理机关及其工作人员的行为直接造成的。

根据《行政诉讼法》和《国家赔偿法》的规定，只有在卫生行政机关及其工作人员违反法律、法规行使职权时，才有可能导致卫生行政赔偿。卫生行政主体的过错和自由裁量不当行为，均不能导致卫生行政赔偿。

三、卫生行政赔偿的范围

(一) 卫生行政赔偿的范围

根据国家赔偿法的规定，行政赔偿是指国家行政机关及其工作人员违法行使职权侵犯公民、法人和其他组织的合法权益造成损害的，受害人有依法取得国家行政赔偿的权利。

(1) 卫生行政主体在行使行政管理职权时违法实施罚款、吊销许可证和执照，责令停产、停业、没收财物等行政处罚；

(2) 卫生行政主体违法采取卫生行政措施，违反国家规定征收财物、摊派费用；

(3) 卫生行政主体违法对相对人采取查封、扣押、冻结等行政强制措施的；

(4) 非法限制、剥夺公民人身自由；

(5) 对公民或其他组织人身权、财产权造成损害的。

（二）国家不承担赔偿责任的范围

国家赔偿法及有关卫生法律、法规规定，属于下列情形之一的，国家不承担赔偿责任。

（1）卫生监督员实施了与行使职权无关的个人行为。这种行为应属于卫生监督员的个人行为，如果造成损失，由个人承担民事赔偿责任。

（2）公民、法人和其他组织自己的行为致使损害发生或加重的。

（3）法律规定的其他情形。

四、卫生行政赔偿程序

卫生行政赔偿程序是指卫生赔偿请求人提起赔偿请求，赔偿义务机关和人民法院处理赔偿案件的步骤、方法、顺序和时限等。根据《国家赔偿法》第9条第二款规定："赔偿请求人要求赔偿应当先向赔偿义务机关提出，也可以在申请行政复议和提起行政诉讼时一并提起。"赔偿请求人单独提出行政赔偿请求的，应当首先向行政赔偿义务机关提出，在赔偿义务机关不予赔偿或者赔偿请求人对赔偿数额有异议时，赔偿请求人才可以依法向人民法院提起行政赔偿诉讼。这种情形通常适用于争议双方对卫生行政侵权行为的违法性没有争议以及行政侵权行为已被确认为违法或者已被撤销、变更的情形。一并提出卫生行政赔偿请求是指赔偿请求人在申请行政复议或提起行政诉讼时一并提出赔偿要求，其特点是将确认行政行为的违法与要求行政赔偿两项请求一并提出，并要求合并处理。由于一并提起行政赔偿请求的程序完全适用行政复议程序和行政诉讼程序，故这里仅阐述单独请求行政赔偿的程序。单独请求行政赔偿的程序主要有以下几个程序环节构成：

1. 行政赔偿请求的提出　卫生行政赔偿请求人自国家行政机关及其工作人员行使职权时的违法行为被依法确认为违法之日起两年内，有权向行政赔偿义务机关提出书面赔偿请求。书面请求赔偿应当递交申请书，申请书应当载明：当事人的身份事项，具体的要求、事实根据和理由，申请的年、月、日。

2. 对赔偿请求的行政处理　行政赔偿义务机关应当自收到申请书之日起两个月内依法处理。行政赔偿义务机关作出行政赔偿决定的，应当制作《行政赔偿决定书》。赔偿机关决定不予赔偿的，应制作《不予赔偿决定书》，《不予赔偿决定书》应当载明不予赔偿的理由和依据，当事人对不予赔偿的决定不服的，可依法提起卫生行政诉讼。

3. 赔偿义务机关逾期不予赔偿或者赔偿请求人对赔偿数额有异议，赔偿请求人可以自期限届满之日起3个月内向人民法院提起行政赔偿诉讼。人民法院接到原告提起的卫生行政赔偿起诉状，应当进行审查，并在7日内立案或者作出不予受理决定，人民法院接到行政赔偿起诉状后，在7日内不能确定是否受理的，应当先予受理。审理中发现不符合受理条件的裁定驳回起诉。当事人对不予受理或者驳回起诉的裁定不服的，可以在裁定书送达之日起10日内向上级人民法院提起上诉。

4. 当事人在提起卫生行政诉讼的同时一并提出卫生行政赔偿请求，或者因具体行政行为与行使行政职权有关的其他行为侵权造成损害一并提出行政赔偿请求的，人民法院应当分别立案单独审理或合并审理。人民法院审理行政赔偿案件，在坚持合法、自愿前提下，可以就赔偿范围、赔偿方式和赔偿数额进行调解。调解成立的，应当制作行政赔偿调解书。

人民法院对单独提起卫生行政赔偿案件经过审理后，依法作出维持、改变和驳回赔偿请求人提出的赔偿请求。对发生法律效力的卫生行政判决、裁定、或调解协议，当事人必须履行。一方拒绝履行的，对方当事人可以向第一审人民法院申请执行。申请执行的期限，申请人是公民的为1年，申请人是法人或其他组织的为6个月。

五、卫生行政赔偿的方式与标准

（一）卫生行政赔偿的方式

1. 支付赔偿金

这是国家赔偿的主要方式。支付赔偿金是指由国家根据损害的程度，通过计算和估算赔偿给受害者以相应价值的金钱。

支付赔偿金有着其他赔偿方式无法比拟的优点。一是适用广泛，它对各种损害都适用；二是简便易行，可以根据标准一次性或分期地支付给被害人；三是及时，一经损害确定，并根据标准确定赔偿金额，就可以执行赔偿。

2. 返还财产

这种赔偿主要适用于财产侵害行为，比如罚款、没收、吊销执照和扣押物品等。

3. 恢复原状

恢复原状是根据损害程度和被害人的请求，尽量恢复到损害发生之前的原来状态。这种赔偿的方式是受一定条件限制的，前提条件是受害人就受到的损失有恢复原状的要求，而且这种损失可以得以恢复或可能得以恢复；如果某种损害结果已经无法恢复或难以恢复，就不适用恢复原状的方式。

4. 其他赔偿方式

其他方式包括消除影响、恢复名誉、赔礼道歉等。这种方式适合于由于国家机关的行为而引起的精神损失，比如侵犯公民的姓名权、名誉权、荣誉权、肖像权以及侵犯法人或其他组织的名称权、名誉权、荣誉权等。它不含有经济补偿的内容，而是通过这种赔偿，使受害人在精神上得到安慰和补偿。

根据具体情况，上述几种赔偿方式可以单独使用，也可以合并使用。

（二）卫生行政赔偿的计算标准

根据国家赔偿法的规定，赔偿的计算标准如下：

1. 侵犯公民人身自由的

每日的赔偿金按照国家上年度职工日平均工资计算。

2. 侵犯公民生命健康权的

赔偿金按以下规定计算：

（1）造成身体伤害的，应当支付医疗费以及赔偿因误工减少的收入。减少的收入每日的赔偿金按照国家上年度职工日平均工资计算，最高额为国家上年度职工年平均工资的五倍。

（2）造成部分或者全部丧失劳动能力的，应当支付医疗费以及残疾赔偿金。残疾赔偿金根据丧失劳动能力的程度确定，部分丧失劳动能力的最高额为国家上年度职工年平均工资的十倍；全部丧失劳动能力的为国家上年度职工年平均工资的20倍。造成全部丧失劳动能力的，对其抚养的无劳动能力的人，还应当支付生活费。

（3）造成死亡的，应当支付死亡赔偿金、丧葬费，总额为国家上年度职工年平均工资的20倍。对死者生前抚养的无生活能力的人，负责支付生活费。被抚养人是未成年人的，生活费给付至18周岁；无劳动能力的人，生活费给至死亡时止。

3. 侵犯公民、法人和其他组织的财产权造成损害的

按照下列标准赔偿：

（1）罚款、罚金、追缴、没收财产或者违反国家规定征收财物、摊派费用的，返还财产。

（2）查封、扣押、冻结财产的，解除对财产的查封、扣押、冻结；造成财产损坏或者灭失的，按照损害程度给付相应的赔偿金。

（3）应当返还的财产损坏的，能够恢复原状的恢复原状；不能恢复原状的，按照损害程度给付相应的赔偿金。

（4）应当返还的财产灭失的，给付相应的赔偿金。

（5）财产已经拍卖的，给付拍卖所得的价款。

（6）吊销卫生许可证和执照、责令停产停业的，赔偿停产停业期间必要的经常性费用开支。

（7）对财产权造成其他损害的，按照有关损失给予赔偿。

【练一练】

选择题

1. 卫生行政复议的申请时限一般是自知道该具体的行政行为之日起的（　　　）

A.30 天　　　　　　B.45 天　　　　　C.60 天　　　　　　　D.90 天

2. 行政复议机关收到行政复议申请后，应当在几日内进行审查（　　　）

A.3 天　　　　　　　B.5 天　　　　　　C.7 天　　　　　　　D.30 天

3. 卫生行政诉讼（一审）中，下列哪个部门有可能是原告（　　　）

A.卫生行政部门　　B.人民法院　　C.检察院　　　　　D.食品生产企业

4. 对下列行为不服，可以申请复议的有（　　　）

A.某酒店的负责人认为《食品卫生法》中的规定过于严格

B.某卫生局的工作人员对领导的工作安排不服

C.药品监督管理局对某药店涉嫌卖假药给予处罚 1000 元人民币

D.卫生局对医疗事故赔偿所作出的调解

简答题

1. 卫生法律救济的途径有哪些？

2. 简述卫生行政复议的受案范围。

3. 简述卫生行政复议的原则。

第六章　医疗机构管理法律制度

【目标解读】
1. 了解医疗机构的概念
2. 理解医疗机构的分类管理
3. 掌握医疗机构的设置审批和登记制度
4. 掌握医疗机构的执业管理和监督管理
5. 了解医疗机构的广告管理
6. 了解违反《医疗机构管理条例》所应承担的法律责任

第一节　医疗机构管理法律制度概述

一、医疗机构的概念

医疗机构是指依法设立的从事疾病诊断、治疗活动的医院、卫生院、疗养院、门诊部、诊所、卫生所（室）以及急救站等卫生机构的总称。医疗机构的特征如下：

（1）医疗机构必须是依法设立的卫生机构：所谓依法设立是指依据国务院《医疗机构管理条例》及其实施细则的规定设立和登记。只有依法设立并领取《医疗机构执业许可证》的单位或者个人才能开展相应的诊疗活动。

（2）医疗机构是从事疾病诊断、治疗活动的卫生机构：我国将卫生机构依其设立目的分为医疗机构和防疫机构等。前者以开展疾病诊断、治疗活动为主，后者以开展疾病预防控制活动为主。

（3）医疗机构是从事疾病诊断、治疗活动的卫生机构的总称：我国的医疗机构是由一系列开展疾病的诊断、治疗活动的卫生机构组成的。医院、卫生院是其主体。

二、医疗机构的分类

医疗机构应以救死扶伤、防病治病、为人民的健康服务为宗旨，其依法从事的诊疗活动受法律保护。国家扶持医疗机构的发展，鼓励以多种形式创建医疗机构。按不同的角度，可以将医疗机构做以下分类：

按医疗机构的功能、任务、规模等，医疗机构可分为：①综合医院、中医医院、中西医结合医院、民族医医院、专科医院、康复医院；②妇幼保健院；③中心卫生院、乡（镇）卫生院、街道卫生院；④疗养院；⑤综合门诊部、专科门诊部、中医门诊部、中西医结合门诊部、民族医门诊部；⑥诊所、中医诊所、民族医诊所、卫生所、医务室、卫生保健所、卫生站；⑦村卫生室（所）；⑧急救中心、急救站；⑨临床检验中心；⑩专科疾病防治院、专科疾病防治所、专科疾病防治站；⑪护理院、护理站；⑫其他诊疗机构。卫生防疫、国境卫生检疫、医学科研和教学等机构在本机构业务范围之外开展诊疗活动以及美容服务机构开展医学美容业务的，必须依据有关规定，申请设置相应类别的医疗机构。

按医疗机构的性质、社会功能及其承担的任务等，医疗机构可分为：①非营利性医疗机构；②营利性医疗机构。非营利性医疗机构是指为社会公众利益服务而设立和运营的医疗机构，不以营利为目的，其收入用于弥补医疗服务成本，实际运营中的收支结余只能用于自身的发展，如改善医院条件、引进技术、开展新的医院服务项目等。营利性医疗机构是指医疗服务所得收益可用于投资者经济回报的医疗机构。政府不举办营利性医疗机构。非营利性医疗机构在医疗服务体系中占主导地位。

为促进卫生领域对外交流与合作，我国允许开办中外合资、合作医疗机构，即外国医疗机构、公司、企业和其他经济组织，按照平等互利的原则，经中国政府主管部门批准，在中国境内（香港、澳门及台湾地区除外）与中国的医疗机构、公司、企业和其他经济组织以合资或者合作形式设立医疗机构。

三、医疗机构管理法制建设

建立健全法律制度是医疗机构管理的重要前提。新中国成立后，特别是十一届三中全会以来，医疗机构管理法制建设工作得到了快速发展。1985 年卫生部成立了"医疗立法调研起草小组"，拟定了《医政立法规划》。医政法规对于加强我国医政管理、指导医疗机构的工作发挥了重要作用。这一期间，我国制定和颁布了一系列规范性法律文件，主要有：全国人民代表大会常务委员会制定的《中华人民共和国献血法》、《中华人民共和国执业医师法》、《中华人民共和国红十字会法》等法律；国务院发布的《医疗机构管理条例》等行政法规；卫生部制定的《医疗机构管理条例实施细则》、《医疗机构监督管理行政处罚程序》、《医疗机构设置规划指导原则》、《医疗机构基本标准（试行）》、《医疗机构诊疗科目名录》、《医疗机构评审委员会章程》、《医院工作人员职责》、《医务人员医德规范及实施办法》、《全国医院工作条例》、《医院工作制度》、《医院工作制度补充规定（试行）》、《血站管理办法（暂行）》、《中华人民共和国护士管理办法》等；卫生部和国家中医药管理局联合发布的《医师、中医师个体开业暂行管理办法》；对外贸易经济合作部发布的《中外合资、合作医疗机构管理暂行办法》；国务院办公厅转发的国务院体改委、国家计委、国家经贸委、财政部、劳动与社会保障部、卫生部、国家食品药品监督管理局、中医药管理局八部门《关于城镇医药卫生体制改革的指导意见》以及为贯彻该指导意见有关部委发布的《关于城镇医疗机构分类管理的实施意见》等。这些法律、法规、规章构成了医疗机构管理的法律体系，使我国对医疗机构的管理逐步走上了法制化道路。

第二节　医疗机构的管理

一、医疗机构分类

2000 年，卫生部、国家中医药管理局、财政部、国家发展计划委员会联合发布了《关于城镇医疗机构分类管理的实施意见》。按照自愿选择和政府核定相结合、非营利医疗机构在我国医疗服务体系中占主体和主导地位、符合区域卫生规划与优化卫生资源配置三项原则，根据医疗机构的经营目的、服务任务以及执行不同的财政、税收、价格政策和财务会计制度，将医疗机构分为非营利性医疗机构和营利性医疗机构两类。

（一）非营利性医疗机构

非营利性医疗机构是指为社会公众服务而设立和运营的医疗机构，分为政府举办的非营利性医疗机构和其他非营利性医疗机构两种。

非营利性医疗机构不以营利为目的，其收入用于弥补医疗服务成本，实际运营中的收支结余只能用于自身的发展，如改善医疗条件、引进技术、开展新的医疗服务项目等。在提供的服务方面，政府举办的非营利性医疗机构主要提供基本医疗服务并完成政府交办的其他任务，其他非营利性医疗机构主要提供基本医疗服务。在财政、税收政策上，政府举办的非营利性医疗机构享受同级政府给予的财政补助，其他非营利性医疗机构不享受政府财政补助。非营利性医疗机构执行政府规定的医疗服务指导价格，享受相应的税收优惠政策，执行财政部、卫生部颁布的《医院财务制度》和《医院会计制度》等有关法规、政策。当发生重大灾害、事故、疫情等特殊情况时，各类医疗机构均有义务执行政府指令性任务。

（二）营利性医疗机构

营利性医疗机构是指医疗服务所得收益可用于投资者经济回报的医疗机构。

营利性医疗机构根据市场需求自主确定医疗服务项目。营利性医疗机构医疗服务价格放开，依法自主经营，照章纳税，参照执行企业的财务、会计制度和有关政策。政府不举办营利性医疗机构。

（三）营利性医疗机构与非营利性医疗机构分类的标准

根据《关于城镇医疗机构分类管理的实施意见》，现有医疗机构按照以下标准分类：①现有政府举办的承担基本医疗任务、代表区域性或国家水平的医疗机构，经同级政府根据经济发展和医疗需求予以核定，继续由政府举办，定为非营利性医疗机构；其余的可自愿选择逐步转为其他非营利性医疗机构或转为营利性医疗机构；②社会捐资兴办的医疗机构一般定为非营利性医疗机构；③企事业单位设立的为本单位职工服务的医疗机构一般定为非营利性医疗机构；对社会开放的，由其自愿选择并经当地卫生行政等部门核定为非营利性医疗机构或转为营利性医疗机构；④社会团体和其他社会组织举办的医疗机构，由其自愿选择并经卫生行政等部门核定为非营利性医疗机构或转为营利性医疗机构；⑤城镇个体诊所、股份制、股份合作制和中外合资合作医疗机构一般定为营利性医疗机构；⑥国有或集体资产与医疗机构职工合办的医疗机构（包括联合诊所），由其自愿选择并经卫生行政和财政部门核准可改为股份制、股份合作制等营利性医疗机构，也可转为非营利性医疗机构。

（四）医疗机构分类的核定程序

医疗机构按《医疗机构管理条例》进行设置审批、登记注册和校验时，需要书面向卫生行政部门申明其性质，由接受其登记注册的卫生行政部门会同有关部门根据医疗机构投资来源、经营性质等有关分类界定的规定予以核定，在执行登记中注明"非营利性"或"营利性"。取得《医疗机构执业许可证》的营利性医疗机构，按有关法律法规还需到工商行政管理、税务等部门办理相关登记手续。医疗机构改变其性质，须经核发《医疗机构执业许可证》的卫生行政部门和有关部门批准并办理相关变更手续。政府举办的非营利性医疗机构不得投资与其他组织合资合作设立非独立法人资格的营利性的"科室"、"病区"、"项目"。已投资与其他组织合资合作举办营利性的"科室"、"病区"、"项目"的，应停办或经卫生行政和财政等部门批准转为独立法人单位。

二、医疗机构的规划布局和设置审批

医疗机构设置规划是区域卫生规划的重要组成部分，是卫生行政部门审批医疗机构的依据。它由县级以上地方人民政府卫生行政部门根据其行政区域内的人口、医疗资源、医疗需求和现有医疗机构的分布状况，依据卫生部制定的《医疗机构设置规划指导原则》制定，报同级人民政府批准后实施。其目的是统筹规划医疗机构的数量、规模和分布，合理配置卫生资源，提高卫生资源的利用效率。机关、企业和事业单位可以根据需要设置医疗机构，并纳入当地医疗机构的设置规划。县级以上地方人民政府应当把医疗机构设置规划纳入当地的区域卫生发展规划和城乡建设发展总体规划。

单位和个人申请设置医疗机构，必须经县级以上人民政府卫生行政部门审查批准，取得设置医疗机构批准书，方可向有关部门办理其他手续。申请设置医疗机构，应当提交下列文件：设置申请书；设置可行性研究报告；选址报告和建筑设计平面图。不设床位或者床位不满100张的医疗机构，向所在地的县级人民政府卫生行政部门申请；床位在100张以上的医疗机构和专科医院按照省级人民政府卫生行政部门的规定申请。县级以上人民政府卫生行政部门应当自受理申请之日起30日内，作出批准或者不批准的书面答复；批准设置的，发给设置医疗机构批准书。国家统一规划的医疗机构的设置，由卫生部决定。

有下列情形之一的，不得申请设置医疗机构：①不能独立承担民事责任的单位；正在服刑或者不具有完全民事行为能力的个人；②医疗机构在职、因病退职或者停薪留职的医务人员；③发生二级以上医疗事故未满五年的医务人员；因违反有关法律、法规和规章，已被吊销执业证书的医务人员；④被吊销《医疗机构执业许可证》的医疗机构法定代表人或者主要负责人；⑤省、自治区、直辖市人民政府卫生行政部门规定的其他情形。

申请设置医疗机构有下列情形之一的，不予批准：①不符合当地《医疗机构设置规划》；②设置人不符合规定的条件；③不能提供满足投资总额的资信证明；④投资总额不能满足各项预算开支；⑤医疗机构选址不合理；⑥污水、污物、粪便处理方案不合理；⑦省、自治区、直辖市卫生行政部门规定的其他情形。

三、医疗机构的登记与校验管理

医疗机构执业必须进行登记，领取《医疗机构执业许可证》。医疗机构的登记，由批准其设置的人民政府卫生行政部门办理。

1. 申请医疗机构执业登记应当符合如下条件：有设置医疗机构批准书；符合医疗机构的基本标准；有适合的名称、组织机构和场所；有与其开展业务相适应的经费、设施和专业卫生技术人员；有相应的规章制度；能够独立承担民事责任。申请医疗机构执业登记应当填写《医疗机构申请执业登记注册书》，并提交下列材料：①《设置医疗机构批准书》或者《设置医疗机构备案回执》；②医疗机构用户产权证明或者使用证明；③医疗机构建筑设计平面图；④验资证明、资产评估报告；⑤医疗机构规章制度；⑥医疗机构法定代表人或者主要负责人以及各科室负责人名录和有关资格证书、执业证书复印件等。

申请门诊部、诊所、卫生所、医务室、卫生保健所和卫生站执业登记的，还应当提交附设药房（柜）的药品种类清单、卫生技术人员名录及其有关资格证书、执业证书复印件等。卫生行政部门受理执业登记申请后，应当自申请人提供规定的全部材料之日起 45 日内对提交的材料进行审查和实地考察、核实，并对有关执业人员进行消毒、隔离和无菌操作等基本知识和技能的现场抽查考核。经审核合格的，发给《医疗机构执业许可证》。审核不合格的，将审核结果和不予批准的理由以书面形式告知申请人。

有下列情形之一的不予登记：①不符合《设置医疗机构批准书》核准的事项；②中外合资、合作医疗机构不符合《医疗机构基本标准》；③投资不到位；④医疗机构用房不能满足诊疗服务功能；⑤通讯、供电、上下水道等公共设施不能满足医疗机构正常运转；⑥医疗机构规章制度不符合要求；⑦消毒、隔离和无菌操作等基本知识和技能的现场抽查考核不合格等；⑧省、自治区、直辖市卫生行政部门规定的其他情形。

2. 登记的事项　医疗机构执业登记的事项是：①类别、名称、地址、法定代表人或者主要负责人；②所有制形式；③注册资金（资本）；④服务方式；⑤诊疗科目；⑥房屋建筑面积、床位（牙椅）；⑦服务对象；⑧职工人数；⑨执业许可证登记号（医疗机构代码）等；⑩省、自治区、直辖市卫生行政部门规定的其他登记事项。门诊部、诊所、卫生所、医务室、卫生保健所、卫生站还应当核准附设药房（柜）的药品种类。

3. 医疗机构执业登记的校验　床位在 100 张以上的综合医院、中医医院、中西医结合医院、民族医医院以及专科医院、疗养院、康复医院、妇幼保健院、急救中心、临床检验中心和专科疾病防治机构的校验期为 3 年，其他医疗机构的校验期为 1 年。医疗机构应当于校验期满前 3 个月向登记的卫生行政部门申请办理校验手续，并提交医疗机构校验申请书、医疗机构执业许可证副本等。卫生行政部门应当在受理校验申请后 30 日内完成校验。

有下列情形之一的，卫生行政部门可以根据情况给予 1~6 个月的暂缓校验期：①不符合医疗机构设置标准；②限期改正期间；③省、自治区、直辖市卫生行政部门规定的其他情形。

不设床位的医疗机构在暂缓校验期内不得执业。暂缓校验期满仍不通过校验的，卫生行政部门注销医疗机构执业许可证。不得对经登记取得的《医疗机构执业许可证》进行伪造、涂改、出卖、转让、出借。若遗失，应当及时申明，并向原登记机关申请补发。

四、医疗机构的执业管理

未取得《医疗机构执业许可证》，任何单位和个人，不得开展诊疗活动。为内部职工服务的医疗机构未经许可和变更登记，不得对社会开放。医疗机构执业，必须遵守法律、法规和医疗技术规范，按照核准登记的诊疗科目开展诊疗活动，不得使用非卫生技术人员从事卫生技术工作。

医疗机构应当加强对医务人员的医德教育，组织学习医德规范，督促医务人员恪守职业道德，定期检查、考核各项规章制度和各级各类人员岗位责任制的执行和落实情况。医疗机构应当加强医疗质量管理，实施医疗质量保证方案。要经常对医务人员进行基础理论、基本知识、基本技能的训练与考核，把"严格要求、严密组织、严谨态度"落实到各项工作中。严格执行无菌消毒、隔离制度，采取科学有效的措施处理污水和废弃物，预防和减少医院感染，确保医院安全和服务质量，不断提高服务水平。

医疗机构工作人员上岗工作，必须佩戴载有本人姓名、职务或者职称的标牌。医疗机构对危重病人应当立即抢救，对限于设备或者技术条件不能诊治的病人，应当及时转诊；未经医师（士）亲自诊查病人，医疗机构不得出具疾病诊断书、健康证明书或者死亡证明书等证明文件；未经医师（士）、助产人员亲自接产，医疗机构不得出具出生证明书或者死亡报告书；医疗机构实施手术、特殊检查或特殊治疗时，必须征得患者同意，并应当取得其家属或者关系人的同意并签字，无法取得患者意见时，应当取得其家属或者关系人的同意并签字，无法取得患者意见又无家属或者关系人在场，或者遇到其他特殊情况时，经治医师应当提出医疗处置方案，在取得医疗机构负责人或者被授权人员的批准后实施；医疗机构发生医疗事故，对传染病、精神病、职业病等患者的特殊诊治和处理，按照国家有关规定办理；医疗机构必须按照药品管理法律、法规、加强药品管理，按照人民政府和物价部门的规定收取医疗费用，详列细项，并出具收据；医疗机构必须承担相应的预防保健工作，承担县级以上人民政府卫生行政部门委托的支援农村、指导基层医疗卫生工作等任务；在发生重大灾害、事故、疾病流行或者其他意外情况时，服从县级以上人民政府卫生行政部门的调遣。

五、医疗机构的监督管理

国务院卫生行政部门负责全国医疗机构的监督管理工作。县级以上地方人民政府卫生行政部门负责本行政区域医疗机构的监督管理工作。中国人民解放军卫生主管部门负责对军队的医疗机构实施监督管理。县以上卫生行政部门设立医疗机构监督管理办公室，在同级卫生行政部门的领导下开展工作。

卫生行政部门行使下列职权：①负责医疗机构的设置审批、执业登记和校验；②对医疗机构的执业活动进行检查指导；③负责组织对医疗机构的评审；④对违反《医疗机构管理条例》的行为给予处罚。县级以上卫生行政部门设医疗机构监督员，履行规定的监督管理职责。

各级卫生行政部门对医疗机构的执业活动的检查、指导主要包括：

(1) 执行国家有关法律、法规、规章和标准情况；

(2) 执行医疗机构内部各项规章制度和各级各类人员岗位责任制情况；

(3) 医德医风情况；

(4) 服务质量和服务水平情况；

(5) 执行医疗收费标准情况；

(6) 组织管理情况；

(7) 人员任用情况以及省级卫生行政部门规定的其他项目。

国家实行医疗机构评审制度，由专家组成的评审委员会对医疗机构的基本标准、服务质量、技术水平、管理水平等进行综合评价。县级以上中医（药）行政管理部门成立评审委员会，负责中医、中西医结合和民族医医疗机构的评审。医疗机构评审委员会在对医疗机构进行评审时，发现违法情节，应当及时报告卫生行政部门，由卫生行政部门提出处理意见；对达到评审标准的医疗机构，发给评审合格证书。医疗机构评审委员会委员为医疗机构监督员的，可以直接行使监督权。

六、医疗机构的广告管理

医疗广告是指医疗机构通过一定的媒介或者形式，向社会或者公众宣传其运用科学技术诊疗疾病的活动。

1993 年，国家工商行政管理局、卫生部联合发布的《医疗广告管理办法》规定，医疗广告必须真实、健康、科学、准确，不得以任何形式欺骗或误导公众。广告内容仅限于医疗机构名称、诊疗地点、从业医师姓名、技术职称、服务商标、诊疗时间、诊疗科目、诊疗方法、通讯方式。医疗机构必须持有省级卫生行政部门出具的《医疗广告证明》，方可进行广告宣传。《医疗广告证明》的有效期为 1 年，在有效期内变更广告内容或者期满后继续进行广告宣传的，必须重新办理《医疗广告证明》。《医疗广告证明》不得伪造、涂改、出租、出借、转让、出卖或者擅自复制。医疗广告证明文号必须与广告内容同时发布。发布户外医疗广告，必须持《医疗广告证明》到当地工商行政管理机关办理发布手续。

医疗广告禁止出现以下内容：有淫秽、迷信、荒诞语言文字、画面的；贬低他人的；保证治愈或者隐含保证治愈的；宣传治愈率、有效率等诊疗效果的；利用患者或者其他医学权威机构、人员和医生的名义、形象或者使用其推荐语进行宣传的；冠以祖传秘方或者名医传授等内容的；单纯以一般通信方式诊疗疾病的；国家卫生行政部门规定的不宜进行广告宣传的诊疗方法；违反其他有关法律、法规的。

第三节　法律责任

医疗机构违反《医疗机构管理条例》时，医疗机构本身及其直接责任人员都应承担一定的法律责任。医疗机构违反《医疗机构管理条例》，应受处罚的行为及内容主要包括下列几项：

（1）未取得《医疗机构执业许可证》擅自执业：对未取得《医疗机构执业许可证》擅自执业的，由县级以上人民政府卫生行政部门责令停止执业活动，没收非法所得和药品、器械，并处以3000元以下罚款。有下列情形之一的，责令停止执业活动，没收非法所得和药品、器械，处以3000元以上10000元以下的罚款：①因擅自执业曾受过卫生行政部门处罚；②擅自执业的人员为非卫生技术人员；③擅自执业时间在3个月以上；④给患者造成伤害；⑤使用假药、劣药蒙骗患者；⑥以行医为名骗取患者钱物；⑦省、自治区、直辖市卫生行政部门规定的其他情形。

（2）逾期不校验《医疗机构执业许可证》又不停止诊疗活动：医疗机构不按期办理校验《医疗机构执业许可证》又不停止诊疗活动的，由县级以上人民政府卫生行政部门责令限期补办校验手续。在限期内仍不办理校验的，吊销《医疗机构执业许可证》。

（3）出卖、转让、出借《医疗机构执业许可证》：医疗机构转让、出借《医疗机构执业许可证》的，由县级以上人民政府卫生行政部门没收非法所得，并处以3000元以下罚款。有下列情形之一的，没收非法所得，处以3000元以上5000元以下罚款，并吊销《医疗机构执业许可证》：①出卖《医疗机构执业许可证》的；②转让或者出借《医疗机构执业许可证》是以营利为目的的；③受让方或者承借方给患者造成伤害的；④转让、出借《医疗机构执业许可证》给非卫生技术人员的；⑤省、自治区、直辖市卫生行政部门规定的其他情形。

（4）诊疗活动超出登记范围：除急诊和急救外，医疗机构诊疗活动超出登记的诊疗科目范围，情节轻微的，由县级以上人民政府卫生行政部门处以警告。有下列情形之一的，责令限期改正，并可处以3000元以下的罚款：①超出登记的诊疗科目范围的诊疗活动累计收入在3000元以下的；②给患者造成伤害的。有下列情形之一的，处以3000元罚款，并吊销《医疗机构执业许可证》：①超出登记的诊疗科目范围的诊疗活动累计收入在3000元以上的；②给患者造成伤害的；③省、自治区、直辖市卫生行政部门规定的其他情形。

（5）使用非卫生技术人员从事医疗卫生技术工作：医疗机构使用非卫生技术人员从事医疗卫生技术工作的，由县级以上人民政府卫生行政部门责令限期改正，并可处以3000元以下的罚款。有下列情形之一的，处以3000元以上5000元以下罚款，并吊销《医疗机构执业许可证》：①使用两名以上非卫生技术人员从事诊疗活动的；②使用的非卫生技术人员给患者造成伤害的。

（6）出具虚假证明文件：医疗机构出具虚假证明文件，情节轻微的由县级以上人民政府卫生行政部门处以警告，并可处以500元以下罚款。有下列情形之一的，处以500元以上1000元以下罚款：①出具虚假证明文件造成延误诊治的；②出具虚假证明文件给患者精神造成伤害的；③造成其他危害后果的。对直接责任人员由其所在单位或者上级机关给予行政处分。

（7）医疗机构有下列情形之一的，登记机关可以责令其限期改正：①发生重大医疗事故；②连续发生同类医疗事故，不采取有效防范措施；③连续发生原因不明的同类患者死亡事件，同时存在管理不善因素；④管理混乱，有严重事故隐患，可能直接影响医疗安全；⑤省、自治区、直辖市卫生行政部门规定的其他情形。

【练一练】

选择题

1. 某专科疾病防治机构拥有300张床位，其执业登记的校验期为（　　）

A. 1 年　　　　　　　　　　　　　B. 2 年

C. 3 年　　　　　　　　　　　　　D. 5 年

2. 医疗机构出具虚假证明文件，情节轻微的由县级以上人民政府卫生行政部门处以警告，并可处以多少元罚款（　　）

A. 300 元以下　　　　　　　　　　B. 500 元以下

C. 500 ~ 1000 元　　　　　　　　　D. 3000 元以下

简答题

1. 什么是医疗机构？

2. 卫生行政部门对医疗机构不予登记的情况有哪些？

第七章　执业医师法律制度

【目标解读】

1. 了解执业医师法的意义
2. 掌握执业医师的考试、注册、考核、培训
3. 理解执业医师规范
4. 了解违反执业医师法的责任

第一节　执业医师法概述

一、执业医师法的概念

执业医师法是在调整加强医师队伍建设，提高医师职业道德和业务素质，保障医师的合法权益和保护人民健康活动中产生的各种社会关系的法律规范的总称。医师是指依法取得执业医师资格或者执业助理医师资格，经注册在医疗、预防或者保健机构（包括计划生育技术服务机构）中执业的专业医务人员。医师的社会责任是应当具备良好的职业道德，发扬人道主义精神，履行防病治病、救死扶伤、保护人民健康的神圣职责。全社会应当尊重医师。医师依法履行职责，受法律保护。

医师从事的是治病救人的职业，其执业行为直接关系到公民的生命和健康。因此，为了加强对医师执业的管理，世界上大多数国家制定了专门的医师法，也有一些国家在医疗法或其他一些相关法律中对医师的执业加以规定。主要内容包括：医师的资格、执业登记和注册、医师的权利和义务、医师执业的法律责任。

二、执业医师法的意义

1998 年 6 月 26 日，第九届全国人大常委会第 3 次会议通过了《中华人民共和国执业医师法》，自 1999 年 5 月 1 日起施行。《执业医师法》及其配套法规的颁布实施，对于依法治医具有深远的意义。

（一）有利于加强医师队伍管理

随着社会主义市场经济体制的建立和卫生改革的不断深化，以及加入世界贸易组织，

我国的医疗服务市场逐步开放，除国家财政支持的医疗机构外，中外合资和合作、社团主办、民营以及个体诊所等多种形式的医疗机构不断出现，医师队伍不断发展扩大。2002年末，我国从事医疗、预防、保健工作的各级各类医师已达 184.4 万人。这既满足了广大人民群众对医疗服务的需求，同时也给医师队伍的管理带来了新问题。少数人以行医为名诈骗钱财，威胁着人民群众的身体健康和生命安全。《执业医师法》规定具有相应学历、资历者经过医师资格考试合格后，方能获得执业医师或执业助理医师资格，并经注册后才能执业；同时对申请个体行医的执业医师作了专门规定，这就使医师队伍的管理有法可依，有利于医师队伍的管理和建设。

（二）有利于提高医师业务素质

20 世纪 90 年代以来，多渠道、多样化办学，一部分不具备条件的非医学院校开设医学专业；一些民办医学学校组织学生参加医学自学高考，获得与正规医科大学具有同等效力的本科学历，造成一定程度的医学人才培养的混乱，使医学教育质量难以保证，毕业生质量良莠不齐。《执业医师法》规定实行全国医师资格统一考试，注重基础理论和临床知识技能以及相关的伦理、法律、心理等知识，这就会把那些没有真才实学和缺乏医学临床基本技能的人拒之于医师队伍之外，从而提高医师的业务素质，有利于更好地保护人民健康。

（三）有利于保障医师合法权益

长期以来，由于医师的权利和义务不明确，致使侵犯医师人身安全和名誉、扰乱正常医疗秩序的现象屡见不鲜；同时少数医师不负责任，违反医疗规范，造成医疗损害的现象也时有发生。现在，执业医师法对医师的权利和义务做了明确规定，医师在执业活动中的人格尊严、人身安全不受侵犯。医师在享有权利的同时，也承担着相应的法律责任。这对提高医师的职业道德素质，增强医师的法律意识，保障医师的合法权益有着重要意义。

（四）保护公民健康

在医疗卫生事业中，医师的执业直接关系到公民健康，只有把医师队伍建设好，把医师管理好，使医师具有良好的职业道德和医疗执业水平，才能达到保护公民健康的目的。

三、执业医师法的法制建设

早在我国西周时代，《周礼》就有对医师进行年终考核以定其报酬的记载。以后，历代的法典如《唐律》、《元典章·礼部》、《元典章·刑部》、《大明会典》等都有有关规范医师执业行为的法律条文。20 世纪 20 年代开始，我国出现了对医师执业管理的单行法律，如国民党政府于 1929 年颁布的《医师暂行条例》；1931 年的《高等考试西医师考试条例》，1943 年颁布的《医师法》。

从建国初期，国家就非常重视依法管理医师队伍。1951 年，政务院颁布了《医师暂行条例》、《中医师暂行条例》、《牙医师暂行条例》。但由于历史原因在 50 年代中期就和医师资格考试制度同时停止了。改革开放后卫生部颁布了一系列规范性文件，如《卫生技术人员职称及晋升条例（试行）》（1979 年）、《医院工作人员职责》（1982 年）、《医师、中医师个体开业暂行管理办法》（1988 年）、《外国医师来华短暂行医管理办法》（1993 年 1 月 1 日）等。但依然无法满足建立健全社会主义市场经济，开放医疗服务市场对加强医师执业活动管理的要求。为了加强医师队伍的建设，提高医师的职业道德和业务素质，保障医师的合法权益，保护人民健康，卫生部从 1985 年就开始了医师法的起草与修订工作。1998 年 6 月 26 日第九届全国人民代表大会第 3 次会议通过了《中华人民共和国执业医师法》，于 1999 年 5 月 1 日起施行。此后，卫生部相继颁布实施了《医师执业注册暂行办法》（1999 年 7 月 16 日）；《医师资格考试暂行办法》（1999 年 7 月 16 日）；《传统医学师承和确有专长人员医师资格考核考试暂行办法》（1999 年 7 月 23 日）；《中国人民解放军实施〈中华人民共和国执业医师法〉办法》；2003 年 7 月 30 日国务院第 16 次常务会议又通过《乡村医生从业管理条例》，自 2004 年 1 月 1 日起施行，使我国的医师执业管理法律制度逐步走上了法制化、规范化的轨道。

四、执业医师工作的管理

《中华人民共和国执业医师法》明确规定：国务院卫生行政部门主管全国的医师工作。县级以上地方人民政府卫生行政部门负责管理本行政区域内的医师工作。国家对在医疗、预防、保健工作中作出贡献的医师，给予奖励。医师的医学专业技术职称和医学专业技术职务的评定、聘任，按照国家有关规定办理。

2002 年 1 月 9 日，中国医师协会成立，其宗旨是：发挥行业指导、服务、自律、协调、监督作用，团结和组织全国医师遵纪守法，弘扬职业道德，提高医疗水平和服务质量，维护医师的合法权益，为人民健康和国家建设服务。据有关统计资料表明，我国现有医师 200 多万。中国医师协会是我国最大的医师行业组织，是由执业医师、执业助理医师及单位会员自愿组成的全国性、行业性、非营利性的群众团体。中国医师协会的成立，标志着医师管理从行政管理为主向行业自律性管理为主的转变。

第二节　执业医师的考试、注册、考核、培训

一、执业医师资格考试

（一）考试的种类

医师资格考试是评价申请医师资格者是否具备执业所必须的专业知识与技能的考试，是医师执业的准入考试。医师资格考试实行统一办法、统一标准、统一组织。考试办法由国务院卫生行政部门制定。考试由省级以上人民政府卫生行政部门组织实施。

我国医师资格考试的种类包括执业医师资格考试和执业助理医师资格考试两种。考试的类别分为临床医师、中医（包括中医、民族医、中西医结合）师、口腔医师、公共卫生

医师四类。考试方式分为实践技能考试和医学综合笔试。

（二）报名条件

1. 参加执业医师资格考试的条件

①具有高等学校医学专业本科以上学历，在执业医师指导下，在医疗、预防、保健机构中试用期满1年的；②取得执业助理医师执业证书后，具有高等学校医学专科学历，在医疗、预防、保健机构中工作满2年的；③具有中等专业学校医学专业学历，在医疗、预防、保健机构中工作满5年的。

2. 参加助理医师资格考试的条件

具有高等学校医学专科学历或者中等专业学校医学专业学历，在执业医师指导下，在医疗、预防、保健机构中试用期满1年的，可以参加执业助理医师资格考试。

3. 军队人员参加医师资格考试的条件

军队人员具有《执业医师法》第九条、第十条规定的条件的，可以参加医师资格考试。军队参加医师资格考试的人员，应当在规定的时间内向所在单位报名，填写军队人员医师资格考试报名表。经军队团级以上单位政治机关干部部门和后勤，机关卫生部门或者团级以上医疗、预防、保健机构医务部门和政治部门审核符合条件的，由团级以上单位后勤机关卫生部门或者团级以上医疗、预防、保健机构的医务部门，到所在地县级以上人民政府卫生行政部门集体办理报名手续，并组织参加资格考试。

军队参加医师资格考试人员的实践技能考试，由总部军兵种、军区以及其他相当等级的单位（以下简称军区级单位）政治机关干部部门、后勤机关卫生部门组织实施。

军队人员的医师资格考试成绩和有关考试信息由国务院卫生行政部门通报总后勤部卫生部。

4. 传统医学师承和确有专长人员参加医师资格考试的条件以师承方式学习传统医学满3年的或者经多年实践医术确有专长的，经县级以上卫生行政部门确定的传统医学专业组织或者医疗、预防、保健机构考核合格并推荐，可以参加执业医师资格或者执业助理医师资格考试。在乡村医疗卫生机构中向村民提供预防、保健和一般医疗服务的乡村医生，符合上述条件的，也可以参加医师资格考试。在《执业医师法》颁布之日前已经县级以上中医（药）主管部门批准取得有效行医资格的师承人员，可直接申请执业医师资格或执业助理医师资格考试的资格考核。其余师承人员应同时具备下列条件：

（1）高中以上文化程度或具有同等学历。

（2）具有经省级中医（药）主管部门批准的师承关系合同，连续跟师学习满3年；指导老师具有医学专业高级技术职务任职资格，并从事临床工作20年以上；有丰富独特的学术经验和技术专长，医德高尚，在群众中享有盛誉，得到同行公认；应聘在医疗机构坚持临床实践，能够完成师承教学任务；同一指导老师在同一时期内带教学生不得超过两名。

（3）取得省级中医药主管部门颁发的《出师合格证书》。

（4）在执业医师指导下，在医疗机构中试用期满2年的。

申请执业助理医师资格考试的，除具备上款（1）至（3）项条件外，还应在执业医师指导下，在医疗机构中试用期满1年。

申请考核确有专长人员的，应具备下列条件之一：

（1）《执业医师法》颁布之前经地级以上中医（药）主管部门审定为确有专长，并经中医药主管部门批准取得有效行医资格的。

（2）从事乡村工作10年以上，并经省级中医药主管部门确认有医术专长的。在《执业医师法》颁布之前已经县级以上中医药主管部门批准取得有效行医资格的师承人员，经批准其行医资格的部门审查并签署意见后，向辖区内的考核机构提出考核申请；其余师承人员经试用机构审查并签署意见后，向辖区内的考核机构提出考核申请，符合第七条第一项规定的确有专长人员经批准其行医的中医（药）主管部门签署意见后，向辖区内考核机构提出考核申请；符合第七条第二项规定的确有专长人员经县级中医（药）主管部门审查并签署意见后，向辖区内的考核机构提出考核申请，由考核机构出具考核合格证明，并提出推荐意见。

（三）考试的组织与管理

卫生部成立医师资格考试委员会，负责全国医师资格考试工作。各省、自治区、直辖市卫生行政部门牵头成立医师资格考试领导小组，负责本辖区的医师资格考试工作。具体考务的组织与管理由国家医学考试中心、考区、考点三级分别负责。

（四）报考程序

申请参加医师资格考试的人员，应当在规定期限内，到户籍所在地的考点办公室报名，并提交下列材料：①二寸免冠正面半身照片两张；②本人身份证明；③毕业证书复印件；④试用机构出具的试用期满一年并考核合格的证明；⑤执业助理医师申报执业医师资格考试的，还应当提交《医师资格证书》复印件、《医师执业证书》复印件、执业时间和考核合格证明；⑥报考所需的其他材料。

试用机构与户籍所在地跨省分离的，由试用机构推荐，可在试用机构所在地报名参加考试。经审查，符合报考条件的，由考点发放《准考证》。

医师资格考试成绩合格，取得执业医师资格或者执业助理医师资格。

二、执业医师的注册

（一）注册条件与管理

国家实行医师执业注册制度。医师经注册取得《医师执业证书》后，方可按照注册的执业地点、执业类别、执业范围，从事相应的医疗、预防、保健活动。执业地点是指医师执业的医疗、预防、保健机构及其登记注册的地址。执业类别是指临床、中医（包括中医、民族医和中西医结合）、口腔、公共卫生。未经注册取得《医师执业证书》者，不得从事医疗、预防、保健活动。

凡取得执业医师资格或者执业助理医师资格的，在医疗、预防、保健机构执业的医师、助理医师（包括在计划生育技术服务机构中的医师），均可向所在地县级以上人民政府卫生行政部门申请注册。注册内容包括执业人姓名、执业机构、执业地点、执业资格、执业类别、执业范围等。

卫生部负责全国医师执业注册监督管理工作。县级以上地方卫生行政部门是医师执业注册的主管部门，负责本行政区域内的医师执业注册监督管理工作。中医（包括中医、民族医、中西医结合）医疗机构的医师执业注册管理由中医（药）主管部门负责。县级以上地方人民政府卫生行政部门应当将准予注册和注销注册的人员名单予以公告，并由省级人民政府卫生行政部门汇总，报国务院卫生行政部门备案。

有下列情形之一的，不予注册：①不具有完全民事行为能力的；②因受刑事处罚，自刑罚执行完毕之日起至申请注册之日止不满二年的；③受吊销医师执业证书行政处罚，自处罚决定之日起至申请注册之日止不满二年的；④甲类、乙类传染病传染期、精神病发病期以及身体残疾等健康状况不适宜或者不能胜任医疗、预防、保健业务工作的；⑤重新申请注册，经卫生行政部门指定机构或组织考核不合格的；⑥有国务院卫生行政部门规定不宜从事医疗、预防、保健业务的其他情形的。

《医师执业证书》应妥善保管，不得出借、出租、抵押、转让、涂改和毁损。如发生损坏或者遗失的，当事人应当及时向原发证部门申请补发或换领。损坏的《医师执业证书》，应当交回原发证部门。《医师执业证书》遗失的，原持证人应当于 15 日内在当地指定报刊上予以公告。

（二）注册程序

1. 申请

凡取得执业医师资格或者执业助理医师资格的，均可向所在地县级以上卫生行政部门申请医师执业注册。拟在医疗、保健机构中执业的人员，应当向批准该机构执业的卫生行政部门申请注册。拟在预防机构中执业的人员，应该向该机构的同级卫生行政部门申请注册。拟在机关、企业和事业单位的医疗机构中执业的人员，应该向核发该机构《医疗机构执业许可证》的卫生行政部门申请。

申请医师执业注册，应当提交下列材料：

（1）医师执业注册申请审核表；

（2）二寸免冠正面半身照片两张；

（3）《医师资格证书》；

（4）注册主管部门指定的医疗机构出具的申请人 6 个月内的健康体检表；

（5）申请人身份证明；

（6）医疗、预防、保健机构的拟聘用证明；

（7）省级以上卫生行政部门规定的其他材料。

重新申请注册的，除提交前款第二到七项规定的材料外，还应提交医师重新执业注册申请审核表和县级以上卫生行政部门指定的医疗、预防、保健机构或组织出具的业务水平考核结果证明。

获得执业医师资格或执业助理医师资格后 2 年内未注册者，申请注册时，还应提交在省级以上卫生行政部门指定的机构接受 3～6 个月的培训，并提交经考核合格的证明。

执业助理医师取得执业医师资格后，继续在医疗、预防、保健机构中执业的，应当按照《医师执业注册暂行办法》第六条规定，申请执业医师注册。申请人除提交该办法第七条第一款规定的材料外，还应当提交原《医师执业证书》。注册主管部门在办理执业注册手续时，应当收回原《医师执业证书》，核发新的《医师执业证书》。

取得医师资格的军队医师，可以向所在军区级单位政治机关干部部门和后勤机关卫生部门申请医师执业注册。军区级医疗、预防、保健机构可以为本机构中的医师集体办理注册手续。

2. 审核与注册

主管部门应当自收到注册申请之日起 30 日内，对申请人提交的申请材料进行审核。审核合格的，予以注册，并发给卫生部统一印制的《医师执业证书》。对不符合注册条件的，注册主管部门应当自收到注册申请之日起 30 日内，书面通知申请人，并说明理由。申请人如有异议的，可以依法申请行政复议或者向人民法院提起行政诉讼。

申请医师执业注册的军队医师应当填写军队医师执业注册申请表，由团级以上单位后勤机关卫生部门或者团级以上医疗、预防、保健机构的医务部门逐级上报至军区级单位后勤机关卫生部门，由军区级单位政治机关干部部门和后勤机关卫生部门共同审核。除有《执业医师法》第十五条规定的情形外，军区级单位政治机关干部部门和后勤机关卫生部门应当自收到申请之日起 30 日内准予注册，并由军区级单位后勤机关卫生部门发给总政治部干部部，总后勤部卫生部统一印制的《军队医师执业证书》。经审核不符合注册条件不予注册的，受理注册的军区级单位后勤机关卫生部门应当书面通知申请人所在单位的后勤机关卫生部门或者团级以上医疗、预防、保健机构的医务部门，并说明理由。未经执业注册取得《军队医师执业证书》的，不得在军队从事医师执业活动。军队有任免权的单位对未取得《军队医师执业证书》的人员，不得任命卫生专业技术职务。

具有医学专业技术职务任职资格人员申请医师执业注册，应当提交下列材料：

(1) 医师执业注册申请审核表。

(2) 申请人身份证明。

(3) 医疗、预防、保健机构聘用证明。

中医（包括中医、民族医、中西医结合）医疗机构的医师执业注册管理由中医（药）主管部门负责。

根据《外国医师来华短期行医暂行管理办法》规定，外国医师来华短期行医必须经过注册，取得（外国医师短期行医许可证），申请外国医师来华短期行医注册，必须提交下列文件：

(1) 申请书。

(2) 外国医师的学位证书。

(3) 外国医师执照或行医权证明。

(4) 外国医师的健康证明。

(5) 邀请或聘用单位证明以及协议书或承担有关民事责任的声明书。

其中（2）、（3）项必须经过公证。外国医师来华短期行医注册的有效期不超过 1 年。注册机关应当在受理申请后 30 日内进行审核，并将审核结果书面通知申请人或代理申请的单位。

审核的主要内容包括：

(1) 有关文字材料的真实性。

（2）申请项目的安全性和可靠性。

（3）申请项目的先进性和必要性。

（三）注册的变更与注销

1. 注册的变更

医师变更执业地点、执业类别、执业范围等注册事项的，应当到注册主管部门办理变更注册手续，并提交医师变更执业注册申请审核表、《医师资格证书》、《医师执业证书》以及省级以上卫生行政部门规定提交的其他材料。但经医疗、预防、保健机构批准的卫生支农、会诊、进修、学术交流、承担政府交办的任务和卫生行政部门批准的义诊等除外。

医师申请变更执业注册事项属于原注册主管部门管辖的，申请人应到原注册主管部门申请变更手续；医师申请变更执业注册事项不属于原注册主管部门管辖的，申请人应当先到原注册主管部门申请办理变更注册事项和医师执业证书编码，然后到拟执业地点注册主管部门申请办理变更执业注册手续。

跨省、自治区、直辖市变更执业注册事项的，除依照前款规定办理有关手续外，新的执业地点注册主管部门在办理执业注册手续时，应收回原《医师执业证书》，并发给新的《医师执业证书》。

注册主管部门应当自收到变更注册申请之日起 30 日内办理变更注册手续。对因不符合变更注册条件不予变更的，应当自收到变更注册申请之日起 30 日内书面通知申请人，并说明理由。申请人如有异议的，可以依法申请行政复议或者向人民法院提起诉讼。

医师在办理变更注册手续过程中，在《医师执业证书》原注册事项已被变更，未完成新的变更事项许可前，不得从事执业活动。

2. 注册的注销

医师注册后有下列情形之一的，其所在的医疗、预防、保健机构应当在 30 日内报告准予注册的卫生行政部门，卫生行政部门应当注销注册，收回医师执业证书：①死亡或者被宣告失踪的；②受刑事处罚的；③受吊销医师执业证书行政处罚的；④因考核不合格，暂停执业活动期满，经培训后再次考核仍不合格的；⑤中止医师执业活动满二年的；⑥身体健康状况不适宜继续执业的；⑦有出借、出租、抵押、转让、涂改《医师执业证书》行为的；⑧有国务院卫生行政部门规定不宜从事医疗、预防、保健业务的其他情形的。

医师注册后有下列情况之一的，其所在的医疗、预防、保健机构应当在 30 日内报注册主管部门备案：①调离、退休、退职；②被辞退、开除；③省级以上卫生行政部门规定的其他情形。

申请个体行医的执业医师，须经注册后在医疗、预防、保健机构中执业满五年，并按照国家有关规定办理审批手续；未经批准，不得行医。县级以上地方人民政府卫生行政部门对个体行医的医师，应当按照国务院卫生行政部门的规定，经常监督检查，凡发现有本法第十六条规定的情形的，应当及时注销注册，收回医师执业证书。

被注销注册的当事人有异议的，可以自收到注销注册通知之日起 15 日内，依法申请复议或者向人民法院提起诉讼。

3. 建立相关档案

医师执业注册主管部门，应当对《医师执业证书》的准予注册、发放、注销注册和变更注册等，建立统计制度和档案制度。县级以上地方卫生行政部门应当对准予注册、注销注册或变更注册的人员名单予以公告，并由省级卫生行政部门汇总，报卫生部备案。

三、执业医师的考核

考核通常是指一定的组织按照事先确定的原则、内容、方法和程序对所属的工作人员进行的考察和评价活动。医师考核是指医疗机构或者有关组织对医师的考核，它是对医师进行管理的重要的一环。考核的结果将作为卫生主管部门和医疗机构对医师进行奖惩、职称评定、职务晋升、培训等项管理的依据。

县级以上卫生行政部门依据《执业医师法》负责指导、检查和监督医师考核工作。县级以上人民政府卫生行政部门委托的医疗、预防、保健机构或者医疗机构评审委员会、医师协会或者其他医学专业组织负责对医师的业务水平、工作成绩和职业道德状况进行定期考核。

医师考核标准是医师的执业标准，包括医师的执业规则以及医师的其他行业标准。医师考核实行定期考核，平时考核是定期考核的依据。考核内容包括：①业务水平，医师从事本职工作所具备的知识和技能；②工作成绩，医师完成工作的数量和质量；③职业道德，考察医师是否遵守医德规范。

考核机构应当将考核结果报告准予注册的卫生行政部门备案。对考核不合格的医师，县级以上卫生行政部门可以责令其暂停执业活动3~6个月，并接受培训和继续医学教育。暂停执业活动期满，再次进行考核，对考核合格的，允许其继续执业，对考核不合格的，由县级以上卫生行政部门注销注册，收回医师执业证书。

医师有下列情形之一的，县级以上人民政府卫生行政部门应当给予表彰或者奖励：

（1）在执业活动中，医德高尚，事迹突出的；

（2）对医学专业技术有重大突破，做出显著贡献的；

（3）遇有自然灾害、传染病流行、突发重大伤亡事故及其他严重威胁人民健康的紧急情况时，救死扶伤、抢救诊疗表现突出的；

（4）在边远贫困地区、少数民族地区条件艰苦的基层单位努力工作的；

（5）国务院卫生行政部门规定应当予以表彰或者奖励的其他情形的。

四、执业医师的培训

医师的培训是指以提高医师的业务水平和素质为目的的各种教育和训练活动。它是一种以学习新理论、新技术、新方法为主的继续医学教育。

（一）卫生行政部门的职责

（1）制定培训计划。医师的培训应有计划地进行，不能影响医疗机构的正常业务。我国建立了全国、省、自治区、直辖市两级继续教育委员会，负责组织各项活动。

（2）提供条件。所需经费采取多渠道筹集的办法解决，各级卫生行政部门应在卫生事业安排统一的培训费用。全国和各省、自治区、直辖市继续教育委员会每半年将认可的项目按专业学科分类整理，列出各项目名称编号、学分数、主办单位、日期地点等提前集中公布，供各地卫生技术人员选择参加等。

（3）培训农村和各少数民族地区的医务人员。许多乡村医生没受过正规的医学专业训练，在学历和业务水平上与本法对医师的要求还有一定距离。为提高其水平，加强农村，特别是少数民族地区医疗卫生工作，法律特别规定县级以上政府卫生行政部门采取有力措施，对其进行培训。

（二）培训的对象、内容和形式

医师培训的对象是通过规范或非规范的医学专业学习毕业后，正在从事医学专业技术工作的各类医务人员，包括执业医师、执业助理医师以及其他医务人员。培训的内容要适应各类医务人员的实际需要，具有针对性、实用性和先进性，应以现代医学科学发展中的新理论、新知识、新技术和新方法为重点。培训形式包括参加学术会议、学术讲座、专题讨论会、专题学习班、专题调研和考察、安全分析讨论会、临床病理讨论会、技术操作示教、短期或长期培训等。培训应以短期和业余为主。

医疗卫生机构有责任对医师为医师的培训和接受继续教育提供和创造条件。

第三节　医师执业规范

一、医师的权利

医师执业权利，是指取得医师资格、依法注册的医师，在执业活动中依法所享有的权利。任何人不得侵犯或剥夺医师的法定权利。医师在执业活动中享有以下权利：①在注册的执业范围内，进行医学诊查、疾病调查、医学处置、出具相应的医学证明文件，选择合理的医疗、预防、保健方案；②按照卫生部规定的标准，获得与本人执业活动相当的医疗设备基本条件；③从事医学研究、学术交流，参加专业学术团体；④参加专业培训，接受继续医学教育的权利；⑤在执业活动中，人格尊严、人身安全不受侵犯；⑥获取工资报酬和津贴，享受国家规定的福利待遇；⑦对所在机构的医疗、预防、保健工作和卫生行政部门的工作提出意见和建议，依法参与所在机构的民主管理；⑧可以依法组织和参加医师协会。

二、医师执业义务

医师执业义务，是指医师在执业过程中必须履行的责任。医师的义务与医师的权利相对应，和医师的执业活动密切相关。医师的执业义务主要包括：

（1）遵守法律、法规，遵守技术操作规范；

（2）树立敬业精神，遵守职业道德，履行医师职责，尽职尽责为患者服务；

（3）关心、爱护、尊重患者，保护患者的隐私；

（4）努力钻研业务，更新知识，提高专业技术水平；

（5）宣传卫生保健知识，对患者进行健康教育。

三、医师执业规则

医师执业规则，是指医务人员依照法律规定，在执业过程中所应遵守的规定和原则。医师执业规则具有以下特点：①针对医务人员的执业行为设立的；②目的是规范医务人员的执业行为；③实质是要求医务人员执业过程中为或不为一定行为的法律义务；④明显带有强制性。

《执业医师法》规定，医师执业应当遵守以下规则：

（1）医师应当如实向患者或者其家属介绍病情，但应注意避免对患者产生不利后果；医师进行实验性临床医疗，应当经医院批准并征得患者本人或者其家属同意。

（2）医师实施医疗、预防、保健措施，签署有关医学证明文件，必须亲自诊查、调查，并按照规定及时填写医学文书，不得隐匿、伪造或者销毁医学文书及有关资料；不得出具与自己执业范围无关或者与执业类别不相符的医学证明文件。

（3）医师应当使用经国家有关部门批准使用的药品、消毒药剂和医疗器械；除正当诊断治疗外，不得使用麻醉药品、医疗用毒性药品、精神药品和放射性药品。

（4）医师发生医疗事故或者发现传染病疫情时，应当按照有关规定及时向所在机构或者卫生行政部门报告，发现患者涉嫌伤害事件或者非正常死亡时，应当按照有关规定向有关部门报告。

（5）医师不得利用职务之便，索取、非法收受患者财物或者牟取其他不正当利益。

（6）遇有自然灾害、传染病流行、突发重大伤亡事故及其他严重威胁人民生命健康的紧急情况时，医师应当服从县级以上卫生行政部门的调遣。

（7）对急危患者，医师应当采取紧急措施进行诊治；不得拒绝急救处置。

（8）执业助理医师应当在执业医师的指导下，在医疗、预防、保健机构中按照其执业类别执业，在乡、民族乡、镇的医疗、预防、保健机构中工作的执业助理医师可以根据医疗诊治的情况和需要，独立从事一般的执业活动。

第四节　法律责任

一、以不正当手段取得医师执业证书的法律责任

以不正当手段取得《医师执业证书》的行为，主要是指违反本法关于医师注册制度的规定，而取得医师执业证书的行为，它主要包括以下几种行为：

（1）没有取得医师法所规定的医师资格的。如未参加医师资格考试，伪造考试成绩合格证书，或在医师资格考试中作弊，骗取考试合格证书，进而经注册取得执业证书的；以及不具备本法第九、十、十一条所规定的条件，而参加医师资格考试，进而取得执业证书

的。

（2）本来具有《医师法》第十五条规定情形，却加以隐瞒，骗取注册，进而获取执业证书的行为。如当事人曾受到吊销医师执业证书的处罚还未满2年，当事人本人或医疗、预防、保健机构负责为本机构的医师集体办理注册手续的有关人员却隐瞒了这一情况，向卫生部门申请注册；或当事人患有某种传染病，身体状况不符合国务院卫生行政部门规定的条件，却隐瞒情况，骗取执业证书的。

（3）行政部门的工作人员徇私舞弊，弄虚作假的。明知当事人未取得医师资格，或具有本法第十五条规定的不予注册的情形，却准予其注册，并给其颁发医师执业证书的。

（4）卫生行政部门工作人员玩忽职守，因工作疏忽大意未发现当事人具有本法第十五条规定的情形，准予其注册并给其颁发执业证书的。对于上述四种以不正当手段取得的《医师执业证书》，应由发给证书的卫生行政部门予以吊销；对负有直接责任的主管人员和其他直接责任人员（主要是指医疗、预防、保健机构的主管人员和有关人员以及卫生行政部门的工作人员）依法给予行政处分。

二、医师执业中的违法责任

医师在执业活动中，违反法律规定，有下列行为之一的，由县级以上人民政府卫生行政部门给予警告或者责令暂停六个月以上一年以下执业活动；情节严重的，吊销其执业证书；构成犯罪的，依法追究刑事责任：①违反卫生行政规章制度或者技术操作规范，或由于不负责任延误急危患者的抢救和诊治，造成严重后果的；②未经亲自诊查、调查，签署诊断、治疗、流行病学等证明文件或者有关出生、死亡等证明文件，造成严重后果的；③隐匿、伪造或者擅自销毁医学文书及有关资料的；④使用未经批准使用的药品、消毒药剂和医疗器械的；⑤不按照规定使用麻醉药品、医疗用毒性药品、精神药品和放射性药品的；⑥未经患者或者其家属同意，对患者进行实验性临床医疗的；⑦泄露患者隐私，造成严重后果的；⑧利用职务之便，索取、非法收受患者财物或者牟取其他不正当利益的；⑨发生自然灾害、传染病流行、突发重大伤亡事故以及其他严重威胁人民生命健康的紧急情况时，不服从卫生行政部门调遣的；⑩发生医疗事故或者发现传染病疫情，患者涉嫌伤害事件或者非正常死亡，不按照规定报告的。

三、其他机构或人员的违法责任

（1）未经批准擅自开办医疗机构行医或者非医师行医的，由县级以上人民政府卫生行政部门予以取缔，没收其违法所得及其药品、器械，并处十万元以下的罚款；对医师吊销其执业证书；给患者造成损害的，依法承担赔偿责任；构成犯罪的，依法追究刑事责任。

（2）医疗、预防、保健机构未依照法律的有关规定履行报告职责，导致严重后果的，由县级以上人民政府卫生行政部门给予警告；并对该机构的行政负责人依法给予行政处分。

（3）卫生行政部门工作人员或者医疗、预防、保健机构工作人员违反本法有关规定，弄虚作假、玩忽职守、滥用职权、徇私舞弊，尚不构成犯罪的，依法给予行政处分；构成犯罪的，依法追究刑事责任。

（4）阻碍医师依法执业，侮辱、诽谤、威胁、殴打医师或者侵犯医师人身自由、干扰医师正常工作、生活的，依照治安管理处罚条例的规定处罚；构成犯罪的，依法追究刑事责任。

【练一练】

选择题

1. 以下哪个部门负责管理本行政区内的医师工作（　　）

A. 县级以上地方政府劳动主管部门

B. 县级以上地方政府卫生行政部门

C. 各级医学会

D. 各级医师协会

2. 具有高等学校医学专业专科以上学历，具备哪些条件可以参加执业助理医师资格考试（　　）

A. 毕业以后即可参加

B. 在医疗、预防、保健机构中试用期满一年的

C. 在执业医师指导下，在医疗、预防、保健机构中试用期满一年的

D. 毕业后一年

3. 医师在执业活动中履行下列义务，除了（　　）

A. 树立敬业精神，参与医疗机构的民主管理工作

B. 关心、爱护、尊重患者，保护患者隐私

C. 努力钻研业务，更新知识，提高专业技术水平

D. 宣传卫生知识，对患者进行健康教育

辨析题（判断正误，并简要说明理由）

《执业医师法》规定，国家实行医师资格考试制度，执业医师一次注册终身有效，但医疗机构有定期考核权。

案例分析题

有家医疗机构聘请了美国某著名医师来华进行临床示教，该医师获得其本国执业医师资格证书，也有执业证书，请问他来我国某医疗机构进行临床示教是否合法？如果不合法需要办理哪些手续？

第八章　医疗事故处理法律制度

【目标解读】
1. 掌握医疗事故的构成要件
2. 掌握不属于医疗事故的若干情况
3. 掌握医疗事故的分级
4. 理解医疗事故的预防和处置
5. 理解医疗事故的技术鉴定
6. 理解医疗事故的行政处理和监督
7. 了解医疗事故的赔偿

2002年4月4日国务院公布了《医疗事故处理条例》（以下简称《条例》）。自2002年9月1日起实施，同时废止了1987年6月实施的《医疗事故处理办法》。新的《条例》主要是为了正确处理医疗事故；保护医患双方的合法利益；维护医疗秩序，保障医疗安全；促进医学科学的发展。随后卫生部又颁发了《医疗事故技术鉴定暂行办法》和《医疗事故分级标准（试行）》等配套法规。

《条例》明确了处理医疗事故的三个基本原则：一是公开、公平、公正的原则；二是及时、便民的原则；三是坚持实事求是的科学态度，做到事实清楚，定性准确，责任明确，处理恰当。这是处理医疗事故必须遵循的基本原则，也是《条例》立法的最高目的和要求的体现。《条例》突出了以预防为主的特点，明确了医疗机构的责任；确定了医疗事故争议的解决途径以及当事人要求行政机关处理医疗事故的具体程序；明确了医疗事故技术鉴定的组织和内容；明确了医疗事故的赔偿原则、赔偿标准和计算方法；同时也界定了卫生行政部门的职责以及违反本《条例》的法律责任。

第一节　医疗事故概述

一、医疗事故的概念及构成要件

医疗事故是指医疗机构及其医务人员在医疗活动中，违反医疗卫生管理法律、行政法规、部门规章和诊疗护理规范、常规，过失造成患者人身损害的事故。根据这个概念，构成医疗事故必须具备以下几个要件：

（一）主体是医疗机构及其医务人员

首先，医疗机构是指按照《医疗机构管理条例》取得《医疗机构执业许可证》的机构。其次，医务人员是指依法取得执业资格并在医疗机构中执业的医疗卫生专业技术人员。根据国家卫生部的有关规定，医务人员大概包括四类：一是医疗防疫人员；二是药剂人员；三是护理人员；四是其他专业技术人员（包括检验、理疗、口腔、放射性核素、放射、营养等技术人员）。同时，医疗事故发生的场所及范围应当合法，即是依法取得执业许可或者执业资格的医疗机构及其医务人员在其合法的医疗活动中发生的事故。非法行医造成患者身体健康损害的，不属于医疗事故。患者由于自己的过错造成的不良后果，也不能认定为医疗事故。

（二）行为的违法性

医疗机构及其医务人员行为的违法性是导致医疗事故发生的直接原因。它是指医疗机构及其医务人员在医疗活动中有违反卫生管理法律、行政法规、部门规章和诊疗护理规范、常规的行为。

行为的违法性表现在两方面：作为和不作为。作为是指行为人积极地实施法律所禁止的行为。如医务人员违反操作规程、措施不当造成患者人身损害，就是一种作为的表现；不作为是指负有法律义务的行为人消极地不履行法律义务。如值班医务人员对危、急、重病员借故推诿，能救治而拒绝救治或者不做任何处理，不负责任地转院，以致延误抢救时机而造成不良后果的，就是一种不作为的表现。

医务人员的行为违法性还有一个重要的特点，这就是要以医务人员的职务行为为限，而不包括医务人员以个人的名义、在医疗机构规定的职责范围以外从事医疗活动过程中的违规行为。这也是对"医疗机构及其医务人员在医疗活动中"的"医疗活动"的正确理解。

（三）过失造成患者人身损害

造成患者人身损害，包括造成患者死亡、残疾、器官组织损伤导致功能障碍等，是违法行为的后果。这里应当注意：一是"过失"造成的，即是医务人员的过失行为，包括疏忽大意的过失和过于自信的过失，而不是有伤害患者的主观故意；二是对患者要有"人身损害"后果。

（四）过失行为和后果之间存在因果关系

这是指患者人身损害的后果是由于医疗机构及其医务人员的过失行为直接造成的。虽然存在过失，但是并没有给患者造成损害后果，不应该视为医疗事故；虽然存在损害后果，但是医疗机构及其医务人员并没有过失行为，也不能判定为医疗事故。这种因果关系的判定，还关系到追究医疗机构及其医务人员的责任，确定对患者的具体赔偿数额等。所以，是否存在因果关系是判断是否医疗事故的一个重要方面，也是公正处理医疗事故的关键。

二、不属于医疗事故的几种情况

现代医学科学虽然有了很大的发展，然而现代医学科学的诊疗技术不可能包治百病。由于人体的特异性和复杂是难以完全预测的，人们对许多疾病的发生原理尚未认识。有时尽管医务人员在诊疗活动中忠于职守，竭尽全力，但由于其他原因仍然使患者人身受到损害，这也是医务人员不愿意看到的结果。而这些情况的出现纯属现代医学科学技术不能够预见却又不能避免和不能克服的意外情况。为此，《医疗事故处理条例》规定，有下列情形之一的，不属于医疗事故：

（1）在紧急情况下为抢救垂危患者生命而采取紧急医学措施造成不良后果的。这是医务人员的抢救行为，也是执业医师法规定的医务人员的义务。在这种情况下，医务人员为了抢救患者的生命，只要采取的抢救措施得当，不存在明显的过错，即使给患者带来了人身损害的后果，也不属于医疗事故，不承担任何法律责任。因为，生命是患者的最大利益，为了抢救垂危患者的生命，在不得已情况下，锯掉患者的腿或者损害了患者的器官或者功能的紧急医学措施，是符合医学的目的和社会的道德观念的。

（2）在医疗活动中由于患者病情异常或者患者体质特殊而发生医疗意外的。医疗意外是指由于病情或者病员体质特殊而发生了难以预料和防范的不良后果。它的发生并不是医务人员的过失造成的，而是由于病员自身体质变化和特殊病种结合在一起突然发生的，医务人员在当时的情况下，对可能会产生的病员死亡、残疾或功能障碍的不良后果无法预见，甚至是现代医学科学技术也不可能预见的。

（3）在现有医学科学技术条件下，发生无法预料或者不能防范的不良后果的。医疗行为本身就具有一定的风险性和局限性，这种风险性和局限性常常会给患者带来一定的人身伤害，这是不可避免的，我们不能把它归咎于医务人员。因为，这是在现有医学科学技术条件下发生的无法预料或者不能防范的不良后果。例如：医疗意外是无法预料的；疾病的自然转归、并发症、后遗症、医源性疾病等是无法防范的等等。

（4）无过错输血感染造成不良后果的。医护人员在为患者进行输血时，如果医疗机构及其医务人员并没有过失，而是严格按照了有关的操作规程进行输血，那么即使患者在输血后出现了输血感染等不良后果，医护人员也不用承担医疗事故的责任。因为，目前我国的医疗机构使用的血液是由血站提供的，使用单位一般只对血型是否符合，包装是否完整等方面进行有限检查。

因此，无过错输血感染的行为主体不是进行输血的医疗机构，而是采集血液的血站。它不是由医疗行为本身引起的不良后果，不应该按照医疗事故处理。

（5）因患方原因延误诊疗导致不良后果的。诊疗的效果有赖于医、患双方的共同配合和理解。如果患者在诊疗过程中，不如实向医务人员陈述病史、病情、症状等，不遵从医嘱服药或治疗，甚至是拒绝必要的检查和治疗，那么因此延误了诊疗，导致了不良后果的，医护人员不承担责任，不属于医疗事故。

（6）因不可抗力造成不良后果的。不可抗力是指不能预见、不能避免并不能克服的客观情况。它是独立于行为人的行为之外，不受行为人意志所支配的客观情况，如地震、洪水、战争等。不可抗力是各国立法中比较普遍的免责事由。如果患者的人身损害后果是由于不可抗力的原因所引起的，这就说明患者的人身损害后果与医务人员的行为之间没有因果联系，医务人员并没有过失。因此，就不应该承担医疗事故的责任。

三、医疗事故的分级

根据《条例》和《医疗事故的分级标准（试行）》的规定，根据对患者人身造成的损害程度的不同，医疗事故可以分为四级。

（一）一级医疗事故

一级医疗事故是指造成患者死亡、重度残疾的。其中它又分为甲等和乙等。甲等是指造成患者死亡；乙等是指造成患者重要器官缺失或功能完全丧失，其他器官不能代偿，存在特殊医疗依赖，生活完全不能自理。如：植物人状态、极重度智能障碍等。

（二）二级医疗事故

二级医疗事故是指造成患者中度残疾、器官组织损害导致严重功能障碍的。根据对患者人身的损害程度的不同，它又可以分为甲、乙、丙、丁四个等级。

（三）三级医疗事故

三级医疗事故是指造成患者轻度残疾、器官组织损伤导致一般功能障碍的。它又可以分为甲、乙、丙、丁、戊五个等级。

（四）四级医疗事故

四级医疗事故是指造成患者明显人身损害的其他后果的。它对患者的人身损害程度比前三级医疗事故轻微，如：双侧轻度不完全面瘫，无功能障碍；拔除健康恒牙；组织器官轻度损伤，行修补术后无功能障碍等。它相当于《条例》实行以前的医疗差错。

正确划分医疗事故等级，是正确处理医疗事故的主要依据，也是公正、公平处理医疗事故的关键之一。它不仅直接关系到对患者赔偿的数额，也关系到卫生行政部门对医疗事故的行政处理和监督等。

四、医疗事故的处理原则

《医疗事故处理条例》规定，处理医疗事故，应当遵循公开、公平、公正、及时、便民的原则，坚持实事求是的科学态度，做到事实清楚、定性准确、责任明确、处理恰当。

（一）公开原则

要求在处理医疗事故争议时，应当让当事人了解医疗事故争议处理的法律依据、事实依据、证据内容、处理过程和处理结果，这样可以使争议的处理置于社会的监督之下。

（二）公平原则

要求在处理医疗事故争议时，必须做到：①医患双方在处理医疗事故过程中的地位平等，任何一方没有额外的特权；②权利与义务要统一，凡是法律上享有特殊权利的，都必定要履行义务；③在适用法律上，必须体现公平，不能针对同一个争议事实对医患双方适用不同的法律规范。

（三）公正原则

要求在处理医疗事故争议时必须做到：①程序上公正。要允许当事人平等参与，排除可能造成偏见的因素，确保平等地对待各方当事人。②实体上公正。正确适用法律依据，正确适用证据，保证具体行为结果的合理性、正当性。

（四）及时、便民原则

要求在处理医疗事故争议时，既要按照规定的程序，在规定的时限内及时处理医疗事故争议，又要以较小的成本，用最短的时间，最少的人力、财力和物力，来解决医疗事故争议，尽可能降低当事人的负担。同时，简化手续、减少环节、方便群众、强化服务，要尽量为医患双方当事人提供方便。这有利于在第一时间、第一地点将争议缓解、解决，有利于社会的稳定。

第二节　医疗事故的预防和处置

医疗事故预防和处置应该遵循的总的原则是：医疗机构及其医务人员在医疗活动中，必须严格遵守医疗卫生管理法律、行政法规、部门规章和诊疗护理规范、常规，恪守医疗服务职业道德。

一、医疗事故的预防

（一）加强医务人员的职业道德教育和卫生法制培训

医疗机构对其医务人员有监督管理的职责。对医务人员进行职业道德教育和卫生法制培训就是其中一个重要的内容。职业道德教育的目的是要在医疗服务方面树立起良好的医德医风，树立起"以病人为中心"的服务理念，以高尚的医德配合精湛的医疗技术为患者提供优质的服务。卫生法制的培训内容主要包括医疗卫生管理法律、法规和规章以及诊疗护理规范和常规，使医务人员依法执业和严格按照操作规范行医的意识不断加强。

（二）设置医疗服务质量监控部门或者配备专（兼）职人员

《条例》第七条明确了医疗机构应当设置医疗服务质量监控部门或者配备专（兼）职人员的规定。结合《条例》第十三条的规定，该部门或该人员具体要履行三项职责：①具体负责监督本医疗机构的医务人员的医疗服务工作，检查医务人员执业情况；②接受患者对医疗服务的投诉，向患者提供咨询服务；③当接到了出现医疗事故、可能引起医疗事故的医疗过失行为或者发生医疗事故争议的报告后，应当立即进行调查、核实，将有关情况如实向本医疗机构的负责人报告，并向患者通报、解释。

（三）按法定要求书写并保管和复印病历资料等

病历是以有形载体的形式记录患者在医院中接受检查、诊断、治疗、护理等医疗活动的所有医学文书资料，它是医务人员对患者病情的分析、检查的结果、医疗资源的使用等情况的全面而真实的原始记录。通过病历，一般可以了解患者疾病的发生、发展、转归等情况，也可以从中了解医务人员在诊疗护理过程中有没有明显的过失。发生医疗事故时，病历就是最重要的证据之一。

病历资料可以分为两大类：客观性病历资料和主观性病历资料。客观性病历资料是指记录患者的症状、体征、病史、辅助检查结果、医嘱等客观情况的资料，还包括为患者进行手术、特殊检查及其他特殊治疗时向患者交代的情况、患者或其亲属签字的医学文书资料。主观性病历资料是指在医疗活动中，医务人员通过对患者病情发展、治疗过程进行观察、分析、讨论并提出诊治意向等而记录的资料，一般反映了医务人员对患者疾病及其诊治情况的主观认识。

1. 书写并保管病历的要求。所有病历资料的书写都必须按照卫生部有关病历书写的管理规定执行。病历的内容必须真实完整，重点突出，条理清晰，有逻辑性和科学性，使用医学术语，文字通顺简练，字迹清晰，无错别字等等。书写病历的形式还要规范，部分病历使用标准化书写方式，统一实施规范化书写。《条例》还强调"严禁涂改、伪造、隐匿、销毁或者抢夺病历资料"。

病历书写分为一般病历的书写和急诊抢救病历的书写。一般病历的书写包括住院病历、门诊病历、病历质量评价的书写。其中，门诊病历要求即时书写，在患者每一次就诊的同时就可以书写完成；住院病历应在患者入院后 24 小时内完成；病历质量评价也要及时完成。

《条例》对急诊抢救病历的书写做出了特别规定：因抢救危急患者，未能及时书写病历的，有关医务人员应当在抢救结束后 6 小时内据实补记，并加以注明。这是因为抢救危急患者的成功率难以保证，比较容易发生医疗事故争议，而记录患者初始生命状态和抢救过程的急诊抢救病历就成为医疗事故鉴定的重要依据。因此，必须在抢救后及时、准确、完整地进行记录。

病历属于医药卫生科技档案。根据有关档案的法律、法规，对病历进行保管也是医疗机构的责任。医疗机构要建立病历保管、统计、借阅等相关的具体制度，按照统一领导、分级管理的原则，设置专门的机构或配备专职人员负责病历的保管工作。

2. 复印病历资料的要求。患者在医疗活动过程中有知情同意的权利，有权获得记录其客观疾病状况及相关信息的病历资料。因此，《条例》专门对患者复印病历资料做出了规定：

（1）复印的范围是：客观性病历资料。即：门诊病历、住院病历、体温单、医嘱单、化验单（检验报告）、医学影像检查资料、特殊检查同意书、手术同意书、手术及麻醉记录单、病理资料、护理记录以及国务院卫生行政部门规定的其他病历资料。

（2）复印的程序是：当患者提出复印或复制符合上述范围的病历资料时，无论是否发生医疗事故，医疗机构都应该提供复印或复制服务，并在复印或复制的病历资料上加盖证明印记。为了确保复印或复制病历的真实性、有效性，复印或复制病历时，医患双方应当共同在场。

（3）复印收费问题：医疗机构可以向患者收取复印的工本费。收费标准由本地区省级价格主管部门和卫生行政部门共同制定。

（四）向患者履行告知的义务

患者在医疗活动中享有知情权，医疗机构及其医务人员应该履行必要的告知义务。《执业医师法》第二十六条规定，医师应当如实向患者或者其家属介绍病情，但应注意避免对患者产生不利后果。《条例》明确了这个精神：在医疗活动中，医疗机构及其医务人员应当将患者的病情、医疗措施、医疗风险等如实告知患者，及时解答其咨询。但是，应当避免对患者产生不利后果。在医疗实践中，有一些医疗事故的争议就是因为医务人员没有向患者履行告知的义务而引起的。因为患者在医学知识、在对疾病诊治的决策和理解能力等方面都处于比较被动的地位，如果医务人员不履行告知的义务，患者行使本人对疾病诊治的相应权利就受到限制。

当然，医务人员在履行告知的义务时，应当避免对患者产生不利后果。在某些情况下（如对精神脆弱的患者或者恶性肿瘤的患者），医务人员向患者履行告知义务时还要选择适当的时机或方式，以避免直接影响患者的疾病治疗和康复。同时，还要讲究语言艺术和效果，注意说话的方式和态度等，避免不必要的医患纠纷。

（五）制定防范、处理医疗事故的预案

医疗机构应坚持预防为主的原则，切实采取有效措施防范医疗事故的发生，并制定切实可行的应急预案。预案是事前制定的一系列应急反应程序，包括明确应急机制中各成员部门及其人员的组成、具体职责、工作措施以及相互之间的协调关系。它包括防范医疗事故预案和处理医疗事故预案。制定防范、处理医疗事故预案的目的是为了预防医疗事故的发生，减轻医疗事故的损害，也便于在发生医疗事故后能及时有效地进行处置。

二、医疗事故的处置

一旦发生医疗事故，医疗机构必须采取必要的措施进行处置，以减轻医疗事故的损害后果。《条例》对此做出了具体规定。

（一）执行医疗事故的报告制度

《条例》对医疗事故的报告制度规定得比较严格和具体。医疗事故的报告制度主要有：

1. 内部报告 医务人员在医疗活动中发生或发现医疗事故、可能引起医疗事故的医疗过失行为或者发生医疗事故争议的，医务人员应当立即向所在科室负责人报告；科室负责人应及时向本单位负责医疗服务质量监控部门或专（兼）职人员报告；负责医疗服务质量监控

部门或专（兼）职人员接到报告后,应立即进行调查、核实,向本机构的负责人报告。

2. 向卫生行政部门报告　医疗机构一旦发生医疗事故，应当按规定向所在地卫生行政部门报告。发生下列重大医疗过失行为的，医疗机构应当在 12 小时内向所在地卫生行政部门报告：一是导致患者死亡或者可能为二级以上的医疗事故；二是导致 3 人以上人身损害后果的；三是国务院卫生行政部门和省、自治区、直辖市人民政府卫生行政部门规定的其他情形。

（二）按法定要求封存病历和现场实物等证据

发生医疗事故后，为防止病历资料等被修改（特别是防止主观性病历资料被修改）和现场实物等证据被破坏，《条例》就此明确了封存病历和现场实物等证据的要求。

1. 发生医疗事故争议时，对患者不能复印或复制的主观性病历资料，应当在医患双方在场的情况下封存和启封。封存的病历资料可以是复印件，由医疗机构保管。主观性病历资料主要是指：死亡病历讨论记录、疑难病历讨论记录、上级医师查房记录、会诊意见、病程记录。由于主观性病历资料的内容容易使医患双方产生分歧，因此封存它可以增加对医疗事故的真实了解，有利于正确处理医疗事故。

2. 对现场实物的封存和启封。当怀疑是由输液、输血、注射、药物等引起不良后果的，医患双方应当共同对现场实物进行封存和启封，封存的现场实物由医疗机构保管；需要检验的，应当由双方共同指定的、依法具有检验资格的检验机构进行检验；双方无法共同指定时，由卫生行政部门指定。疑是输血引起的不良后果，需要对血液进行封存保留的，医疗机构应当通知提供该血液的采供血机构派员到场。不良后果主要是指引起患者死亡、残疾、组织器官损伤、功能障碍以及其他明显人身损害的结果。当不良后果的发生原因还不能确定时，本着公平、公正、公开的原则对上述实物进行封存、保管和检验。

（三）遵守尸体存放、处理和尸检的具体规定

患者在医疗机构内死亡的，尸体应当立即移放太平间。尸体存放时间一般不得超过 2 周。逾期不处理的尸体，经医疗机构所在地卫生行政部门批准，并报经同级公安部门备案后，由医疗机构按照规定进行处理。

如果对患者的死亡，医患双方当事人不能确定死因或者对死因有异议，应当在患者死亡后 48 小时内进行尸检；具备尸体冻存条件的，可以延长至 7 日。尸检应当经死者近亲属同意并签字。尸检应当由按照国家有关规定取得相应资格的机构和病理解剖专业技术人员进行。承担尸检任务的机构和病理解剖专业技术人员有进行尸检的义务。医疗事故争议双方当事人可以请法医病理学人员参加尸检，也可以委派代表监察尸检过程。拒绝或者拖延尸检，超过规定时间，影响对死因判定的，由拒绝或者拖延的一方承担责任。

（四）立即采取有效措施，防止损害扩大

发生或者发现医疗过失行为时，医疗机构及其医务人员应当立即采取有效措施，避免或者减轻对患者身体健康的损害，防止损害扩大。不管有没有确定为医疗事故，只要发生或发现了医疗过失行为，即医疗机构及其医务人员有违反医疗卫生法律、行政法规、部门规章和诊疗护理规范、常规的行为，只要是给患者造成了不同程度的损害后果，医疗机构

及其医务人员就有责任采取有效的措施避免和防止对患者身体造成的损害，并防止损害的扩大，努力把已经造成的损害降到最低点。这种有效的措施主要包括有针对性的、必要的检查和药物、手术等治疗方法。

第三节 医疗事故的技术鉴定

一、医疗事故技术鉴定组织及人员资格

医疗事故技术鉴定是对医疗事故争议作出的技术审定，即通过调查研究，分析原因，判定性质，作出科学的结论。根据《医疗事故处理条例》规定，设区的市级地方医学会和省、自治区、直辖市直接管辖的县（市）地方医学会负责组织首次医疗事故技术鉴定工作，省、自治区、直辖市地方医学会负责组织再次鉴定工作。必要时，中华医学会可以组织疑难、复杂并在全国有重大影响的医疗事故争议的技术鉴定工作。

负责组织医疗事故技术鉴定工作的医学会应当建立专家库。只有进入专家库的人员才有资格进行医疗事故的技术鉴定工作。专家库中的人员应当是具备下列条件的医疗卫生专业人员：一是有良好的业务素质和执业品德；受聘医疗卫生机构或者医学教学、科研机构并担任相应专业高级技术职务3年以上的人员；二是有良好的业务素质和执业品德并具备高级技术任职资格的法医。同时，上述人员的健康状况还必须能够胜任医疗事故技术鉴定工作。他们经过负责组织医疗事故技术鉴定工作的医学会聘请，进入专家库并可以不受行政区域的限制。同时《条例》第二十四条规定，符合上述条件的医疗卫生专业技术人员和法医有受聘进入专家库，并承担医疗事故技术鉴定工作的义务。

二、医疗事故技术鉴定的原则

（一）依法独立鉴定的原则

医疗事故技术鉴定要严格在程序上依法进行。《条例》对鉴定人员的资格、条件以及技术鉴定的程序、时效等都做出了严格的规定。同时《条例》明确规定，专家鉴定组独立进行鉴定和判定，任何单位和个人不得干扰医疗事故技术鉴定工作，不得威胁、利诱、辱骂、殴打专家鉴定组成员。专家鉴定组依照法律规定，运用医学科学原理和专业知识，独立进行医疗事故的技术鉴定。

（二）合议制的原则

《条例》第二十五条规定，专家鉴定组进行医疗事故技术鉴定，实行合议制。因此，专家鉴定组在评议医疗事故的过程中，应该进行充分必要的讨论，并在认真调查和核实的基础上，由参加鉴定的委员进行表决。根据《医疗事故技术鉴定暂行办法》第三十三条规定，经合议，根据半数以上专家鉴定组成员的一致意见形成鉴定结论。

（三）实行回避制度的原则

《条例》第二十六条规定，专家鉴定组成员有下列情形之一的，应当回避，当事人也可以以口头或者书面的方式申请其回避：①医疗事故争议当事人或者当事人的近亲属的；②与医疗事故争议有利害关系的；③与医疗事故争议当事人有其他关系，可能会影响公正鉴定的。实行回避制度对于消除医患双方当事人的疑虑，提高医疗事故技术鉴定的公正性和防止专家鉴定组成员徇私舞弊有重要的意义。

三、鉴定的程序

1. 鉴定的提起　提起医疗事故技术鉴定有三种情况：一是县级以上卫生行政部门接到医疗机构关于重大医疗过失行为的报告后，对需要进行医疗事故技术鉴定的，应当书面移交负责医疗事故技术鉴定工作的医学会组织鉴定。二是县级以上卫生行政部门接到医疗事故争议当事人要求处理医疗事故争议的申请后，对需要进行医疗事故技术鉴定的，应当书面移交负责医疗事故技术鉴定工作的医学会组织鉴定。这里必须要明确一点：当事人只能够向卫生行政部门提出鉴定的申请，而不能直接向医学会提出鉴定的申请。三是双方当事人协商解决医疗事故争议，需进行医疗事故技术鉴定的，应共同书面委托医疗机构所在地负责首次医疗事故技术鉴定工作的医学会进行医疗事故技术鉴定。

2. 鉴定的受理　医学会应当首先审查已经提起的医疗事故技术鉴定是否符合受理的法定条件以及有没有不予受理的情形。如果有，医学会将不予受理并应当说明理由。当事人应当自收到医学会的通知之日起10日内提交有关医疗事故技术鉴定的材料、书面陈述及答辩。

3. 成立专家鉴定组　具体的医疗事故鉴定工作，是由负责医疗事故技术鉴定工作的医学会组织专家鉴定组进行。参加医疗事故技术鉴定的相关专业的专家，由医患双方在医学会主持下从专家库随机抽取。在特殊情况下，医学会根据医疗事故技术鉴定工作的需要，可以组织医患双方在其他医学会建立的专家库中随机抽取相关专业的专家参加鉴定或者函件咨询。

从专家库随机抽取的专家鉴定组人数应为单数，涉及的主要学科的专家一般不得少于鉴定组成员的二分之一；如果涉及到死因、伤残等级鉴定的，应当从专家库中随机抽取法医参加专家鉴定组。

4. 收集材料、调查取证　负责组织医疗事故技术鉴定工作的医学会首先应当向医疗机构收集有关医疗事故技术鉴定的材料、书面陈述及答辩。具体有：①住院患者的病程记录、死亡病历讨论记录、疑难病历讨论记录、会诊意见、上级医师查房记录等病历资料原件；②住院患者的住院志、体温单、医嘱单、化验单（检验报告）、医学影像检查资料、特殊检查同意书、手术同意书、手术及麻醉记录单、病理资料、护理记录等病历资料原件；③抢救危急患者，在规定时间内补记的病历资料原件；④封存保留的输液、注射用物品和血液、药物等实物，或者依法具有检验资格的检验机构对这些物品、实物做出的检验报告；⑤与医疗事故技术鉴定有关的其他材料。

在医疗机构建有病历档案的门诊、急诊患者，其病历资料由医疗机构提供；没有在医疗机构建立病历档案的，由患者提供。同时，负责组织医疗事故技术鉴定工作的医学会，可以向双方当事人和其他相关组织、个人进行调查取证，进行调查取证时不得少于 2 人。调查取证结束后，调查人员和调查对象应该在有关文书上签字。如调查对象拒绝签字的，应当记录在案。

5. 听取陈述答辩　专家鉴定组应当认真审查双方当事人提交的材料，听取双方当事人的陈述及答辩并进行核实。双方当事人应当按照《条例》的规定如实提交进行医疗事故技术鉴定所需要的材料，并积极配合调查。当事人任何一方不予配合，影响医疗事故技术鉴定的，由不予配合的一方承当责任。当事人应当自收到医学会的通知之日起 10 日内进行书面陈述和答辩。

6. 做出鉴定结论　专家鉴定组对双方当事人提供的书面材料、陈述及答辩进行讨论之后，应当在事实清楚、证据确凿的基础上，综合分析患者的病情和个体差异，做出鉴定结论，并制作医疗事故技术鉴定书。鉴定结论以专家鉴定组成员的过半数通过。鉴定过程应如实记载。

医疗事故技术鉴定书的内容主要包括以下八个方面：①双方当事人的基本情况及要求；②当事人提交的材料和负责组织医疗事故技术鉴定工作的医学会的调查材料；③对鉴定过程的说明；④医疗行为是否违反医疗卫生管理法律、行政法规、部门规章和诊疗护理规范、常规；⑤医疗过失行为与人身损害后果之间是否存在因果关系；⑥医疗过失行为在医疗事故损害后果中的责任程度；⑦医疗事故等级；⑧对医疗事故患者的医疗护理医学建议。根据《条例》第二十九条规定，医学会必须在当事人提交的有关医疗事故技术鉴定的材料、书面陈述及答辩之日起四十五天内做出医疗事故技术鉴定书。医学会应当及时将已经加盖医学会医疗事故技术鉴定专用印章的鉴定书送达移交鉴定的卫生行政部门，经卫生行政部门审核，对符合规定做出的医疗事故技术鉴定结论，应当及时送达当事人；由双方当事人共同委托的，直接送达双方当事人。

7. 再次鉴定与重新鉴定　《医疗事故技术鉴定暂行办法》第四十条规定，任何一方当事人对首次医疗事故技术鉴定结论不服的，可以自收到首次医疗事故技术鉴定书之日起 15 日内，向原受理医疗事故争议处理申请的卫生行政部门提出再次鉴定的申请，或由双方当事人共同委托省、自治区、直辖市地方医学会组织再次鉴定。

根据《条例》第四十一、第四十二条规定，卫生行政部门收到负责组织医疗事故技术鉴定工作的医学会出具的医疗事故技术鉴定书后，应当对参加鉴定的人员和专业类别、鉴定程序进行审核；必要时，可以组织调查，听取医疗事故争议双方当事人的意见。卫生行政部门经审核，对符合本条例规定做出的医疗事故技术鉴定结论，应当作为对发生医疗事故的医疗机构和医务人员做出行政处理以及进行医疗事故赔偿调解的依据；经审核，发现医疗事故技术鉴定不符合本条例规定的，应当要求重新鉴定。

四、鉴定费用

《医疗事故处理条例》规定，医疗事故技术鉴定，可以收取鉴定费用。经鉴定，属于医疗事故的，鉴定费用由医疗机构支付；不属于医疗事故的，鉴定费用由提出医疗事故处理申请的一方支付。鉴定费用标准由省、自治区、直辖市人民政府价格主管部门会同同级财政部门、卫生行政部门规定。

第四节　医疗事故的行政处理与监督

一、医疗事故争议的行政处理

卫生行政部门接到医疗机构关于重大医疗过失行为的报告后，除责令医疗机构及时采取必要的医疗救治措施，防止损害后果扩大外，应当组织调查，判定是否属于医疗事故；对不能判定是否属于医疗事故的，应当依照《医疗事故处理条例》的有关规定交由负责医疗事故技术鉴定工作的医学会组织鉴定。发生医疗事故争议申请卫生行政部门处理的，当事人应当提出书面申请。申请书应当载明申请人的基本情况、有关事实、具体请求及理由等。当事人自知道或者应当知道其身体健康受到损害之日起1年内，可以向卫生行政部门提出医疗事故争议处理申请。当事人申请卫生行政部门处理的，由医疗机构所在地的县级人民政府卫生行政部门受理。医疗机构所在地是直辖市的，由医疗机构所在地的区、县人民政府卫生行政部门受理。有下列情形之一的，县级人民政府卫生行政部门应当自接到医疗机构的报告或者当事人提出医疗事故争议处理申请之日起7日内移送上一级人民政府卫生行政部门处理：①患者死亡；②可能为二级以上的医疗事故；③国务院卫生行政部门和省、自治区、直辖市人民政府卫生行政部门规定的其他情形。

卫生行政部门应当自收到医疗事故争议处理申请之日起10日内进行审查，作出是否受理的决定。对符合医疗事故处理条例规定，予以受理，需要进行医疗事故技术鉴定的，应当自作出受理决定之日起5日内将有关材料交由负责医疗事故技术鉴定工作的医学会组织鉴定并书面通知申请人；对不符合医疗事故处理条例规定，不予受理的，应当书面通知申请人并说明理由。当事人对首次医疗事故技术鉴定结论有异议，申请再次鉴定的，卫生行政部门应当自收到申请之日起7日内交由省、自治区、直辖市地方医学会组织再次鉴定。

当事人既向卫生行政部门提出医疗事故争议处理申请，又向人民法院提起诉讼的，卫生行政部门不予受理；卫生行政部门已经受理的，应当终止处理。

二、医疗事故的监督

卫生行政部门收到负责组织医疗事故技术鉴定工作的医学会出具的医疗事故技术鉴定书后，应当对参加鉴定的人员资格和专业类别、鉴定程序进行审核，必要时，可以组织调查，听取医疗事故争议双方当事人的意见。卫生行政部门经审核，对符合《医疗事故处理条例》规定作出的医疗事故技术鉴定结论，应当作为对发生医疗事故的医疗机构和医务人员作出行政处理以及进行医疗事故赔偿调解的依据。经审核，发现医疗事故技术鉴定不符合《医疗事故处理条例》规定的，应当要求重新鉴定。

医疗事故争议由双方当事人自行协商解决的，医疗机构应当自协商解决之日起7日内向所在地卫生行政部门作出书面报告，并附具协议书。医疗事故争议经人民法院调解或者判决解决的，医疗机构应当自收到生效的调解书或者判决书之日起 7 日内向所在地卫生行政部门作出书面报告，并附具调解书或者判决书。卫生行政部门应当依照《医疗事故处理条例》和有关法律、行政法规、部门规章的规定，对发生医疗事故的医疗机构和医务人员作出行政处理。县级以上地方人民政府卫生行政部门应当按照规定逐级将当地发生的医疗事故以及依法对发生医疗事故的医疗机构和医务人员作出行政处理的情况，上报国务院卫生行政部门。

第五节　医疗事故的赔偿

一、医疗事故赔偿争议的解决途径

（一）协商解决

发生医疗事故赔偿等民事责任争议，医患双方可以协商解决。医患双方协商解决赔偿等民事责任争议，体现了医患双方依法处分民事权利、确认民事义务的自主权。双方当事人协商解决医疗事故赔偿等民事责任争议的，应当制作协议书。协议书应当载明双方当事人的基本情况和医疗事故的原因、双方当事人共同认定的医疗事故等级以及协商确定的赔偿数额等，并由双方当事人在协议上签名。

（二）行政调解

这是医疗事故争议发生后，对已经确定为医疗事故的，医患双方申请卫生行政部门主持，根据自愿和合法的原则，通过友好协商、互谅互让达成协议，解决医疗事故赔偿争议的一种诉讼外活动。《医疗事故处理条例》规定，已确定为医疗事故的，卫生行政部门应医疗事故争议双方当事人请求，可以进行医疗事故赔偿调解。调解时，应当遵循当事人双方自愿原则进行，并应当依据《医疗事故处理条例》的规定计算赔偿数额。经调解，双方当事人就赔偿数额达成协议的，制作调解书，双方当事人应当自觉履行；调解不成或者经调解达成协议后一方反悔的，卫生行政部门不再调解。

（三）诉讼解决

发生医疗事故赔偿等民事责任争议，医患双方不愿意协商或者协商不成的，可以直接向人民法院提起民事诉讼。诉讼是解决医疗事故赔偿等民事责任争议的最终途径。

二、医疗事故赔偿的基本原则

医疗事故赔偿，应当考虑下列因素，确定具体赔偿数额：①医疗事故等级；②医疗过失行为在医疗事故损害后果中的责任程度；③医疗事故损害后果与患者原有疾病状况之间的关系。不属于医疗事故的，医疗机构不承担赔偿责任。

三、医疗事故赔偿项目和标准计算

医疗事故赔偿按照下列项目和标准计算：

1. 医疗费　按照医疗事故对患者造成的人身损害进行治疗所发生的医疗费用计算，凭据支付，但不包括原发病医疗费用。结案后确实需要继续治疗的，按照基本医疗费用支付。

2. 误工费　患者有固定收入的，按照本人因误工减少的固定收入计算，对收入高于医疗事故发生地上一年度职工年平均工资3倍以上的，按照3倍计算；无固定收入的，按照医疗事故发生地上一年度职工年平均工资计算。

3. 住院伙食补助费　按照医疗事故发生地国家机关一般工作人员的出差伙食补助标准计算。

4. 陪护费　患者住院期间需要专人陪护的，按照医疗事故发生地上一年度职工年平均工资计算。

5. 残疾生活补助费　根据伤残等级，按照医疗事故发生地居民年平均生活费计算，自定残之月起最长赔偿30年；但是，60周岁以上的，不超过15年；70周岁以上的，不超过5年。

6. 残疾用具费　因残疾需要配置补偿功能器具的，凭医疗机构证明，按照普及型器具的费用计算。

7. 丧葬费　按照医疗事故发生地规定的丧葬费补助标准计算。

8. 被扶养人生活费　以死者生前或者残疾者丧失劳动能力前实际扶养且没有劳动能力的人为限，按照其户籍所在地或者居所地居民最低生活保障标准计算。对不满16周岁的，扶养到16周岁。对年满16周岁但无劳动能力的，扶养20年。但是，60周岁以上的，不超过15年；70周岁以上的，不超过5年。

9. 交通费　按照患者实际必需的交通费用计算，凭据支付。

10. 住宿费　按照医疗事故发生地国家机关一般工作人员的出差住宿补助标准计算，凭据支付。

11. 精神损害抚慰金　按照医疗事故发生地居民年平均生活费计算。造成患者死亡的，赔偿年限最长不超过6年；造成患者残疾的，赔偿年限最长不超过3年。参加医疗事故处理的患者近亲属所需交通费、误工费、住宿费，参照上述有关规定计算，计算费用的人数不超过2人。医疗事故造成患者死亡的，参加丧葬活动的患者的配偶和直系亲属所需交通费、误工费、住宿费，参照上述有关规定计算，计算费用的人数不超过2人。

医疗事故赔偿费用实行一次性结算，由承担医疗事故责任的医疗机构支付。

第六节　罚则

一、卫生行政部门及其工作人员的法律责任

1. 行政责任　卫生行政部门违反本条例的规定，如果有以下情形之一的，由上级卫

生行政部门给予警告并责令限期改正；情节严重的，对负有责任的主管人员和其他责任人员依法给予行政处分：①接到医疗机构关于重大医疗过失行为的报告后，未及时组织调查的；②接到医疗事故争议处理申请后，未在规定时间内审查或者移送上一级人民政府卫生行政部门处理的；③未将应当进行医疗事故技术鉴定的重大医疗事故过失行为或者医疗事故争议移交医学会组织鉴定的；④未按照规定逐级将当地发生的医疗事故以及依法对发生医疗事故的医疗机构和医务人员的行政处理情况上报的；⑤未依照本条例规定审核医疗事故技术鉴定书的。此外，对违反本条例规定，在处理医疗事故过程中有其他违法行为，尚不够刑事处罚的卫生行政部门的工作人员依法给予行政处分或者纪律处分。

2. 刑事责任　卫生行政部门的工作人员在处理医疗事故过程中违反本条例的规定，利用职务上的便利收受他人财物或者其他利益，滥用职权，玩忽职守，或者发现违法行为不予查处，造成严重后果的，依照刑法关于受贿罪、滥用职权罪、玩忽职守罪或者其他有关罪的规定，依法追究刑事责任。

二、医疗机构及其工作人员的法律责任

1. 行政责任　医疗机构违反本条例的规定，有下列情形之一的，由卫生行政部门责令改正；情节严重的，对负有责任的主管人员和其他直接责任人员依法给予行政处分或者纪律处分：①未如实告知患者病情、医疗措施和医疗风险的；②没有正当理由，拒绝为患者提供复印或者复制病历资料服务的；③未按照国务院卫生行政部门规定的要求书写和妥善保管病历资料的；④未在规定时间内补记抢救工作病历内容的；⑤未按照本条例的规定封存、保管和启封病历资料和实物的；⑥未设置医疗服务质量监控部门或者配备专（兼）职人员的；⑦未制定有关医疗事故防范和处理预案的；⑧未在规定的时间内向卫生行政部门报告重大医疗过失行为的；⑨未按照本条例的规定向卫生行政部门报告医疗事故的；⑩未按照规定进行尸检和保存、处理尸体的。此外，对发生了医疗事故，尚不够刑事处罚的，依法给予行政处分或者纪律处分。

2. 刑事责任　发生了医疗事故的，对负有责任的医务人员依照刑法关于医疗事故罪的规定，依法追究刑事责任。根据《刑法》第三百三十五条规定，医疗事故罪是指医务人员严重不负责任，造成就诊人死亡或者严重损害就诊人身体健康的行为。对构成医疗事故罪的医务人员处 3 年以下有期徒刑或者拘役。

三、医疗事故技术鉴定工作人员的法律责任

参加医疗事故技术鉴定工作的人员违反本条例的规定，接受申请鉴定双方或者一方当事人的财物或者其他利益，出具虚假医疗事故技术鉴定书，造成严重后果的，依照刑法关于受贿罪的规定，依法追究刑事责任；尚不够刑事处罚的，由原发证部门吊销其执业证书或者资格证书。受贿罪是指国家工作人员利用职务上的便利，索取他人财物，或者非法收受他人财物，为他人谋取利益的行为。个人受贿数额在 5000 元以上的，应当构成受贿罪。如果个人受贿数额不满 5000 元，但情节严重的，也以受贿罪论处。

四、拒绝尸检和损害病历资料等行为的法律责任

医疗机构或者其他有关机构违反本条例的规定，有下列情形之一的，由卫生行政部门责令改正，给予警告；对负有责任的主管人员和其他直接责任人员依法给予行政处分或者纪律处分；情节严重的，由原发证部门吊销其执业证书或者资格证书：①承担尸检任务的机构没有正当理由，拒绝进行尸检的；②涂改、伪造、隐匿、销毁病历资料的。这就明确了医疗机构或者其他有关机构如果有拒绝尸检和损害病历资料的行为，必须承担警告、行政处分、吊销执业证书或者资格证书的行政责任。由于此类违法行为尚未达到构成犯罪的程度，因此不承担刑事责任。

五、扰乱医疗秩序和医疗事故技术鉴定工作行为的法律责任

以医疗事故为由，寻衅滋事、抢夺病历资料，扰乱医疗机构正常医疗秩序和医疗事故技术鉴定工作，依照刑法关于扰乱社会秩序罪的规定，依法追究刑事责任；尚不够刑事处罚的，依法给予治安管理处罚。对此类违法行为，处罚的层次是从轻到重，如果有扰乱医疗秩序和医疗事故技术鉴定工作的行为，尚不够刑事制裁的，必须承担行政责任——治安管理处罚。依据《治安管理处罚条例》第十九条规定：扰乱机关、团体、企业、事业单位的秩序，致使工作、生产、营业、医疗、教学、科研不能正常进行，尚未造成严重损失的，处15日以下拘留、200元以下罚款或者警告。如果构成了聚众扰乱社会秩序罪，则追究刑事责任。聚众扰乱社会秩序罪是指组织、策划、指挥或者积极参加聚众扰乱社会秩序的活动，情节严重，致使工作、生产、营业和教学、科研无法进行，造成严重损失的行为。犯聚众扰乱社会秩序罪的，对首要分子，处3年以上7年以下有期徒刑；对其他积极参加的，处3年以下有期徒刑、拘役、管制或者剥夺政治权利。

【练一练】

辨析题（判断正误，并简要说明理由）

患者手术签字同意书，凡是经过公证过的，则必然具有法律效力，发生一切后果医院概不承担赔偿责任。

案例分析题

在发生一起医疗纠纷案中，患方对病人的死因有异议，但考虑到病人所在农村的风俗习惯，死者家属坚持拒绝医疗单位进行尸体解剖，但又执意认为是医疗单位的责任造成病人死亡，坚持要求医疗单位承担赔偿责任，请问：作为医疗单位方，你应该如何处理？

简答题

1. 医疗事故如何分级，各级别的依据是什么？

2. 简述不属于医疗事故的情况？

第九章 公共场所卫生法律制度

【目标解读】
1. 掌握公共场所卫生的要求和指标
2. 掌握公共场所从业人员卫生要求
3. 理解违反《公共场所卫生管理条例》的法律责任

第一节 概述

一、公共场所的概念

公共场所，是指为了满足人们对生活、文化、人际交往的需要而设立，供公众共同使用的具有一定封闭性的社会公共设施。它对公众来说是人工生活环境，对从业人员来说是劳动环境。

我国目前法定管理的公共场所，属于人为环境，是指人群聚集，并供公众进行生活活动和文化娱乐活动等使用的一切有围护结构的场所。按其用途大致可分为生活服务设施、文媒体育设施、公共福利设施及公共交通设施4类。目前并没有将所有的公共场所都纳入法定监督对象，如集市贸易、邮电局、证券交易所营业厅等。

按照《公共场所卫生管理条例》的规定，我国公共场所的范围主要是指下列公共场所：①宾馆、饭店、旅馆、招待所、车马店、咖啡馆、酒吧、茶座；②公共浴室、理发店、美容店；③影剧院、录像厅（室）、游艺厅（室）、舞厅、音乐厅；④体育场（馆）、游泳场（馆）、公园；⑤展览馆、博物馆、美术馆、图书馆；⑥商场（店）、书店；⑦候诊室、候车（机、船）室、公共交通工具。

根据《公共场所卫生管理条例实施细则》的规定，饭店的监督范围和内容系指安装空调设施的就餐场所的环境卫生状况，公园的监督范围系指有围护结构的公共场所，公共交通工具系指国内运送旅客的飞机、火车、轮船，商场（店）、书店系指城市营业面积在300平方米以上，县、乡、镇营业面积在200平方米以上的场所。未达到上述规定条件的暂时没有纳入监督检测的范围。

二、公共场所卫生管理立法

公共场所卫生状况的好坏直接关系到人体的健康，也体现了一个国家、一个地区的精神文明程度和卫生管理完善程度。由于公共场所一般具有人口稠密性、设施公用性、环境封闭性、人群有较大的流动性等特点，因而决定了公共场所空气质量较低，疾病传播的机会较大。特别是游泳池、浴室等公共场所，易传播传染病，如霍乱、伤寒、痢疾、病毒性传染病、寄生虫病等，严重影响到广大群众的健康，因而对公共场所卫生依法管理十分重要。

国务院于 1987 年 4 月 1 日发布了《公共场所卫生管理条例》，目的就是为了创造良好的公共场所卫生条件，预防疾病，保障人体健康。《公共场所卫生管理条例》对全国公共场所的卫生工作实行法制化管理。这是新中国建立以来，由国家最高行政机关发布的第一部公共场所卫生管理法规，充分体现了我国政府对人民群众身体健康的重视与关怀。同年 9 月 15 日，卫生部发布了《〈公共场所卫生管理条例〉实施细则》。1991 年又对实施细则进行了修订并予以重新发布，使之更加完善和更具操作性。为了更好地实施条例，加强监督管理，1987 年卫生部制定了《公共场所卫生监督监测要点》和《公共场所从业人员培训大纲》，随后又陆续地制定了《旅店业卫生标准》等十几项公共场所国家卫生标准。

第二节 公共场所卫生管理

公共场所的卫生管理，主要是指公共场所的主管部门及经营单位的自我管理。主管部门应当建立卫生管理制度，配备专职或兼职卫生管理人员，对所属经营单位包括个体经营者的卫生状况进行经常性检查，并提供必要的条件。经营单位应当负责所经营的公共场所的卫生管理，建立卫生责任制度，对本单位的从业人员进行卫生知识的培训和考核工作。

卫生监督机构负责监督和指导公共场所经营单位对其从业人员进行卫生知识培训和考核工作，其中个体经营者的培训考核工作由所在地区卫生监督机构负责。

一、公共场所卫生要求

公共场所大多数情况下是在房屋或其他建筑物等不动产内进行活动，因此具有一定的封闭性，产生了特有的微小气候和其他环境因素。同时，公共场所的进出人员多且不固定，某些疾病容易在此传播。根据公共场所的这些特点，公共场所的卫生要求应该达到以下标准：

1. 室内空气卫生要达到标准 各类公共场所内空气要达到规定的各项指标，依靠自然通风或机械通风措施，保证室内通风换气，确保室内空气清洁。

2. 微小气候适宜 各类公共场所的建筑物都是人工环境，都具有特殊的气候条件。在不同季节要采取不同措施，以保证室内微小气候适宜，湿度、温度、风速等达到国家有关标准，有利于旅客、顾客等的身体健康。

3. 采光、照明良好　公共场所要尽量地采用自然采光，保证充足的采光时间，在自然采光量不足的情况下必须实行人工照明，满足人们的健康尤其是视力健康需要。

4. 噪声符合标准　公共场所要保证噪声不超过规定标准。如舞厅、影剧院、候车室、商店等公共场所噪声比自然环境的噪声要大得多。为了保护顾客等的身体健康，超过标准以及距噪声源较近的公共场所，应采取必要措施，减少噪声，达到规定标准。

5. 用具和卫生设施符合卫生标准　公共用具要定期消毒，及时更换。各种卫生设施符合卫生标准。

6. 用水达到卫生标准　生活饮用水符合国家规定标准。公共浴室、游泳场、天然浴场等公共场所的用水也必须达到规定的标准，防止由于致病微生物携带者接触水源和水体而传播介水传染病，要求按照规定定期换水、消毒，保证对人体无害。

二、公共场所卫生指标

1. 宾馆（有空调设施的）：顾客用具消毒，卧具更换，自备水源与2次供水水质，一氧化碳，二氧化碳，新风量。

2. 旅店、招待所：脸盆、脚盆配备，顾客用具消毒，卧具更换，自备水源与2次供水水质，床位面积，二氧化碳。

3. 地下室旅店：脸盆、脚盆配备，顾客用具消毒，卧具更换，机械通风量，湿度，床位面积，不得生火取暖、做饭，噪声，二氧化碳。

4. 影剧院、录像厅、音乐厅：场内禁止吸烟，场次间隔时间，立体影院的眼镜消毒，二氧化碳（或总风量、新风量）。

5. 舞厅、音乐茶座、游艺厅：噪声，场内禁止吸烟，人均占有面积，二氧化碳（或新风量）。

6. 酒吧、咖啡厅：新风量，一氧化碳，二氧化碳。

7. 公共浴室：顾客用具更换、消毒，禁止性病、传染病、皮肤病的顾客就浴，池水浊度，二氧化碳。

8. 理发店、美容店：理发刀具、毛巾、胡刷消毒，理发刀具、毛巾、胡刷的大肠菌群和金黄色葡萄球菌，头癣患者专用的理发工具，氨（经营烫发的场所），一氧化碳（使用煤炉的理发店），工作人员操作时穿工作服，清理时戴口罩。

9. 游泳池：池水细菌总数，总大肠菌群，浑浊度，池水净化消毒设备，强制通过式浸脚消毒池，禁止出租游泳衣裤。

10. 体育馆：二氧化碳（或总风量、新风量），馆内禁止吸烟，饮用水水质。

11. 图书馆、博物馆、美术馆：照度，噪声，二氧化碳（或总风量），馆内禁止吸烟，阅览室内不得印刷和复印。

12. 商场（店）、书店：照度，二氧化碳（或总风量、新风量），场（店）内禁止吸烟。

13. 医院候诊室：细菌总数，室内禁止吸烟，二氧化碳。

14. 公共交通等候室：室内地面保洁，室内禁止吸烟，公用茶具消毒，二氧化碳。

15. 铁路客车、航运客轮、客机：饮用水水质，卧具更换，茶具消毒，二氧化碳，不吸烟客室（舱）内禁止吸烟。

三、公共场所从业人员卫生要求

《公共场所卫生管理条例》对于各种公共场所从业人员的卫生要求，主要有以下几个方面：

（一）卫生知识培训

公共场所卫生负责人和从业人员必须完成全国"公共场所从业人员卫生知识培训教学大纲"规定的培训学时，掌握教学大纲规定的有关卫生法规、基本卫生知识和基本卫生操作技能等。新参加工作的从业人员应取得卫生知识合格证明后方可上岗工作。从业人员每两年复训一次。

（二）取得健康合格证

旅店业、咖啡馆、酒吧、茶座、公共浴室、理发店、美容店、游泳场（馆）等直接为顾客服务的从业人员（包括临时工）每年要进行一次健康检查。其他场所直接为顾客服务的从业人员每两年进行一次健康检查，取得"健康合格证"后方可继续上岗工作。对患有痢疾、伤寒、病毒性肝炎、活动性肺结核、化脓性皮肤病或渗出性皮肤病以及有碍公共卫生的其他疾病，在治愈前应调离工作岗位，严防疾病传播危害顾客等的身体健康。

新参加工作的人员上岗前须进行健康检查，取得"健康合格证"。

公共场所内经营食品的从业人员的健康检查按《食品卫生法》有关规定执行。可疑传染病患者须随时进行健康检查，明确诊断。

（三）搞好个人卫生

各类公共场所的从业人员要根据不同的工作性质，按照相应的法律、法规的具体要求，搞好个人卫生。勤洗澡、勤理发、勤换衣服等。

四、遵守事故报告制度

公共场所因不符合卫生标准和要求造成危害健康事故的，经营单位应妥善处理并及时向卫生监督机构报告，严格遵守事故报告制度。发生下列事故时应及时报告：①因微小气候或空气质量不符合卫生标准所致的虚脱、休克；②饮用水遭受污染或水污染所致的水源性传染性疾病流行或水源性中毒；③放射性物质污染公共设施或场所造成的内照射或外照射性健康损害；④公共用具、卫生设施被污染所致的传染性疾病、皮肤病；⑤意外事故所致的一氧化碳、氨气、氯气、消毒杀虫药等中毒。

发生死亡或者同时发生 3 名以上（含 3 名）受害病人时，事故报告责任人要在发生事故 24 小时之内，电话报告当地卫生监督机构。国内民航、铁路、交通、厂（场）矿等所属经营单位，应同时报告本系统卫生监督机构，随即报告主管部门，必要时（如重大事故和可疑刑事案件等）必须同时报告公安部门。

卫生监督机构在接到报告后 24 小时内会同有关人员进行调查，并将调查结果及处理意见于 1 周内写成"公共场所危害事故现场调查报告书"，报送同级卫生行政部门、上级卫生监督机构、事故的主管部门和事故单位并建立档案。

第三节　公共场所卫生监督

一、公共场所卫生监督机构及其职责

公共场所的卫生监督是指各级公共场所的卫生监督机构依法对辖区内的公共场所卫生状况进行的监督。根据公共场所卫生管理条例及其实施细则的规定，各级人民政府卫生行政部门是公共场所卫生监督的法定机构，依法实施管辖范围内的公共场所的卫生监督职能。

国境口岸及出入境交通工具的卫生监督按照国境卫生检疫法及其实施细则的规定执行。民航、铁路、交通、厂（场）矿所属的卫生监督机构负责对管辖范围内的机场、车站、码头等候室等公共场所和国内民航客机、铁路、客车、客轮以及主要为本系统职工服务的公共场所实施卫生监督，并接受所在地市以上卫生监督机构的业务指导。其主要对本系统外营业的公共场所以及尚无卫生监督机构进行监督的单位由地方卫生监督机构实施卫生监督。部队、学校以及其他系统所属的对社会开放的公共场所由所在地卫生监督机构实施卫生监督。

卫生监督机构对公共场所的卫生监督职责主要有：

（1）对公共场所进行卫生监督和卫生技术指导：主要是按国家卫生标准和要求对公共场所的空气、微小气候、水质、采光、照明、噪声、顾客用具和卫生设施等实施监测，对公共场所内的营业内容和设施按卫生要求进行技术指导，并协助完善卫生管理制度。

（2）监督从业人员进行健康体检，对从业人员进行教育和培训：卫生防疫机构要指定医疗卫生单位定期组织从业人员进行健康体检。对于因健康原因不适宜在公共场所工作的服务人员要及时通知经营单位，对其工作进行必要的调整。卫生监督机构同时要根据公共场所的特点，定期或不定期地对从业人员进行有关的卫生知识的教育和培训。

（3）对新建、扩建、改建的公共场所的选址和设计进行预防性卫生监督。对于公共场所的预防性卫生监督，要按建设项目的隶属关系，由同级卫生监督机构负责审批。对新建、扩建、改建的公共场所的选址、设计、竣工验收实行卫生监督制度。建设单位必须提前向卫生监督机构提出申请，并提供有关图纸及资料，经卫生监督部门审查，符合卫生要求的发给"卫生许可证"后方可施工，卫生许可证由县级以上卫生行政部门签发。铁路、民航、交通、厂矿卫生防疫站对本系统开办的各类公共场所要进行全面的、经常性的卫生监督，并接受当地卫生监督机构的业务指导。

（4）对违反公共场所卫生管理条例的单位和个人依法进行行政处罚。

二、公共场所卫生监督员及其职责

卫生监督机构根据需要设立公共场所卫生监督员，由卫生监督员负责对辖区公共场所的卫生进行监督检查，执行卫生监督机构交给的各项任务。公共场所卫生监督员由同级人民政府发给证书。民航、铁路、交通、厂（场）矿卫生监督机构的公共场所卫生监督员由其上级主管部门发给证书。卫生监督员在执行任务时，应佩戴证章，出示证件。

公共场所卫生监督员的职责是：

（1）对管辖范围内公共场所进行卫生监督监测和卫生技术指导；

（2）宣传卫生知识，指导和协助有关部门对从业人员进行卫生知识培训；

（3）根据有关规定对违反《公共场所卫生管理条例》有关条款的单位和个人提出处罚建议；

（4）参加对新建、扩建、改建的公共场所的选址和设计卫生审查和竣工验收；

（5）对公共场所进行现场检查，索取有关资料，包括取证照相、录音、录像等，调查处理公共场所发生危害健康事故。卫生监督员对所提供的技术资料有保密的责任；

（6）执行卫生监督机构交付的其他任务。

第四节　法律责任

根据《公共场所卫生管理条例》第四章的规定，违反《公共场所卫生管理条例》的单位或个人应根据其违法的性质和情节轻重，分别承担以下法律责任：

一、行政责任

公共场所经营单位或者个体经营者有下列行为之一的，卫生防疫机构有权根据其情节轻重给予警告、罚款、停业整顿、吊销卫生许可证等行政处罚：

（1）卫生质量不符合国家卫生标准和要求而继续营业的；

（2）未取得"健康合格证"而从事直接为顾客服务业务的；

（3）拒绝卫生监督的；

（4）未取得《卫生许可证》而擅自营业的。

二、民事责任

违反公共场所卫生法规，造成严重危害公民健康的事故或中毒事故发生的单位和个人，应对其造成的损害进行赔偿。

三、刑事责任

违反公共场所卫生法规，致人残疾或死亡，构成犯罪的，由司法机关依法追究直接责任人员的刑事责任。

四、卫生监督机构和卫生监督员的违法责任

卫生监督机构和卫生监督员必须秉公执法。对玩忽职守、滥用职权、收受贿赂的，由上级主管部门给予直接责任人员行政处分；构成犯罪的，由司法机关依法追究直接责任人员的刑事责任。

五、法律救济

公共场所经营单位和从业人员对卫生监督机构给予的行政处罚不服的，可以在接到处罚通知之日起 15 日内向当地人民法院提起诉讼，但对公共场所卫生质量控制的决定应当立即执行。对处罚决定不履行又逾期不起诉的，由卫生监督机构向人民法院申请强制执行。

【练一练】

选择题

1. 公共场所卫生管理的商场系指在城市营业面积为（　　）
A. 100 平方米
B. 200 平方米
C. 300 平方米
D. 500 平方米

2. 卫生监督部门对未获得"健康合格证"而从事直接为顾客服务的公共场所，可以根据情节轻重，给予下列行政处罚，除了（　　）
A. 警告
B. 罚款
C. 停业整顿
D. 暂扣"经营许可证"

3. 下列哪个从业人员不必每年要进行一次健康检查（　　）
A. 旅馆
B. 理发店
C. 游泳场
D. 茶座

4.《公共场所卫生管理条例》规定，患下列疾病的，治愈前不得从事直接为顾客服务的工作（　　）
A. 痢疾、伤寒、病毒性肝炎
B. 痢疾、伤寒、病毒性肝炎、艾滋病
C. 痢疾、伤寒、病毒性肝炎、活动性肺结核、化脓性或渗出性皮肤病
D. 痢疾、伤寒、病毒性肝炎、活动性肺结核

第十章　药品管理法律制度

【目标解读】
1. 理解有关药品生产企业管理的法规制度
2. 理解有关药品经营企业管理的法规制度
3. 理解有关医疗机构制剂管理、执业药师管理、药品广告管理、药品流通管理的法规制度
4. 理解有关药品标准、药品注册、新药的法规制度
5. 了解违反《药品管理法》的法律责任

第一节　概述

一、药品管理法的概念

药品是指用于预防、治疗、诊断人的疾病，有目的地调节人的生理功能并规定有适应证、用法和用量的物质，包括中药材、中药饮片、中成药、化学原料药及其制剂、抗生素、生化药品、放射性药品、血清疫苗、血液制品和诊断药品等。

药品管理法是调整药品监督管理，确保药品质量，增进药品疗效，保障用药安全，维护人体健康活动中产生的各种社会关系的法律规范的总称。

二、药品管理法制建设

1950 年 11 月，经当时的政务院批准，卫生部颁发了《麻醉药管理暂行条例》，这是我国药品管理的第一个行政法规。1963 年经国务院批准，卫生部等部委联合颁布了《关于加强药政管理的若干规定（草案）》，对药品的生产、经营、使用和进出口管理起到了重要作用。1984 年 9 月 20 日，第六届全国人大常委会第 7 次会议通过了《中华人民共和国药品管理法》。这是建国以来我国第一部药品管理法律，为人民群众用药安全、有效提供了法律保证。

随着我国社会和经济的发展，人民生活水平大为提高，特别是我国加入 WTO 以后，要求药品管理能适应形势变化的需要。2001 年 2 月 28 日，第九届全国人大常委会第 20 次会议审议通过了经过修订的《药品管理法》，并自 2001 年 12 月 1 日起施行。为了保证

《药品管理法》的贯彻实施，国务院发布和批准发布了《药品管理法实施条例》（2002 年 8 月 4 日）、《麻醉药品管理办法》、《医疗用毒性药品管理办法》、《精神药品管理办法》、《放射性药品管理办法》等行政法规；卫生部制定了多个配套规章。国家食品药品监督管理局相继发布了《新药审批办法》、《新生物制品审批办法》、《新药保护和技术转让的规定》、《仿制药品审批办法》、《进口药品管理办法》、《药品生产质量管理规范（1998 年修订)》、《戒毒药品管理办法》、《麻黄素管理办法》、《处方药与非处方药分类管理办法》、《药品流通监督管理办法（暂行)》、《药品经营许可证管理办法》、《药品注册管理办法》、《药物非临床研究质量管理规范》、《药物临床试验质量管理规范》和《药品监督行政处罚程序》等规章。各省、自治区、直辖市人民政府也相应制定了一系列地方法规，形成了具有中国特色的药品监督管理法律体系。

第二节 药品监督

一、药品监督管理机构及其职责

（一）药品监督管理机构

国家食品药品监督管理局主管全国药品监督管理工作。国务院有关部门在各自的职责范围内负责与药品有关的监督管理工作。省级人民政府食品药品监督管理部门负责本行政区域内的药品监督管理工作。省级人民政府有关部门在各自的职责范围内负责与药品有关的监督管理工作。国务院药品监督管理部门应当配合国务院经济综合主管部门，执行国家制定的药品行业发展规划和产业政策。

（二）药品监督管理机构职责

药品监督管理机构的职责主要是：①按照法律、行政法规的规定对报经其审批的药品研制和药品的生产、经营以及医疗机构使用药品的事项进行监督检查，有关单位和个人不得拒绝和隐瞒。药品监督管理部门进行监督检查时，必须出示证明文件，对监督检查中知悉的被检查人的技术秘密和业务秘密应当保密。②根据监督检查的需要，可以对药品质量进行抽样检验；对有证据证明可能危害人体健康的药品及其有关材料可以采取查封、扣押的行政强制措施。③应当定期公告药品质量抽查检验的结果。④对经其认证合格的药品生产企业、药品经营企业进行认证后的跟踪检查。⑤地方人民政府和药品监督管理部门不得以要求实施药品检验、审批等手段，限制或者排斥非本地区药品生产企业依照药品管理法规定生产的药品进入本地区。⑥不得参与药品生产经营活动，不得以其名义推荐或者监制、监销药品；药品监督管理部门工作人员不得参与药品生产经营活动。

二、药品检验机构及其职责

药检机构是指承担药品法定检验工作的机构。根据《药品管理法》的规定，药品监督管理部门实施药品审批及药品质量监督检查所需的法定药品检验，由药品监督管理部门设置或者确定的药品检验机构承担。《药品管理法》规定，药品检验机构不得参与药品生产经营活动，不得以其名义推荐或者监制、监销药品。药品检验机构工作人员不得参与药品生产经营活动。

三、药品不良反应报告制度

《药品管理法》规定，国家实行药品不良反应报告制度。药品生产、经营企业和医疗机构必须经常考察本单位所生产、经营、使用的药品质量、疗效和反应。发现可能与用药有关的严重不良反应，必须及时向省级药品监督管理部门和卫生行政部门报告。对已确认发生不良反应的药品，国务院或省级药品监督管理部门可以采取停止生产、销售、使用的紧急控制措施，并应当在五日内组织鉴定，自鉴定结论做出之日起十五日内依法做出行政处理决定。

第三节　药品生产和经营的法律规定

一、药品生产企业管理

药品生产企业是指生产药品的专营企业或者兼营企业。为确保药品质量，国家依法对药品生产企业实行许可证制度。

（一）开办药品生产企业的条件

《药品管理法》规定，开办药品生产企业必须具备以下条件：
（1）具有依法经过资格认定的药学技术人员、工程技术人员及相应的技术工人；
（2）具有与其药品生产相适应的厂房、设施和卫生环境；
（3）具有能对所生产药品进行质量管理和质量检验的机构、人员及必要的仪器设备；
（4）具有保证药品质量的规章制度。

（二）药品生产企业资格的取得

开办药品生产企业（包括各种形式的联营、中外合资企业以及外资企业），必须由企业或者企业的上级部门提出申请，并经所在省级人民政府药品监督管理部门批准并发给《药品生产许可证》，凭许可证到工商行政管理部门办理登记注册。无《药品生产许可证》的，不得生产药品。药品生产许可证有效期为 5 年，到期重新审查发证。企业破产或者关闭，许可证由原发证部门撤销。

（三）药品生产质量管理

《药品管理法》规定，药品生产企业必须按照《药品生产质量管理规范》（GMP）组织生产。①药品必须按照国家食品药品标准和国家食品药品监督管理局制定的生产工艺进行生产，生产记录必须完整准确。药品生产企业改变影响药品质量的生产工艺的，必须报原批准部门审核批准。②中药饮片必须按照国家食品药品标准炮制，国家食品药品标准没有规定的，必须按照省级人民政府药品监督管理部门制定的炮制规范炮制。③生产药品所需的原料及生产药品和调配处方时所用的赋形剂和附加剂等辅料必须符合药用要求。④药品生产企业必须对其生产的药品进行质量检验；不符合国家食品药品标准或者不按照省级药品监督管理部门制定的中药饮片炮制规范炮制的，不得出厂。

（四）药品包装管理

直接接触药品的包装材料和容器，必须符合药用要求，符合保障人体健康、安全的标准，并由药品监督管理部门在审批药品时一并审批。药品生产企业不得使用未经批准的直接接触药品的包装材料和容器。

药品包装必须适合药品质量的要求，方便储存、运输和医疗使用。发运中药材必须有包装。在每件包装上，必须注明药品的品名、产地、日期、调出单位，并附有质量合格标志。药品包装必须按照规定印有或者贴有标签并附有说明书。标签或者说明书上必须注明药品的通用名称、成分、规格、生产企业、批准文号、产品批号、生产日期、有效期、适应证或者功能主治、用法、用量、禁忌、不良反应和注意事项。麻醉药品、精神药品、医疗用毒性药品、放射性药品、外用药品和非处方药的标签，必须印有规定的标志。

（五）从业人员健康检查

药品生产企业（药品经营企业、医疗机构）直接接触药品的工作人员，必须每年进行健康检查。患有传染病或者其他可能污染药品的疾病的，不得从事直接接触药品的工作。

二、药品经营企业管理

药品经营企业是指经营药品的专营企业或者兼营企业。2004 年 2 月国家食品药品监督管理局发布的《药品经营许可证管理办法》对开办药品批发企业、药品零售企业的原则、条件、经营范围、许可证的审批、发放和监督检查等作了具体规定。

（一）开办药品经营企业的条件

1. **药品批发企业**　开办药品批发企业，应符合省、自治区、直辖市药品批发企业合理布局的要求，并符合以下设置标准：①具有保证所经营药品质量的规章制度；②企业、企业法定代表人或企业负责人、质量管理负责人符合《药品管理法》规定的条件；③具有与经营规模相适应的一定数量的执业药师；④具有能够保证药品储存质量要求的、与其经营品种和规模相适应的装置和设备；⑤具有独立的计算机管理信息系统；⑥具有符合《药品经营质量管理规范》的药品营业场所及辅助、办公用房。

2.药品零售企业　开办药品零售企业，应符合当地常住人口数量、地域、交通状况和实际需要的要求，符合方便群众购药的原则，并符合以下设置规定：①具有保证所经营药品质量的规章制度；②具有依法经过资格认定的药学技术人员；③企业、企业法定代表人、企业负责人、质量负责人符合《药品管理法》规定的条件；④具有与所经营药品相适应的营业场所、设备、仓储设施以及卫生环境；⑤具有能够配备满足当地消费者所需药品的能力，并能保证24小时供应。

（二）药品经营企业资格的取得

《药品管理法》规定，开办药品批发业务的企业，须经企业所在地省级药品监督管理部门审核批准，并发给《药品经营许可证》。开办药品零售业务的企业，须经企业所在地县级以上地方药品监督管理部门批准并发给《药品经营许可证》，凭许可证到工商行政管理部门办理登记注册。无《药品经营许可证》，不得经营药品。药品经营许可证有效期为5年，到期重新审查发证。企业破产或者关闭，许可证由原发证部门撤销。

（三）药品经营质量管理

药品经营企业必须按照《药品经营质量管理规范》（GSP）经营药品。药品经营企业购进药品，必须建立并执行进货检查验收制度，验明药品合格证明和其他标识；不符合规定要求的，不得购进。购销药品，必须有完整真实的购销记录。

销售药品必须准确无误，并正确说明用法、用量和注意事项，调配处方必须经过核对，对处方所列药品不得更改或者代用。对有配伍禁忌或者超剂量的处方，应拒绝调配，必要时，经处方医生更正或者重新签字，方可调配。销售地道中药材必须标明产地。药品进库和出库必须执行检查制度。

三、医疗机构制剂管理

医疗单位药剂管理是医院管理的重要组成部分，是提高医疗质量，保证患者用药安全、有效的重要环节。我国药品管理法对此作了具体规定。

（一）医疗单位配制制剂的必备条件

我国《药品管理法》规定，配制制剂的医疗单位必须具备下列条件：医疗单位配制制剂是医疗单位依法报批后自行配制制剂以用于本单位的临床和科研。药品管理法规定，医疗单位配制制剂的条件是：

（1）必须配备依法经过资格认定的药学技术人员；

（2）必须具有能够保证制剂质量的设施、管理制度、检验仪器和卫生条件；

（3）必须经过所在地省级卫生行政部门审核同意，由省级药品监督管理部门批准，颁发给《医疗机构制剂许可证》。许可证有效期为5年，到期重新审查发证。

（二）制剂管理的法律规定

我国《药品管理法》对医疗单位药剂管理的规定归纳起来有下列几点：

（1）医疗机构配制的制剂，应当是本单位临床需要而市场上没有供应的品种，并须经省级药品监督管理部门批准后方可配制。配制的制剂必须按照规定进行质量检验。合格的，凭医师处方在本医疗机构使用。特殊情况下，经国务院或省级药品监督管理部门批准，可以在指定的医疗机构之间调剂使用。医疗机构配制的制剂不得在市场销售。

（2）医疗机构购进药品，必须建立并执行进货检查验收制度，验明药品合格证明和其他标识。不符合规定要求的，不得购进和使用。医疗机构的药剂人员调配处方，必须经过核对，对处方所列药品不得擅自更改或者代用。对有配伍禁忌或者超剂量的处方，应拒绝调配，必要时经处方医生更正或者重新签字方可调配。医疗机构必须制定和执行药品保管制度，保证药品质量。

四、执业药师管理

执业药师指经全国统一考试合格，取得执业药师资格证书并经过注册登记，在药品生产、经营、使用单位中执业的药学技术人员。为加强对药学技术人员的职业准入的控制，确保药品质量，保障人民用药安全有效，国家人事部、国家食品药品监督管理局于 1999 年联合发布了《执业药师资格制度暂行规定》。

凡从事药品生产、经营、使用的单位均应配备相应的执业药师，并以此作为开办药品生产、经营、使用单位的必备条件之一。国务院药品监督管理部门负责对需要由执业药师担任的岗位作出明确的规定并进行检查，国务院人事部门和药品监督管理部门共同负责全国执业药师资格制度的政策制定、组织协调、资格考试、登记注册和监督管理工作。

执业药师必须遵守职业道德，对药品质量负责，保证人民用药安全有效，必须严格遵守执行《药品管理法》及国家有关药品研究、生产、经营、使用的各项法规及政策，对违反药品管理法及有关规定的行为或决定，有责任提出劝告、制止、拒绝并向上级报告。

五、药品流通管理

国家食品药品监督管理局于 1999 年颁布的《药品流通监督管理办法（暂行）》规定，药品销售人员必须具有高中以上文化水平，接受相应专业知识和药事法规培训，并不得兼职进行药品销售活动；销售药品时，必须出示有关证件。城镇个体行医人员和个体诊所不许设置药房，不得从事药品购销活动；乡镇卫生院代乡村个体行医人员和诊所采购药品，不得进行经营性销售，并严禁乡镇卫生院将药品采购委托或承包给个人。

药品生产企业设立的办事机构不得进行药品现货销售活动。未经批准，药品批发企业不得从事药品零售业务，药品零售单位不得从事药品批发业务。除国家批准设立的中药材专业市场外，严禁开办各种形式的药品集贸市场。进口药品国内销售代理商必须在国家食品药品监督管理局备案，并遵守相关法律规定。

六、药品广告管理

药品广告是宣传和推销药品的有效工具。为了使药品生产、经营企业对药品宣传做到真实、科学、准确，合理指导用药，保障人体健康，禁止虚假和不健康的药品广告宣传。我国《药品管理法》和1992年国家工商行政管理局、卫生部联合发布的《药品广告管理办法》对药品广告管理做了明确规定，主要有下列几点：

1. 药品广告必须经省、自治区、直辖市卫生行政部门审查批准；未经批准不得刊登、播放、散发和张贴。外国企业在我国申请办理药品广告，必须提供生产该药品的国家（地区）批准的证明文件、药品说明书和有关资料。

2. 凡申请发布药品广告，必须向卫生行政部门办理《药品广告审批表》。卫生行政部门负责对宣传药品的主要成分、功效（功能）、适应证（主治）、用法、用量、禁忌证（注意事项）和不良反应等内容进行审查。卫生行政部门应在收到全部材料后15日内，做出是否批准的决定；涉外药品广告的审批时间，可以延长至30日。

3. 《药品广告审批表》从批准之日起，有效期为2年。到期后仍需继续进行广告宣传的，应重新申请。《药品生产企业许可证》或《药品经营企业许可证》的有效时间不足2年的，《药品广告审批表》的有效期以前述许可证的有效时间为准。

4. 药品广告的内容必须以国务院卫生行政部门或省、自治区、直辖市卫生行政部门批准的说明书为准。药品广告的语言、文字、画面的含义，不得超出卫生行政部门在《药品广告审批表》上核准的内容。

5. 药品广告不得含有下列内容和表现形式：

（1）有淫秽、迷信、荒诞语言、文字、画面的；

（2）贬低同类产品或与其他药品进行功效和安全性对比评价的；

（3）违反科学规律，表明或暗示包治百病的；

（4）有"疗效最佳"、"药到病除"、"根治"、"安全预防"、"完全无不良反应"等断言或隐含保证的；

（5）有"最高技术"、"最高科学"、"最进步制法"等断言的；

（6）说明治愈率或有效率的；

（7）利用医药科技单位、学术机构、医院或儿童、医生、患者名义和形象作为广告内容的；

（8）专用于治疗性功能障碍的；

（9）标明获奖内容的；

6. 禁止发布下列药品广告：

（1）麻醉药品和国际公约管制的精神药品品种；

（2）未经卫生行政部门批准生产的药品（含试生产的药品）；

（3）卫生行政部门已明令禁止销售、使用的药品；

（4）医疗单位配制的制剂。

7. 药品广告的管理机关是各级工商行政管理机关，药品广告内容的审查批准机关是各省、自治区、直辖市的卫生行政部门。精神药品、毒性药品、放射性药品的广告由国务院卫生行政部门核准，由所在地的省、自治区、直辖市卫生行政部门核发药品宣传批准文号。

8. 广告经营者必须查验《药品广告审批表》原件，并按批准的内容设计、制作、发布、代理广告。未经批准的药品广告，广告经营者不得承办或代理。

第四节　药品管理的法律规定

一、药品标准

药品标准是指国家对药品质量规格及检验方法所作的技术性规范，由一系列反映药品特征的技术参数和技术指标组成，是药品生产、经营、供应、使用、检验和管理部门必须共同遵循的法定依据。

我国实行国家食品药品标准制度。《药品管理法》规定，药品必须符合国家的药品标准。只有符合国家食品药品标准的药品才是合格药品，方可销售使用。国务院药品监督管理部门颁布的《中华人民共和国药典》和药品标准为国家食品药品标准，列入国家食品药品标准的药品名称为药品通用名称。已经作为药品通用名称的，该名称不得作为药品商标使用。

二、药品注册

药品注册是指依照法定程序，对拟上市销售的药品的安全性、有效性、质量可控性等进行系统评价，并作出是否同意进行药物临床研究、生产药品或者进口药品的审批过程，包括对申请变更药品批准证明文件及其附件中载明内容的审批。

药品注册申请包括新药申请、已有国家标准药品的申请和进口药品申请及其补充申请。申请药品注册必须进行临床前研究和临床研究。

根据《药品注册管理办法》规定，国务院药品监督管理部门对下列新药的注册申请可以实行快速审批：①新的中药材及其制剂，中药或者天然药物中提取的有效成分及其制剂；②未在国内外获准上市的化学原料药及其制剂、生物制品；③抗艾滋病病毒及用于诊断、预防艾滋病的新药，治疗恶性肿瘤、罕见病等的新药；④治疗尚无有效治疗手段的疾病的新药。

三、新药、仿制药品、新生物制品管理

（一）新药

新药是指我国尚未生产过的药品。已生产的药品改变剂型、改变给药途径、增加新的适应证或制成新的复方剂，亦属于新药范围。新药按审批管理的要求分为中药、化学药品

和生物制品。国家鼓励研究创制新药，保护公民、法人和其他组织研究、开发新药的合法权益。

《新药审批办法》规定，研制新药，必须按照国家规定如实报送研制方法、质量指标、药理及毒理试验结果等有关资料和样品，经批准后，方可进行临床试验。完成临床试验并通过审批的新药，经国家食品药品监督管理局批准，发给新药证书。拥有新药证书的单位在 2 年内无特殊理由既不生产亦不转让者，国家将中止对该新药的保护。《新药保护和技术转让的规定》规定，国家对新药实行分类保护制度，对已获批准新药的技术转让实行审批制度。

生产新药或者已有国家标准的药品的，必须经国家食品药品监督管理局批准，并发给药品批准文号；生产没有实施批准文号管理的中药材和中药饮片除外。新药试生产期满，生产单位应提前 3 个月提出转为正式生产申请。逾期未提出申请，或经审查不符合规定者，国家食品药品监督管理局取消其试生产批准文号。

(二) 仿制药品

仿制药品是指仿制国家已批准正式生产并收载于国家食品药品标准（包括《中国生物制品规程》）的品种。《仿制药品审批办法》规定，国家鼓励创新和技术进步，控制仿制药品的审批。仿制药品的质量不得低于被仿制药品，使用说明书等应与被仿制药品保持一致。试行标准的药品及受国家行政保护的品种不得仿制。对已有国家标准且不在新药保护期内的化学药品，凡工艺进行重大改变的，应按仿制药品申报。凡申请生产仿制药品的经审核后，由国家食品药品监督管理局对同意仿制的药品编排统一的批准文号。

(三) 新生物制品

新生物制品系指我国未批准上市的生物制品。已批准上市的生物制品，当改换制备疫苗和生产技术产品的菌毒种、细胞株及其他重大生产工艺对制品的安全性、有效性可能有显著影响时，按新生物制品审批。新生物制品审批办法规定，新生物制品审批实行国家一级审批制度。新生物制品临床试验结束，报经国家食品药品监督管理局审查批准后发给新药证书。申报生产新生物制品的企业，报经国家食品药品监督管理局审查批准后发给批准文号方能生产。

四、药品审评

对药品进行审评，包括通过临床用药评定新药，对老药进行再评价，淘汰危害严重、疗效不确或不合理的组方，这是药品管理的重要内容。它对于保护人们用药安全、有效，提高医疗质量，促进医药企业的发展和新品种开发，提高经济效益，有着重要意义。《药品管理法》规定，国务院药品监督管理部门和省级药品监督管理部门可成立药品审评委员会，对新药进行审评，对已经生产的药品进行再评价。国务院药品监督管理部门组织药学、医学和其他技术人员对新药进行审评，对已批准生产的药品进行再评价；对已批准生产的药品应当组织调查，对疗效不确、不良反应大或者其他原因危害人体健康的药品，应当撤销其批准文号。已撤销批准文号的药品，不得继续生产、销售；已经生产的，由当地药品监督管理部门监督销毁。

五、药品进出口管理

(一) 进口药品管理

进口药品是指原料药、制剂,包括制剂半成品和药用辅料等。国家食品药品监督管理局于 2003 年 8 月发布的《进口药品管理办法》规定,国家对进口药品实行注册审批制度。进口药品必须是临床需要、安全有效、可控质量的品种。申请注册的进口药品必须获得生产国药品主管当局注册批准和上市许可;必须按照国家食品药品监督管理局规定的程序和要求在中国进行临床试验(包括生物等效性研究)。进口药品必须取得中国国家食品药品监督管理局核发的《进口药品注册证》,并经国家食品药品监督管理局授权的口岸药品检验所检验合格。海关凭药品监督管理部门出具的进口药品通关单放行。进口药品必须符合《药品管理法》和中国其他法律的规定,必须接受国家食品药品监督管理局对其生产情况的监督检查。进口的特殊药品,除专门规定外,也按《进口药品管理办法》的规定办理,但应在指定专门机构进行临床试验,其进口检验由中国药品生物制品检定所负责。医疗单位临床急需或者个人自用进口的少量药品,按照国家有关规定办理进口手续。

国家禁止进口疗效不确、不良反应大或者其他原因危害人体健康的药品。已被撤销进口药品注册证书的药品,不得进口、销售和使用;已经进口的,由当地药品监督管理部门监督销毁或者处理。

(二) 出口药品管理

出口药品必须保证质量。凡我国制造销售的药品,经省级药品监督管理部门审核批准后,根据国外药商需要出具有关证明办理相关出口手续。未经批准,不得组织药品出口。对国内供应不足的中药材、中成药,按国务院药品监督管理部门批准的品种出口。限制或禁止的品种不得办理出口业务。出口麻醉药品、精神药品等特殊管理药品必须持有国务院药品监督管理部门发给的出口准许证。

六、处方药与非处方药分类管理

《药品管理法》规定,国家对药品实行处方药与非处方药分类管理制度。

处方药是指必须凭具有处方资格的医师开具的处方方可调配、购买和使用,并须在医务人员指导和监控下使用的药品。非处方药 (OTC) 是指由国务院药品监督管理部门公布的,不需要凭执业医师和执业助理医师处方,消费者可以自行判断、购买和使用的药品。

为了对药品实行严格管理,防止消费者因自我使用不当导致药物滥用甚至危害健康,同时引导消费者科学、合理地使用非处方药,达到自我保健的目的,国家食品药品监督管理局于 1999 年 7 月 22 日发布了《处方药与非处方药分类管理办法》,并按照"应用安全、疗效确切、质量稳定、使用方便"的原则,陆续公布国家非处方药目录。

《处方药与非处方药分类管理办法》规定,处方药必须凭执业医师或执业助理医师处方才可调配、购买和使用；非处方药不需要凭处方即可自行购买和使用。医疗机构根据医疗需要，可以决定和推荐使用非处方药。处方药只准在专业性医药报刊上进行广告宣传，非处方药经审批可以在大众传播媒介进行广告宣传。非处方药分为甲、乙两类。经营处方药、非处方药的批发企业和经营处方药、甲类非处方药的零售企业，必须具有《药品经营企业许可证》。经省级药品监督管理部门或其授权的药品监督管理部门批准的其他商业企业，可以零售乙类非处方药。对处方药与非处方药进行分类管理，是我国药品监督管理的重大改革之一，有助于保护药品消费者的权利和义务，有助于我国药品管理模式尽快与国际接轨。

七、禁止生产和销售假药、劣药

生产和销售假药、劣药会造成危害人们生命和身体健康的后果，并破坏国家的管理秩序。因此，国家禁止生产（包括配制）和销售假药，禁止生产、销售劣药。

《药品管理法》规定，假药是指药品所含成分与国家食品药品标准规定的成分不符的，以非药品冒充药品或者以他种药品冒充此种药品的药品。有下列情形之一的按假药处理：①国务院药品监督管理部门规定禁止使用的；②依法必须批准而未经批准生产、进口，或者依法必须检验而未经检验即销售的；③变质的；④被污染的；⑤使用依法必须取得批准文号而未取得批准文号的原料生产的；⑥所标明的适应证或者功能主治超出规定范围的。

劣药是指药品成分的含量不符合国家标准的药品。有下列情形之一的药品按劣药论处：①未标明有效期或者更改有效期的；②不注明或者更改生产批号的；③超过有效期的；④直接接触药品的包装材料和容器未经批准的；⑤擅自添加着色剂、防腐剂、香料、矫味剂及辅料的；⑥其他不符合药品标准规定的。

第五节　违反药品管理法的法律责任

一、行政责任

《药品管理法》规定，有下列情形之一的，由县级以上药品监督管理部门按照国家食品药品监督管理局规定的职责分工决定行政处罚；吊销《药品生产许可证》、《药品经营许可证》、《医疗机构制剂许可证》、《医疗机构执业许可证》或者撤销药品批准证明文件的，由原发证、批准的部门决定：

（1）未取得药品生产、经营许可证、医疗机构制剂许可证生产、经营药品的予以取缔，没收药品和违法所得并处罚款。

（2）生产、销售假药的，没收假药和违法所得并处罚款；有药品批准证明文件的予以撤销，并责令停产、停业整顿。情节严重的，吊销卫生许可证。

（3）生产、销售劣药的，没收劣药和违法所得并处罚款。情节严重的，责令停产、停业整顿或者撤销药品批准证明文件、吊销卫生许可证。

（4）从事生产、销售假药及劣药情节严重的企业或其他单位，其直接负责的主管人员和其他直接责任人员 10 年内不得从事药品生产、经营活动。对专门用于生产假药、劣药的原辅材料、包装材料、生产设备予以没收。

（5）知道或者应当知道属于假劣药品而为其提供运输、保管、仓储等便利条件的，没收全部收入并处罚款。

（6）药品生产、经营企业、药物非临床安全性评价研究机构、药物临床试验机构未按照规定实施质量管理规范的给予警告，责令限期改正。逾期不改正的，责令停产、停业整顿并处罚款。情节严重的，吊销药品许可证和药物临床试验机构的资格。

（7）药品的生产、经营企业或者医疗机构违反规定，从无许可证的单位购进药品的，责令改正，没收药品并处罚款。有违法所得的，没收违法所得。情节严重的，吊销药品生产、经营许可证或者医疗机构执业许可证。

（8）进口已获得药品进口注册证书的药品，未按照规定向允许药品进口的口岸所在地的药品监督管理部门备案的给予警告，责令限期改正。逾期不改正的，撤销进口药品注册证书。

（9）伪造、变造、买卖、出租、出借许可证或者药品批准证明文件的，没收违法所得并处罚款。情节严重的，并吊销卖方、出租方、出借方的许可证或者撤销药品批准证明文件。

（10）违反规定，提供虚假的证明、文件资料、样品或者采取其他欺骗手段取得许可证或者药品批准证明文件的，吊销许可证或者撤销药品批准证明文件，5 年内不受理其申请并处罚款。

（11）医疗机构将其配制的制剂在市场上销售的，责令改正，没收违法销售的制剂并处罚款。有违法所得的，没收违法所得。

（12）药品经营企业违反药品管理法有关药品销售的规定的，责令改正，给予警告。情节严重的，吊销许可证。

（13）药品标识不符合规定的，除依法按假药、劣药论处外，责令改正，给予警告。情节严重的，撤销该药品的批准证明文件。

（14）药品检验机构出具虚假证明文件，不构成犯罪的，责令改正，给予警告；对单位并处罚款。有违法所得的，没收违法所得。情节严重的，撤销其检验资格。

（15）药品的生产、经营企业、医疗机构在药品购销中暗中给予、收受回扣或者有其他利益的，药品的生产企业、经营企业或者其代理人给予使用其药品的医疗机构的负责人、药品采购人员、医师等有关人员以财物或者其他利益的，由工商行政管理部门处以罚款，有违法所得的，予以没收。情节严重的，由工商行政管理部门吊销营业执照，并通知药品监督管理部门吊销其许可证。

（16）违反有关药品广告管理规定的，依照广告法的规定处罚，并由发给广告批准文号的药品监督管理部门撤销广告批准文号，1 年内不受理该品种的广告审批申请。

（17）药品监督管理部门违反本法规定，有下列行为之一的，由其上级主管机关或者监察机关责令收回违法发给的证书、撤销药品批准证明文件，对直接负责的主管人员和其他直接责任人员依法给予行政处分：①对不符合有关管理规范的企业发给符合有关规范的认证证书的，或者对取得认证证书的企业未按照规定履行跟踪检查的职责，对不符合认证条件的企业未依法责令其改正或者撤销其认证证书的；②对不符合法定条件的单位发给许可证的；③对不符合进口条件的药品发给进口药品注册证书的；④对不具备临床试验条件或者生产条件而批准进行临床试验、发给新药证书、发给药品批准文号的。

（18）药品监督管理部门或者其设置的药品检验机构或者其确定的专业从事药品检验的机构参与药品生产经营活动的，由其上级机关或者监察机关责令改正，有违法收入的予以没收。情节严重的，对直接负责的主管人员和其他直接责任人员依法给予行政处分。

（19）药品监督管理部门或者其设置、确定的药品检验机构在药品监督检验中违法收取检验费用，由政府有关部门责令退还；对直接负责的主管人员和其他直接责任人员依法给予行政处分。对违法收取检验费用情节严重的药品检验机构，撤销其检验资格。

（20）药品监督管理部门对下级药品监督管理部门违反本法的行政行为，责令限期改正。逾期不改正的，有权予以改正或者撤销。对上述有违法行为的单位、个人处罚应出具书面处罚通知书。对假药、劣药的处罚通知书应当载明药品检验所的质量检验结果。当事人对行政处罚决定不服的，可以在接到处罚通知书之日起 15 日内向人民法院起诉。但是，对药品监督管理部门作出的药品控制的决定，当事人必须立即执行。对处罚决定不履行逾期又不起诉的，由做出行政处罚决定的机关申请人民法院强制执行。

二、民事责任

药品管理法规定，药品的生产企业、经营企业、医疗机构违反法律规定，给药品使用者造成损害的，依法承担赔偿责任。药品检验机构出具的检验结果不实，造成损失的应当承担相应的赔偿责任。

三、刑事责任

《药品管理法》规定，违反药品管理法的有关规定构成犯罪的，依法追究刑事责任。刑法第一百四十一条规定，生产、销售假药，足以严重危害人体健康的，处 3 年以下有期徒刑或者拘役，并处或者单处销售金额 50% 以上、2 倍以下罚金。对人体健康造成严重危害的，处 3 年以上 10 年以下有期徒刑，并处销售金额 50% 以上 2 倍以下罚金。致人死亡或者对人体健康造成特别严重危害的，处 10 年以上有期徒刑、无期徒刑或者死刑，并处销售金额 50% 以上 2 倍以下罚金或者没收财产。

刑法第一百四十二条规定，生产、销售劣药，对人体健康造成严重危害的，处 3 年以上 10 年以下有期徒刑，并处销售金额 50% 以上 2 倍以下罚金。后果特别严重的，处 10 年以上有期徒刑或者无期徒刑，并处销售金额 50% 以上 2 倍以下罚金或者没收财产。

刑法第三百五十五条规定，依法从事生产、运输、管理、使用国家管制的麻醉药品、精神药品的人员，违反国家规定，向吸食、注射毒品的人提供国家规定管制的能够使人形成瘾癖的麻醉药品、精神药品的，处 3 年以下有期徒刑或者拘役，并处罚金。情节严重的，处 3 年以上 7 年以下有期徒刑，并处罚金。向走私、贩卖毒品的犯罪分子或者以牟利为目的，向吸食、注射毒品的人提供国家规定管制的能够使人形成瘾癖的麻醉药品、精神药品的，依照刑法第三百四十七条关于走私、贩卖、运输、制造毒品的规定予以定罪处罚。单位犯上述罪的,对单位判处罚金,并对其直接负责的主管人员和其他直接责任人员,依照上述的规定处罚。

【练一练】

选择题

1.药品管理法施行日期(   )

A.2001 年 2 月 28 日   B.2001 年 12 月 1 日

C.2002 年 8 月 4 日   D.2002 年 1 月 1 日

2.我国遴选非处方药的原则是(   )

A. 安全有效、慎重从严、结合国情、中西并重

B. 应用安全、疗效确切、质量稳定、应用方便

C. 临床必须、安全有效、价格合理、使用方便

D. 临床必须、安全有效、价格合理、市场保证供应

简答题

1.我国法律规定药品生产、经营设立的条件是什么?

2.我国新药分几类?申请时各自需要什么条件?

第十一章　特殊药品的管理

【目标解读】

1. 理解麻醉药品的管理法规和法律责任
2. 理解精神药品的管理法规和法律责任
3. 理解毒性药品的管理法规和法律责任
4. 理解放射性药品的管理法规和法律责任

特殊药品是指国家实行特殊管理的药品，包括麻醉药品、精神药品、医疗用毒性药品、放射性药品等。由于特殊药品管理不善或作用不当，极易造成对人体健康、公众卫生和社会治安的危害。因此，国务院根据《药品管理法》的规定，对上述特殊药品分别制定了管理办法，对这些药品的生产、制造、运输、销售和使用做了相应的规定。

第一节　麻醉药品的管理

一、麻醉药品定义及其种类

根据 1987 年国务院发布的《麻醉药品管理办法》第二条的规定，麻醉药品系指连续使用易产生生理依赖性且能成瘾癖的药品。

麻醉药品包括：阿片类、可卡因类、大麻类、合成麻醉药类及卫生部指定的其他易成瘾癖的药品、药用原植物及其制剂。我国规定的麻醉药品范围共八类，33 个品种。

由于连续使用麻醉药品易对身体产生危害，并进而影响公众卫生和社会治安，所以国家严格管制麻醉药品原植物的种植和麻醉药品的生产、供应、进出口，非医疗、教学、科研需要一律不得使用麻醉药品。

二、麻醉药品的种植与行政管理

为了加强对麻醉药品种植的管理，《麻醉药品管理办法》明确规定，麻醉药品原植物的种植单位，必须经卫生部会同农牧渔业部、国家医药管理局审查批准，并抄报公安部。

而麻醉药品的生产单位，也必须经卫生部会同国家医药管理局审查批准。未经批准，任何单位和个人都不得随意种植和生产。

麻醉药品原植物的年度种植计划应由卫生部会同农牧渔业部审查批准，麻醉药品的年度生产计划则由卫生部会同国家医药管理局审查批准并联合下达执行。在种植麻醉药品原植物和生产麻醉药品时，种植和生产单位不得擅自改变国家下达的计划。同时，必须对成品、半成品、罂粟壳及种子等，派专人负责，严加保管，严禁自行销售和使用。

为了确保产品质量，生产单位在生产麻醉药品时，要加强质量管理，必须按照国家食品药品标准进行生产。麻醉药品新品种的研究试制，必须由研制单位编制计划，报经卫生部审定批准后，方可进行，任何生产单位和研究机构都不能擅自开展对新麻醉药品的研制。而且，在研究试制完毕后应按有关新药审批的办法办理，并要严格试制品的保管与使用手续，防止流失。

三、麻醉药品的供应

麻醉药品的供应要根据医疗、教学和科研的需要，有计划地进行。全国麻醉药品的供应计划由国家医药管理局指定的部门提出，报卫生部、国家医药管理局审查批准后下达执行。中国医药公司北京采购供应站负责全国的麻醉药品收购、调拨和供应管理工作。各省、自治区、直辖市医药公司负责本地区的麻醉药品经营管理，同时必须设有专人（可兼管）负责计划、统计、业务指导和监督检查工作。

各省、自治区、直辖市的二级经营单位（二级医药站，地、市医药公司），要指定专人具体负责对下一级经营单位调拨和业务指导以及指定地区的供应工作。三级经营单位（县、市医药公司）要指定专人做好指定地区的供应工作。

在设置麻醉药品供应点时，二级经营单位由省、自治区、直辖市卫生厅（局）和医药管理局（总公司）提出，报卫生部和国家医药管理局审核批准。为了方便基层医疗单位购用麻醉药品，省、自治区、直辖市卫生厅（局）、医药管理局（总公司）可根据当地具体情况，确定有条件的县、市医药公司作为三级供应点经营麻醉药品，并抄报卫生部和国家医药管理局。经营单位只能按照有关规定，向经卫生行政部门批准的有资格使用麻醉药品的单位限量供应，不得超过规定的供应限量，更不得向其他单位和个人供应。

各麻醉药品经营单位在供应麻醉药品时，要认真核对购买单位的留存印鉴，发现不符，不得供应。同时，要认真审核购买单位的麻醉药品订购单，应符合批准的级别限量，超过限量不得供应。

科研、教学单位及其他特需的麻醉药品，按地、市卫生部门审核批准的数量供应。对晚期癌症、计划生育所需麻醉药品，如果医疗单位原确定的限量不足，应按卫生部门审核批准的超限量数供应。援外需要的麻醉药品，按卫生部审核批准的证明供应。

为了避免与其他药品的混杂及流失，麻醉药品经营单位必须设置具有相应储藏条件的专用仓库或专柜，并指定专职人员承担麻醉药品的储运和供应工作。医疗单位药剂科室也应有专人负责、专柜加锁、专用处方、专册登记，而且处方要保存 3 年，以备检查。

四、麻醉药品的运输与进出口

（一）运输

麻醉药品在国内铁路、公路、航运、空运、邮寄运输时，凭盖有"麻醉药品专用章"的发票办理运输手续。

麻醉药品成批原箱调入时，应在外包装完整的前提下，及时点验入库。而且，在开箱验收时，必须两人以上同时在场。如发生原箱短少，由验收人员写出详细验收报告，经领导签字并加盖公章，附原装箱单向供货单位索赔。

在运输中发生丢失麻醉药品时，收货单位应向铁路等承运部门索要货运记录，并有权要求承运部门赔偿经济损失，同时应报告当地公安机关和卫生行政管理部门查处。对于经药检部门检定不能药用的麻醉药品残体，有关单位要妥善保管不得擅自处理和销毁。

在运输药用阿片（罂粟未成熟蒴果浆汁的干燥物）时，必须凭卫生部统一印制和签发的国内运输凭证办理运输手续，而且要派专人押运。运输从原植物的种植单位调给国家医药管理局仓库的药用阿片时，要由发货单位派人押运，而从仓库调往药品生产企业的应由收货单位派人押运。

在运输除药用阿片之外的麻醉药品和罂粟壳时，生产和供应单位应在运单货物名称栏内明确填写"麻醉药品"，并在发货人记事栏加盖"麻醉药品专用章"，否则不予运输。

在承运麻醉药品和罂粟壳时，运输单位必须加强管理，及时运输，以缩短在车站、码头、机场的存放时间。在通过铁路运输时，不得使用敞车，水路运输时不得配装仓面，公路运输时应当苫盖严密，捆扎牢固。

在运输过程中，如果发现有麻醉药品丢失，承运单位必须认真查找，并立即报告当地公安机关和卫生行政部门查处。

（二）进出口

由于麻醉药品不同于一般药品和商品，所以《麻醉药品管理办法》规定麻醉药品的进出口业务只能由对外经济贸易部指定的单位按照国家有关对外贸易的规定办理，其他部门一律不得办理麻醉药品的进出口业务。卫生部负责麻醉药品进出口年度计划的审批及进出口准许证的统一印制。

医疗、教学和科研单位因工作需要进口麻醉药品的，应报卫生部审查批准，在获得《麻醉药品进口准许证》后，方可申请办理进口手续。

出口麻醉药品，应向卫生部提出申请并交验进口国政府主管部门签发的进口准许证，经卫生部审查获得《麻醉药品出口准许证》后，方可办理出口手续。

五、麻醉药品的使用

为了避免麻醉药品的滥用，《麻醉药品管理办法》规定麻醉药品只限于医疗、教学和科研单位使用。

　　具备使用麻醉药品条件要求的医疗单位，可向当地卫生行政部门办理申请手续，经上一级卫生行政部门批准，核定供应级别后，发给"麻醉药品购用印鉴卡"，该单位应按照麻醉药品购用限量的规定，向指定的麻醉药品经营单位购用。

　　教学、科研单位需要麻醉药品的，由需用单位向当地卫生行政部门的上一级卫生行政部门提出申请，经批准后，向麻醉药品经营单位购用。

　　在临床诊治中，使用麻醉药品的医务人员必须具有医师以上专业技术职称并经考核能正确使用麻醉药品；进行计划生育手术的医务人员经考核能正确使用麻醉药品的，在进行手术期间有麻醉药品处方权。在临床使用中，麻醉药品每张处方注射剂一般不超过2天常用量，片剂、酊剂、糖浆剂等不超过3天常用量，连续使用不得超过7天。同时，医务人员不得为自己开处方使用麻醉药品。

　　经县以上医疗单位诊断确需使用麻醉药品止痛的危重病人，可由县以上卫生行政部门指定的医疗单位凭医疗诊断书和户籍簿核发《麻醉药品专用卡》，患者凭专用卡到指定医疗单位按规定开方配药。

六、法律责任

（一）行政责任

　　《麻醉药品管理办法》规定，对违反有关法律规定，有下列行为之一者，可由当地卫生行政部门没收全部麻醉药品和非法收入，并视其情节轻重给予非法所得的金额 5～10 倍的罚款，停业整顿，吊销《药品生产企业许可证》、《药品经营企业许可证》、《制剂许可证》的处罚：

　　（1）擅自生产麻醉药品或者改变生产计划、增加麻醉药品品种的；
　　（2）擅自经营麻醉药品和罂粟壳的；
　　（3）向未经批准的单位或者个人供应麻醉药品或者超限量供应的；
　　（4）擅自配制和出售麻醉药品制剂的；
　　（5）擅自安排麻醉药品新药临床，不经批准就投产的；

　　对于擅自种植罂粟的，或者非法吸食麻醉药品的，由公安机关依照治安管理处罚条例或者有关的规定给予处罚。

（二）刑事责任

　　《麻醉药品管理办法》第三十三条规定，制造、运输、贩卖麻醉药品和罂粟壳，构成犯罪的，由司法机关依法追究其刑事责任。《刑法》第三百五十五条规定，依法从事生产、运输、管理、使用国家管制的麻醉药品、精神药品的人员，违反国家规定，向吸食、注射毒品的人提供国家规定管理的能够使人形成瘾癖的麻醉药品、精神药品的，处3年以下有期徒刑或者拘役，并处罚金；情节严重的，处3年以上7年以下有期徒刑，并处罚金。向走私、贩卖毒品的犯罪分子或者以牟利为目的，向吸食、注射毒品的人提供国家规定管制的能够使人形成瘾癖的麻醉药品、精神药品的，依照刑法第三百四十七条关于走私、贩卖、运输、制造毒品的规定予以刑事处罚。单位犯前款罪的，对单位判处罚金，并对其直接负责的主管人员和其他直接责任人员，依照前款的规定处罚。

第二节　精神药品的管理

一、精神药品的定义及其分类

根据 1988 年国务院发布的《精神药品管理办法》第二条的规定，所谓精神药品是指直接作用于中枢神经系统，使之兴奋或抑制，连续使用能产生依赖性的药品。

依据精神药品使人体产生的依赖性和危害人体健康的程度，分为第一类精神药品和第二类精神药品。前者包括：布苯丙胺、卡西酮、二乙基色胺等共计 47 种；后者包括：异戊巴比妥、布他比妥、苯丙醇胺、环己巴比妥等共计 119 种（参见：卫药发 1996 第 3 号文《精神药品品种目录》）。

二、精神药品的生产与供应

（一）生产

为了加强对精神药品的生产管理，《精神药品管理办法》第四条规定，精神药品由国家指定的生产单位按计划生产，其他任何单位和个人不得从事精神药品的生产活动。从事精神药品的原料和第一类精神药品制剂的生产单位，应由卫生部会同国家医药管理局确定。各省、自治区、直辖市及计划单列市医药管理局（总公司）应报据本地区的医疗需要，在每年 10 月底前提出下一年度精神药品原料及其第一类制剂的需要量，经当地卫生厅（局）审核同意后报中国医药工业公司和卫生部药政管理局。中国医药工业公司负责汇总各地上报的精神药品需要量，并根据汇总量于当年年底前提出下一年度的精神药品原料及其第一类制剂的生产计划，经卫生部药政管理局和国家医药管理局计划司审核后，由卫生部、国家医药管理局联合下达。

从事第二类精神药品制剂的生产单位，应由省、自治区、直辖市卫生行政部门会同同级医药管理部门确定。其年度生产计划，由省、自治区、直辖市卫生厅（局）会同同级医药管理局（总公司）根据国家下达的原料计划共同研究商定后下达。

在精神药品的生产过程中，生产单位必须严格按照有关管理部门下达的年度计划生产，未经批准，不得擅自改变生产计划。

（二）供应

精神药品的供应必须严格按照国家的有关规定执行，精神药品的原料和第一类精神药品制剂，由卫生部会同国家医药管理局指定的经营单位统一调拨或者收购，其供应计划，由卫生部会同国家医药管理局，根据省、自治区、直辖市医药管理部门提出的计划，综合平衡后与生产计划一并下达；第二类精神药品制剂，由县以上卫生行政部门会同同级医药管理部门指定的经营单位经营，其供应计划，由省、自治区、直辖市卫生行政部门会同同级医药管理部门联合下达。精神药品的经营单位必须按计划供应，其他任何单位和个人均不得经营，精神药品原料和制剂的生产单位也不得自行销售。

由于第一类精神药品比第二类精神药品使人体产生的依赖性和危害性更大，所以《精神药品管理办法》规定，第一类精神药品只限供应县以上卫生行政部门指定的医疗单位使用，不得在医药门市部零售。第二类精神药品可供各医疗单位使用，医药门市部凭借盖有医疗单位公章的医生处方也可以零售该类药品。但是，处方应留存 2 年备查。

医疗单位在购买第一类精神药品时，需持由卫生部统一制定的、县以上卫生行政部门核发的《精神药品购用卡》，并在指定的经营单位购买；科研和教学机构因科研和教学需要的精神药品，需经县以上卫生行政部门批准后，由指定的医药经营单位供应。

三、精神药品的运输与进出口

（一）运输

在运输精神药品时，应当在托运或邮寄精神药品的货物运单上，写明该精神药品的具体名称，并在发货人记事栏内加盖"精神药品专用章"，凭此办理运输手续。

运输单位在承运精神药品时，必须加强管理，及时运输，缩短在车站、码头、机场存放时间。铁路运输不得使用敞车，水路运输不得配装仓面，公路运输应当苫盖严密，捆扎牢固。如在运输途中发现精神药品丢失，承运单位必须认真查找，并立即报告当地公安机关和卫生行政部门查处。

（二）进出口

精神药品的进出口业务由对外经济贸易部指定的单位按照国家有关对外贸易的规定办理，进出口单位应当将精神药品进出口的年度计划报卫生部审批。

因医疗、教学和科研工作需要进口精神药品的，应当报卫生部审查批准，发给由卫生部统一印制的《精神药品进口准许证》后，方可申请办理进口手续；出口精神药品时，应当向卫生部提出申请，并交验进口国政府主管部门签发的进口许可证，经卫生部审查批准，发给《精神药品出口准许证》后，方可办理出口手续。

四、精神药品的使用

为了确保精神药品的安全使用，精神药品的原料和制剂的生产单位必须建立严格的管理制度，设立原料和制剂的专用仓库，并指定专人管理；精神药品的经营单位和医疗单位应当建立精神药品收支账目，按季度盘点，做到账物相符，发现问题应当立即报告当地卫生行政部门，卫生行政部门应当及时查处。同时，医疗单位购买的精神药品只准在本单位使用，不得转售。

在临床实践中，医生应当根据医疗需要合理使用精神药品，严禁滥用。除特殊需要外，第一类精神药品的处方，每次不得超过 3 日常用量，第二类精神药品的处方每次不得超过 7 日常用量。同时，处方必须载明患者的姓名、年龄、性别、药品名称、剂量、用法等，并应当留存 2 年备查。精神药品的经营单位和医疗单位对精神药品的购买证明、处方不得涂改。

五、法律责任

（一）行政责任

1. 行政处罚

违反《精神药品管理办法》的规定，有下列行为之一的，由当地卫生行政部门没收全部精神药品和非法收入，并视情节轻重，给予非法所得金额 5～10 倍的罚款，停业整顿，吊销《药品生产企业许可证》、《药品经营企业许可证》、《制剂许可证》的处罚：

（1）擅自生产精神药品或者改变生产计划，增加精神药品品种的；

（2）擅自经营精神药品的；

（3）擅自配制和出售精神药品制剂的；

（4）将兽用精神药品供人使用的；

（5）未经批准擅自进口、出口精神药品的；

2. 行政处分

对利用职务上的便利，为他人开具不符合规定的处方，或者为自己开具处方，骗取、滥用精神药品的直接责任人员，由其所在单位给予行政处分。

（二）刑事责任

凡违反《精神药品管理办法》的规定，制造、运输、贩卖精神药品，构成犯罪的，按《刑法》第三百四十七、三百五十五条的规定，由司法机关依法追究其刑事责任。

第三节 医疗用毒性药品的管理

一、毒性药品的概念

按照 1988 年国务院发布的《医疗用毒性药品管理办法》第二条的规定，所谓医疗用毒性药品（以下简称毒性药品），系指毒性剧烈、治疗剂量与中毒剂量相近，使用不当会致人中毒或死亡的药品。

它包括两类：第一类，如砒石、水银；第二类，如生白附子、生附子、生马前子、生乌头、生川乌、生草乌、生天雄、斑蝥（包括青娘虫、葛上亭长、地胆）、红娘虫、生巴豆、生半夏、生甘遂、生南星、生狼毒、生藤黄、洋金花、闹洋花、生千金子、生天仙子、蟾酥、轻粉、红粉、红升丹、白降丹、雄黄、九分散、九虎丹、九转回生丹、回生散等。

二、毒性药品的生产

为了加强对毒性药品的管理,《医疗用毒性药品管理办法》规定:医疗用毒性药品的生产只能在医药管理部门指定的生产单位进行,其年度生产计划由省、自治区、直辖市医药管理部门根据医疗需要制定,并经省、自治区、直辖市卫生行政部门审核。生产单位不得擅自改变生产计划自行销售。

药品生产厂家必须由医药专业人员负责生产、配制和质量检验,并建立严格的管理制度。严防与其他药品混杂。每次配料,必须经二人以上复核无误,并详细记录每次生产所用原料和成品数。经手人要签字备查。所有工具、容器要处理干净,以防污染其他药品。标示量要准确无误,包装容器要有毒药标志。

生产毒性药品及其制剂,必须严格执行生产工艺操作规程,在本单位药品检验人员的监督下准确投料,并建立完整的生产记录,保存 5 年备查。凡加工、炮制毒性中药,必须按照《中华人民共和国药典》或者省、自治区、直辖市卫生行政部门制定的《炮制规范》的规定进行。药材符合药用要求的,方可供应、配方和用于成药生产。

三、毒性药品的供应与使用

国家对毒性药品实行按计划、限量供应。毒性药品的年度供应计划,由省、自治区、直辖市医药管理部门根据医疗需要制定,经省、自治区、直辖市卫生行政部门审核后,由医药管理部门下达给指定的供应单位,并抄报卫生部、国家医药管理局和国家中医药管理局。

各级医药管理部门指定的药品经营单位负责毒性药品的收购和经营;配方用药由国有药店、医疗单位负责。其他任何单位或者个人均不得从事毒性药品的收购、经营和配方业务。收购、经营、加工、使用毒性药品的单位必须建立健全保管、验收、领发、核对等制度,严防收假、发错,严禁与其他药品混杂,做到划定仓间或仓位,专柜加锁并由专人保管。毒性药品的包装容器上必须印有毒药标志。

医疗单位供应和调配毒性药品时,要凭借医生签名的正式处方进行。国有药店供应和调配毒性药品,应凭盖有医生所在的医疗单位公章的正式处方。同时,每次处方剂量不得超过 2 日剂量;科研和教学单位需用毒性药品时,必须持有本单位的证明信,经单位所在地县以上卫生行政部门批准后,供应部门方能发售。群众自配民间单、秘、验方需用毒性中药,购买时要持有本单位或者城市街道办事处、乡(镇)人民政府的证明信,供应部门方可发售。每次购用量不得超过 2 日极量。

四、法律责任

对违反《医疗用毒性药品管理办法》的规定,擅自生产、收购、经营毒性药品的单位或者个人,由县以上卫生行政部门没收其全部毒性药品,并处以警告或按非法所得的 5 ~ 10 倍罚款。情节严重、致人伤残或死亡,构成犯罪的,由司法机关依法追究其刑事责任。

第四节 放射性药品的管理

一、放射性药品的概念

按照 1989 年国务院发布的《放射性药品管理办法》之规定，所谓放射性药品是指用于临床诊断或者治疗的放射性核素制剂或者其标记物。

为了加强对放射性药品的管理，《放射性药品管理办法》规定：卫生部主管全国放射性药品的监督管理工作，能源部主管放射性药品生产、经营管理工作。

二、放射性新药的研制、临床研究和审批

放射性新药是指我国首次生产的放射性药品，放射性新药的研制内容，包括工艺路线、质量标准、临床前药理及临床研究。研制单位在制定新药工艺路线的同时，必须研究该药的理化性能、纯度（包括放射性核素纯度）及检验方法、药理、毒理、动物药代动力学、放射性比活度、剂量、剂型、稳定性等。药品研制单位的放射性新药年度研制计划，应当报送能源部备案，并报所在地的省、自治区、直辖市卫生行政部门，经卫生行政部门汇总后，报卫生部备案。

研制单位研制的放射性新药，在进行临床试验或者验证前，应当向卫生部提出申请，按新药审批办法的规定报送资料及样品，经卫生部审批同意后，在卫生部指定的医院进行临床研究。研制单位在放射性新药临床研究结束后，应向卫生部提出申请，经卫生部审核批准，发给新药证书。

放射性新药投入生产，需由生产单位或者取得放射性药品生产许可证的研制单位，凭新药证书（副本）向卫生部提出生产该药的申请，并提供样品，由卫生部审核发给批准文号。

三、放射性药品的生产、经营和进出口

（一）生产和经营

为了加强对放射性药品的管理，国家根据需要，对放射性药品实行合理布局，定点生产。申请开办放射性药品生产、经营的企业，必须具备《药品管理法》所规定的开办条件，符合国家的放射卫生防护基本标准，并履行环境影响报告的审批手续，经能源部审查同意，卫生部审核批准后，由所在省、自治区、直辖市卫生行政部门发给《放射性药品生产企业许可证》、《放射性药品经营企业许可证》之后，方可按照有关规定办理筹建手续。无许可证的生产、经营企业，一律不准生产、销售放射性药品。《放射性药品生产企业许可证》、《放射性药品经营企业许可证》的有效期为 5 年，期满前 6 个月，放射性药品生

产、经营企业应当分别向原发证的卫生行政部门重新按照有关程序提出申请，在被批准后换发新证。

放射性药品生产、经营企业，必须向能源部报送年度生产、经营计划，并抄报卫生部。生产已有国家标准的放射性药品，必须经卫生部征求能源部意见后审核批准，并发给批准文号。凡是改变卫生部已批准的生产工艺路线和药品标准的，生产单位必须按原报批程序经卫生部批准后方能生产。

放射性药品生产、经营企业，必须配备与生产、经营放射性药品相适应的专业技术人员，具有安全防护和废气、废物、废水处理等设施，并建立严格的质量管理制度和质量检验机构，严格实行生产全过程的质量控制和检验。

放射性药品的生产、供销业务由能源部统一管理。放射性药品的生产、经营单位凭省、自治区、直辖市卫生行政部门发给的《放射性药品生产企业许可证》、《放射性药品经营企业许可证》，医疗单位凭省、自治区、直辖市公安、环保和卫生行政部门联合发给的《放射性药品使用许可证》，申请办理订货。

（二）进出口

放射性药品的进出口业务，由对外经济贸易部指定的单位，按照国家有关对外贸易的规定办理。进出口放射性药品，应当报卫生部审批同意后，方可办理进出口手续。进口放射性药品，必须经中国药品生物制品检定所检验合格的，方准进口。而且，进口的放射性药品品种，必须符合我国的药品标准或者其他药用要求。对于经审核批准的短半衰期放射性核素的药品，在保证安全使用的情况下，可以采取边进口检验，边投入使用的办法。进口检验单位发现药品质量不符合要求时，应当立即通知使用单位停止使用，并报告卫生部和能源部。

四、放射性药品的包装、运输

放射性药品的包装必须安全实用，符合放射性药品质量要求，具有与放射性剂量相适应的防护装置。包装必须分内包装和外包装两部分，外包装必须贴有商标、标签、说明书和放射性药品标志，内包装必须贴有标签。而且，标签必须注明药品品名、放射性比活度、装量。除此之外，还必须在说明书上注明生产单位、批准文号、批号、主要成分、出厂日期、放射性核素半衰期、适应证、用法、用量、禁忌证、有效期和注意事项等。

放射性药品的运输要符合国家运输、邮政等部门制定的有关规定，严禁任何单位和个人随身携带放射性药品乘坐公共交通运输工具。

五、放射性药品的使用

医疗单位使用放射性药品，必须符合国家放射性核素卫生防护管理的有关规定，持有《放射性药品使用许可证》，无许可证的医疗单位不得临床使用放射性药品。设置核医学科、室（同位素室）的医疗单位，必须配备与其医疗任务相适应的并经核医学技术培训的技术人员。非核医学专业技术人员未经培训，不得从事放射性药品使用工作。

《放射性药品使用许可证》有效期为5年，期满前6个月，医疗单位应当向原发证的行政部门重新提出申请，经审核批准后，换发新证。持有《放射性药品使用许可证》的医疗单位，在研究配制放射性制剂并进行临床验证前，应当根据放射性药品的特点，提出该制剂的药理、毒性等资料，由省、自治区、直辖市卫生行政部门批准，并报卫生部备案。该制剂只限本单位内使用。同时，医疗单位必须负责对使用的放射性药品进行临床质量检验，收集药品不良反应等项工作，并定期向所在地卫生行政部门报告，由省、自治区、直辖市卫生行政部门汇总后报卫生部。此外，医疗单位还必须对放射性药品使用后的废物（包括患者排出物），按国家有关规定妥善处置。

【练一练】

选择题

1. 麻醉药品连续使用后易产生隐癖以及（　　）

A. 精神依赖性　　　　　　　　　B. 身体依赖性

C. 兴奋性　　　　　　　　　　　D. 抑制性

2. 第二类精神药品的处方留存几年备查（　　）

A.1年　　　　　　　　　　　　B.2年

C.3年　　　　　　　　　　　　D.5年

3. 毒性药品的生产记录留存几年备查（　　）

A.1年　　　　　　　　　　　　B.2年

C.3年　　　　　　　　　　　　D.5年

4. 《放射性药品生产企业许可证》的有效期为几年（　　）

A.1年　　　　　　　　　　　　B.2年

C.3年　　　　　　　　　　　　D.5年

第十二章　中医药法律制度

【目标解读】
1. 了解中医药法制建设历程和中医药发展思路
2. 理解中医医疗机构、人员及中西结合医的法制化管理
3. 理解有关中药的生产、经营、中药品种保护的相关法规
4. 了解中医药教育和科研管理的法律规定
5. 理解民族医药的法律规定

第一节　概述

中医药是在中国古代哲学的影响和指导下，在长期的医疗实践中逐步形成的独特的医药理论体系及以自然药物为主的诊疗实践。中医药除了汉族医药外，还包括少数民族的传统医药。中医药是我国各民族人民几千年来同疾病作斗争的智慧结晶，为中华民族的繁衍昌盛做出了巨大贡献，并产生了广泛的国际影响。由于中医药独特的理论体系和实践方法，所以不能简单地沿用西医药的管理制度。中医药管理的法律制度应当突出中医药的特点和活动规律，以保障中医药事业的健康发展。

中医药法是调整继承、发展中医药学，保障和促进中医药事业的发展，保护人体健康活动中产生的各种社会关系的法律规范的总称。

一、中医药法制建设历程

新中国成立后，党和政府对中医药事业极为关怀，制定了一系列方针政策，促使中医药事业不断发展。1982年，我国宪法明确规定，发展现代医药和我国传统医药。1997年，中共中央、国务院《关于卫生改革与发展的决定》充分肯定了中医药的重要地位和作用，进一步明确了中西医并重的方针，把中医药确定为卫生事业发展的重点领域，为中医药事业的快速健康发展指明了方向。国家中医药管理局先后制定了《中医事业"八五"计划及十年规划设想》、《中医药事业"九五"计划和2010年规划设想》。有10多个省、自治区、直辖市颁布了中医条例等地方性法规。2002年10月，国务院办公厅转发了科技部、卫生部等8部委联合发布的《中药现代化发展纲要（2002～2010年）》。2003年11月，国家中医药管理局发布了《关于进一步加强中西医结合工作的指导意见》。2003年4月7日，国务院颁布了《中华人民共和国中医药条例》，并于2003年10月1日起施行。这是新中国

成立以来，第一部对中医药进行管理和规范的行政法规。凡是在中华人民共和国境内从事中医医疗、预防、保健、康复服务和中医药教育、科研、对外交流以及中医药事业管理活动的单位或者个人，都应当遵守《中医药条例》。

二、中医药工作的发展思路

《中医药条例》规定，国家保护、扶持、发展中医药事业，实行中西医并重的方针，鼓励中西医相互学习、相互补充、共同提高，推动中医、西医两种医学体系的有机结合，全面发展我国中医药事业。发展中医药事业应当遵循继承与创新相结合的原则，保持和发扬中医药特色和优势，积极利用现代科学技术，促进中医药理论和实践的发展，推进中医药现代化。同时要落实以下保障措施：①县级以上地方人民政府在制定区域卫生规划时，应当根据本地区社会、经济发展状况和居民医疗需求，统筹安排中医医疗机构的设置和布局，完善城乡中医服务网络。②县级以上各级人民政府应当将中医药事业纳入国民经济和社会发展计划，使中医药事业与经济、社会协调发展。③加强对中医药文献的收集、整理、研究和保护工作。④与中医药有关的评审或者鉴定活动，应当体现中医药特色，遵循中医药自身的发展规律。⑤奖励在继承和发展中医药事业中作出显著贡献的单位和个人。

第二节　中医管理法规

一、中医医疗机构

中医医疗机构是指依法取得医疗机构执业许可证的中医、中西医结合的医院、门诊部和诊所。开办中医医疗机构，应当符合国务院卫生行政部门制定的中医医疗机构设置标准和当地区域卫生规划，并按照《医疗机构管理条例》的规定办理审批手续，取得医疗机构执业许可证后，方可从事中医医疗活动。中医医疗机构从事医疗服务活动，应当充分发挥中医药特色和优势，遵循中医药自身发展规律，运用传统理论和方法，结合现代科学技术手段，发挥中医药在防治疾病、保健、康复中的作用，为群众提供价格合理、质量优良的中医药服务。依法设立的社区卫生服务中心（站）、乡镇卫生院等城乡基层卫生服务机构，应当能够提供中医医疗服务。

（一）中医医院管理

我国非常重视中医医院管理的法律规范工作，先后出台了一系列相应的法律规范，如《中医药条例》、《全国中医医院工作条例（试行）》、《中医医疗机构管理条例（试行）》、《中医病症诊断疗效标准》、《全国示范中医医院建设验收标准》等法规规章，对中医医院的管理作了明确的规定。

中医医院要办成以中医中药为主，体现中医特点的医疗单位。医疗工作必须以四诊八纲、理法方药、辨证论治为指导，在诊断、治疗、急救、护理、营养、病房管理等一系列问题上，都必须本着"能中不西"的原则，充分发挥中医特长；同时积极利用先进的科学技术和现代化手段，促进中医事业的发展。

中医医院要重视职工在职教育和进修培训，积极承担临床教学任务，加强中医文献资料整理、名老中医经验总结和临床科研工作，大力开展技术引进和学术交流活动，提高学术水平，增强中医药人员的技术素质。中医医院的业务科室设置和病床分配比例，可根据中医专科特色和各自的规模、任务、特长及技术发展情况确定。根据《全国中医医院组织机构及人员编制标准（试行）》的规定，中医医院人员编制按病床与工作人员 1:1.3 ~ 1:1.7 计算。病床数与门诊量的比例按 1:3 计算，每增减 100 门诊人次，可增减 6 ~ 8 人，或比同级西医综合医院的编制高 15% ~ 18%。医生和药剂人员要高于西医综合医院的比例。在医生和药剂人员中，中医、中药人员要占绝大多数。

根据《中药调剂室工作制度（试行）》和《中药库管理制度（试行）》的规定，中医医院应当做到：①中药加工炮制、贮藏保管、调剂煎熬配方必须遵守操作规程和规章制度，保证药品质量；②在坚持使用中药为主的前提下，应以饮片为主，中成药为辅；③重治轻补，严格中成药购销；④创造条件，开展中药剂型改革。

（二）中医专科管理

综合医院的中医专科和专科医院的中医科是中医医疗体系中一个重要的组成部分。卫生部在《关于加强综合医院、专科医院中医专科工作的意见》及《关于加强中医专科建设的通知》中指出，中医科的地位和作用，在医院内与其他各科同样重要。中医科在诊断、治疗、护理、病历书写、病房管理等各个环节，要保持和发扬中医特色。中医病床，一般应占医院病床总数的 5% ~ 10%。针灸、推拿、骨伤、皮肤、痔瘘、耳鼻喉、眼科、气功等中医专科都具有简、便、验、廉的特点，要认真总结专科老中医的经验和技术特长，通过传、帮、带，培养和造就一批中医专科人才，促进中医专科技术水平的不断提高。

（三）中医医疗广告管理

《中医药条例》规定，发布中医医疗广告，医疗机构应当按照规定向所在地省、自治区、直辖市人民政府负责中医药管理的部门申请并报送有关材料，对符合规定要求的，发给中医医疗广告批准文号。未取得中医医疗广告批准文号的，不得发布中医医疗广告。发布的中医医疗广告，其内容应当与审查批准发布的内容一致。

二、中医从业人员

中医从业人员应当依照有关卫生管理的法律、行政法规、部门规章的规定通过资格考试，并经注册取得执业证书后，方可从事中医服务活动。以师承方式学习中医学的人员以及确有专长的人员，应当按照国务院卫生行政部门的规定，通过执业医师或者执业助理医师资格考核考试，并经注册取得医师执业证书后，方可从事中医医疗活动。中医从业人员应当遵守相应的中医诊断治疗原则、医疗技术标准和技术操作规范。

三、中西结合医

新中国成立以来，党和政府非常重视中西医结合工作，卫生部、国家中医药管理局先后发布了《关于组织西医离职学习中医班总结报告》、《关于中西医结合医院工作的暂行规定》。中共中央、国务院《关于卫生改革与发展的决定》明确提出，中西医要加强团结，互相学习，取长补短，共同提高，促进中西医结合。《中医药条例》进一步规定，推动中医、西医两种医学体系的有机结合，全面发展我国中医药事业。2003 年 11 月，国家中医药管理局发布了《关于进一步加强中西医结合工作的指导意见》。

（一）定义

中西结合医是指从我国卫生事业和具体情况出发，根据我国人民群众防病治病的需要，由学贯中西医的医务人员，取中西两医二法之长，以达到更好的防病治病效果的一种与中、西医并立的医疗技术方法。

（二）中西医结合工作的指导思想

认真贯彻党的中西医结合方针政策，积极利用现代科学技术，充分吸收中医、西医两种医学特长，发掘、整理、研究、阐释中医药学的经验真知和理论精华，以提高临床疗效和学术水平为核心，以基地建设为基础，以人才培养为重点，以研究中西医结合点为主线，积极探索，开拓创新，促进中西医结合不断发展，更好地为人类健康服务。

（三）中西医结合工作的主要任务

积极吸收和利用中医药及现代医学的理论、技术和方法，通过多学科的交叉、渗透与融合，深入探索中西医的结合点；广泛开展中西医结合临床研究，特别是针对目前严重危害人类健康的重大疾病和疑难疾病，提出中西医结合防治的新理论、新方案和新方法；加强中西医结合基础研究，揭示中西医结合防病治病原理，促进中西医结合学术创新；培养和造就一支适应社会和学科发展需要高素质的中西医结合人才队伍；建设一批特色突出、优势显著、设施配套、功能齐全、管理科学的中西医结合医疗、科研基地；完善中西医结合技术标准规范，整体提高中西医结合学术水平和防病治病能力。

（四）中西医结合医疗机构及科研机构建设

中西医结合医疗机构、科室要以系统掌握中医、西医两种医学知识与技能的中西医结合人员为主体，设置及装备条件要逐步达到国家规定的要求。有条件的中西医结合医院应设立研究机构，加强临床研究。按照"系统学习，全面掌握，整理提高"的原则，因地制宜，采取多种形式，有计划、有组织地开展西医学习中医的系统培训工作。加强中西医结合标准化、规范化、信息化建设，扩大对外交流与合作。

四、医疗气功管理

医疗气功是几千年来我国人民在与大自然和疾病斗争过程中，运用意识作用，对自己身心进行锻炼及自我调节的一种经验总结，是一种独特、有效的祛病健身方法，也是祖国医学理论体系中的重要组成部分。

1989 年国家中医药管理局制定了《关于加强医疗气功管理的若干规定（试行）》，2000 年卫生部发布了《医疗气功管理暂行规定》，2003 年卫生部发布了《医疗气功知识与技能考试暂行办法》等。这些法规的颁布对于维护医疗气功活动的正常秩序，保障医疗气功行为有法可依，惩治借气功诈骗钱财、宣传封建迷信等危害社会的违法犯罪活动，纯洁医疗气功队伍，保证气功科学健康发展起到了重要作用。

（一）医疗气功机构和人员

开展医疗气功活动必须在医疗机构内进行，医疗机构申请开展医疗气功活动，应向其登记执业的卫生行政部门或中医药行政管理机构提出申请，经初审同意后，报设区的市级以上地方人民政府中医药行政管理机构审批。对审核合格的，签发同意意见。同意申请的医疗机构，应向其登记执业的卫生行政部门或中医药行政医药管理机构申办诊疗科目登记或者变更登记手续。否则，不得开展医疗气功活动。

从事医疗气功活动的人员，应具有中医执业医师或中医执业助理医师资格，取得《医师执业证书》，经医疗气功知识与技能考试成绩合格，取得《医疗气功技能合格证书》后方能从事医疗气功业务活动。经批准开展医疗气功的医疗机构不得使用非医疗气功人员开展医疗气功活动，医疗气功人员应当按照其医师执业注册的执业地点开展医疗气功活动。

（二）医疗气功监督管理

医疗气功由中医药行政部门负责监督管理。国家中医药管理局是负责医疗气功的政府主管部门。县级以上地方人民政府中医药行政管理机构负责本辖区内医疗气功的监督管理。

第三节　中药管理

中药是指在中医理论指导下，运用独特的传统方法进行加工炮制并用于疾病的预防、诊断和治疗，有明确适应证和用法、用量的植物、动物和矿物质及其天然加工品等。

一、中药发展的指导思想

《中医药条例》规定，国家保护野生中药材资源，扶持濒危动植物中药材人工代用品的研究和开发利用。县级以上地方人民政府应当加强中药材的合理开发和利用，鼓励建立中药材种植、培育基地，促进短缺中药材的开发、生产。2002 年 10 月国务院办公厅转发了科技部、卫生部、国家中医药管理局等 8 部委制定的《中药现代化发展纲要（2002～2010 年）》，这是我国第一部中药现代化发展的纲领性文件，明确了今后近 10 年中药现代化发展的指导思想、基本原则、战略目标和重点任务。

《中药现代化发展纲要》指出，中药现代化发展必须坚持继承和创新相结合，资源可持续利用和产业可持续发展，政府引导、企业为主、共同推进，总体布局与区域发展相结合，与中医现代化协同发展的基本原则。

中药现代化发展必须落实下列措施：①加强中药现代化发展的整体规划，建立高效、协调的管理机制；②建立多渠道的中药现代化投入体系；③加大对中药产业的政策支持；④加强对中药资源知识产权保护管理的力度；⑤加速中药现代化人才培养；⑥进一步扩大中药的国际交流与合作。

二、中药的生产

扩大中药生产，提高中药质量是发展中医事业的重要条件。家种药材要在调整中提高，着重抓好基地建设，有计划地组织生产，培养优良品种，积极防治病虫害，保证中药材质量。野生药材资源既要合理利用，又要重视保护，有的可以建立保护区，有计划地轮封轮采，实行采种结合，扩大资源。

重点发展中成药生产，注意提高质量，增加品种，改革剂型，改进包装，确保国内常见病、多发病、地方病、老年病和疫情急救以及妇幼保健的需要。中药剂型研制工作，必须遵循中药性味归经、君臣佐使等理论，克服脱离中医药理论体系、套用西药模式研制中药制剂的倾向，对传统剂型的继承和新剂型的研制必须同时并重。要以提高临床疗效为目标，以安全可靠为前提，以满足治疗急危重症需要为重点。逐步完善质量控制标准和检测手段，严格把关，保证质量，力求加工生产简、便、验、廉的剂型，便民利民，减轻群众经济负担。

三、中药的经营

1983 年国务院批转国家医药管理局《关于中药工作问题的报告》中规定，中药材经营由药材公司统一计划、统一管理、统一经营，除药材公司委托供销社代购外，其他部门和个人均不得插手经营。近年来，经营的渠道虽有所放宽，但管理的严格程度较之过去还有提高。为了保证配方需要，必须继续贯彻先治疗后滋补，先饮片后成药的原则。中药出口贯彻先国内后国外，出口服从内销的原则，实行出口许可证制度。卫生部、国家中医药管理局先后制定颁布了《中药商业质量管理规范》、《核发中药经营企业合格证验收准则（试行）》。

四、中药品种保护

《药品管理法》规定，国家实行中药品种保护制度。为促进我国中医药事业的发展，鼓励研究开发中药新品种，国务院颁布的《中药品种保护条例》规定，国家鼓励研制开发临床有效的中药品种（包括中成药、天然药物的提取物及其制剂和中药人工制成品，但不包括依照专利法的规定办理申请专利的中药品种），对质量稳定、疗效确切的中药品种实行分级保护制度。对特定疾病有特殊疗效的，相当于国家一级保护野生药材物种的人工制成品，用于预防和治疗特殊疾病的中药品种，经批准可分别获得保护期为 30 年、20 年、10 年的中药一级保护品种。对特定疾病有显著疗效的，从天然药物中提取的有效物质及特殊制剂，已解除一级保护的中药品种，经批准可获得保护期为 7 年的中药二级保护品种。符合中药品种保护管理要求的中药品种，经国务院主管部门批准给予保护后，在其分级保护管理的有效期内，只能由获得《中药品种保护证书》的企业生产。未获得保护证书的企业，一律不得生产该中药品种。

第四节　中医药教学、科研的法律规定

一、中医药教育

我国不仅有以高、中等中医药院校教育为主的普通专业教育，还开展了师承教育、住院医师规范化培养、各种类型中医药专门人才培养等多种形式的继续教育、岗位培训、高等函授、自学考试教育，以及以技能培养为主的中医药职业教育。全国现有独立设置的高等中医药院校 23 所、民族医药院校 3 所、中医药职业技术学院（专科）3 所、中等中医药学校 48 所。50 多所高等医学院校开办了中医药专业。

国家采取措施发展中医药教育事业。根据社会需求和中医药事业发展的需要，逐步形成规模适度、专业结构合理的中医药教育体系。国家鼓励开展中医药专家学术经验和技术专长继承工作，培养高层次的中医临床人才和中药技术人才。

我国正在努力建立和健全中医药人员继续教育制度。国家成立中医药继续教育委员会。省、自治区、直辖市人民政府负责中医药管理的部门应当依据国家有关规定，完善本地区中医药人员继续教育制度，制定中医药人员培训规划。县级以上地方人民政府负责中医药管理的部门，应当按照中医药人员培训规划的要求，对城乡基层卫生服务人员进行中医药基本知识和基本技能的培训。医疗机构应当为中医药技术人员接受继续教育创造条件。

二、中医药科研

随着社会、经济的发展，中医药科研初步形成了以市场和社会需求为导向、多学科参与中医药科学研究的新局面。我国现有独立的中医药科研机构 89 所，专门从事中医药研究的科技人员达数万人。《中医药条例》规定，国家发展中医药科学技术，将其纳入科学技术发展规划，加强重点中医药科研机构建设。县级以上地方人民政府应当充分利用中医药资源，重视中医药科学研究和技术开发，采取措施开发、推广、应用中医药技术成果，促进中医药科学技术发展。

中医药科学研究应当注重运用传统方法和现代方法开展中医药基础理论研究和临床研究，运用中医药理论和现代科学技术开展对常见病、多发病和疑难病的防治研究。中医药科研机构、高等院校、医疗机构应当加强中医药科研的协作攻关和中医药科技成果的推广应用，培养中医药学科带头人和中青年技术骨干。捐献对中医药科学技术发展有重大意义的中医诊疗方法和中医药文献、秘方、验方的，参照《国家科学技术奖励条例》的规定给予奖励。

三、中医药对外交流与合作

目前，我国已与世界上大多数国家和港澳台地区的民间或官方建立了传统医药领域的合作关系，并与40多个国家和地区开展了政府间的中医药交流与合作；中医药已出口到130多个国家和地区；加强了与有关国际组织特别是世界卫生组织的联系与合作，先后建立了7个传统医药合作中心。《中医药条例》规定，重大中医药科研成果的推广、转让、对外交流，中外合作研究中医药技术，应当经省级以上人民政府负责中医药管理的部门批准，防止重大中医药资源流失，并遵守有关保守国家秘密的法律、行政法规和部门规章的规定。

第五节　民族医药的法律规定

一、民族医药是祖国传统医学的重要组成部分

民族医药是中华民族优秀文化的瑰宝之一，也是我国传统医药的重要组成部分。建国以来，民族医药事业得到了较大的发展。目前，全国有民族医医院130多所，民族医药技术人员1万余人，还有藏族医学、蒙古族医学、维吾尔族医学3所高等民族医药院校和一些中等民族医药专科学校。西藏、云南等地相继建立了一批民族医药科研机构。为了促进民族医药事业的发展，1997年11月在北京成立了中国民族医药学会。

（一）藏族医学

藏族医学已有1200多年文字记载的历史，其理论体系主要是"三元素"学说（风、胆、痰）。公元8世纪末的《四部医典》是藏医学的经典著作。目前，我国的藏医主要分布在西藏以及青海、四川、甘肃、云南等地。

（二）蒙古族医学

蒙古族医学以藏医《四部医典》为基础，结合自己的民族文化和医疗实践，产生了《蒙医正典》等古典医学巨著，形成了具有自己特点的以"三邪"学说（赫衣、希拉、巴达干）为主要理论体系的蒙医理论。目前蒙医主要分布在内蒙古、辽宁、吉林、黑龙江、青海、新疆等地。

（三）维吾尔族医学

维吾尔族医学具有悠久的历史，并且早就与内地的中医有广泛的交流，形成了包括四元素（土、水、火、风）、四津（血津、痰津、胆津、黑胆津）及五行（金、木、水、火、土）等内容的理论体系。目前维医主要分布在乌鲁木齐、喀什、和田、吐鲁番等地。

（四）傣族医学

傣族医学已有 1000 多年的历史，在古老的贝叶经上，就有用傣文刻写的医药、方剂、制剂等内容。目前傣医主要分布在云南西双版纳傣族自治州和德宏傣族、景颇族自治州等地。

此外，苗族、彝族、壮族、朝鲜族、回族等少数民族也积累了不少医药经验。这些传统医药为本民族人民的身体健康和繁衍昌盛作出了重要贡献，也为中华民族传统医药宝库增添了光彩。

二、民族医药的法律地位

我国宪法明确规定，国家发展医疗卫生事业，发展现代医药和我国传统医药。中共中央、国务院《关于卫生改革与发展的决定》明确指出，各民族医药是中华民族传统医药的组成部分，要努力发掘、整理、总结和提高，充分发挥其保护各族人民健康的作用。《中医药条例》规定，民族医药与中医药的法律地位一样，民族医药的管理参照《中医药条例》执行。

三、继承和发扬民族医药学

1984 年和 1995 年，国家民委、卫生部、国家中医药管理局先后两次召开了全国民族医药工作会议。第二次全国民族医药工作会议决定实施"316"工程，即在全国选择 30 个民族医的医教科研机构进行重点建设，培养 100 名民族医药的学科带头人，加强 60 个民族药产供销网点的建设。1997 年，国家中医药管理局和国家民委联合下发了《关于进一步加强民族医药工作的意见》。2001 年，国家中医药管理局坚持"发掘、整理、总结、提高"的方针和分类指导的原则，以人才培养为重点，科技进步为依靠，开始启动、组织实施全国民族医重点专科（专病）建设项目。

（一）加强领导

提高对民族医药工作的认识，各级卫生部门和民族工作部门要作长远规划和近期安排，制定具体措施，指定专门机构或设专人负责办理日常工作。

（二）提供必要的物质条件

优先解决抢救民族医药学遗产所需的经费和给名老民族医药人员配备助手；吸收具有真才实学的民族医药人员到全民或集体医疗卫生单位工作或允许个人开业；对民族药材的

收购、供应实行照顾政策。

（三）加强民族医药机构和人员建设

努力培养一支有较高水平的民族医药队伍。少数民族聚居地区，有条件的要建立民族医医院、民族医门诊部或综合医院内设民族医科；办好若干所民族医医学院、民族医专科学校或民族医班，培养民族医药人员，加强对在职民族医药人员的培训工作；有条件的民族医药机构，都要开展民族医药的科学研究。

（四）加强民族医药的发掘、整理和提高工作

采取措施整理名老民族医药人员的宝贵经验，鼓励热爱民族医药事业的中西医药人员学习和研究民族医药学。

（五）搞好民族药材的产、供、销的管理工作

要充分发挥民族地区药材资源丰富的优势，组织好民族药材的生产、供应、使用和药品质量管理工作，设立民族药的收购供应机构，对名贵药要有计划地培育种植，保护药源。

第六节　法律责任

一、行政责任

1. 负责中医药管理部门的工作人员在中医药管理工作中违反《中医药条例》的规定，利用职务上的便利收受他人财物或者获取其他利益，滥用职权，玩忽职守，或者发现违法行为不予查处，造成严重后果，尚不够刑事处罚的，依法给予降级或者撤职的行政处分。

2. 中医医疗机构违反《中医药条例》的规定，有下列情形之一者，由县级以上地方人民政府负责中医药管理的部门责令限期改正；逾期不改正的，责令停业整顿，直至由原审批机关吊销其医疗机构执业许可证，取消其城镇职工基本医疗保险定点医疗机构资格，并对负有责任的主管人员和其他直接责任人员依法给予纪律处分：①不符合中医医疗机构设置标准的；②获得城镇职工基本医疗保险定点医疗机构资格，未按照规定向参保人员提供基本医疗服务的。

3. 未经批准擅自开办中医医疗机构或者未按照规定通过执业医师或者执业助理医师资格考试取得执业许可，从事中医医疗活动的，依照《执业医师法》和《医疗机构管理条例》的有关规定给予处罚。

4. 中医药教育机构违反《中医药条例》的规定，有下列情形之一者，由县级以上地方人民政府负责中医药管理的部门责令限期改正；逾期不改正的，由原审批机关予以撤销：①不符合规定的设置标准的；②没有建立符合规定标准的临床教学基地的。

5. 违反规定，造成重大中医药资源流失和国家科学技术秘密泄露，情节严重，尚不

够刑事处罚的，由县级以上地方人民政府负责中医药管理的部门责令改正，对负有责任的主管人员和其他直接责任人员依法给予纪律处分。

6. 违反规定，损毁或者破坏中医药文献的，由县级以上地方人民政府负责中医药管理的部门责令改正，对负有责任的主管人员和其他直接责任人员依法给予纪律处分。

7. 篡改经批准的中医医疗广告内容的，由原审批部门撤销广告批准文号，1 年内不受理该中医医疗机构的广告审批申请。负责中医药管理的部门撤销中医医疗广告批准文号后，应当自作出行政处理决定之日起 5 个工作日内通知广告监督管理机关。广告监督管理机关应当自收到负责中医药管理的部门通知之日起 15 个工作日内，依照《广告法》的有关规定查处。

二、刑事责任

负责中医药管理部门的工作人员在中医药管理工作中违反《中医药条例》的规定，利用职务上的便利收受他人财物或者获取其他利益，滥用职权，玩忽职守，或者发现违法行为不予查处，造成严重后果，构成犯罪的，依法追究刑事责任。

违反规定，造成重大中医药资源流失和国家科学技术秘密泄露，损毁或者破坏属于国家保护文物的中医药文献，情节严重，构成犯罪的，依法追究刑事责任。

【练一练】

简答题

1. 简述中药现代化的措施。

2. 简述中医从业人员的相关要求。

第十三章　食品卫生法律制度

【目标解读】

1. 掌握食品卫生的各项规定
2. 理解食品卫生的相关许可、审批制度
3. 了解食品卫生监督、管理的相关法律规定
4. 了解违反《食品卫生法》的法律责任

《食品卫生法》是调整保证食品卫生，防止食品污染和有害因素对人体的危害，保障人体健康活动中所产生的各种社会关系的法律规范的总和。

《食品卫生法》的制定是为了保证食品卫生，防止食品污染和有害因素对人体的危害，保障人民身体健康，增进人民体质。《食品卫生法》把食品卫生工作纳入法治管理的轨道，以国家的强制力来防止食品污染和食物中毒，保障人民的食用安全。

近年来，国际食品安全事件不断发生，引起消费者极大不安，世界各国纷纷采取包括立法、行政、司法等各种措施，确保食品安全监管体制的有效性，维护消费者的健康利益。食品安全已经成为各国国家安全的重要组成部分。1997 年，美国公布了《总统食品安全计划》，组成了由多个政府部门参加的总统食品安全委员会，随着其反恐战略的实施，其控制食品安全的力度不断加强。2000 年，欧盟发布了《食品安全白皮书》，重新构筑了一个新的食品安全监管框架，内容覆盖了牲畜饲料监管、消费者健康保护、生产者和供应商保证食品安全的职责等，并在欧盟成员国建立食品安全网络与预警系统。2001 年 1 月 28 日，第 53 届世界卫生大会通过了《食品安全决议》，将食品安全列为公共卫生的优先领域，要求成员国制定相应的行动计划，最大限度地减少食源性疾病对公众健康的威胁。

第一节　食品卫生的法律规定

一、食品卫生规定

《食品卫生法》规定，食品应当无毒、无害，符合应当有的营养要求，具有相应的色、香、味等感官性状。

（1）无毒、无害　这是指不造成食用者的急性或慢性危害，或食物中虽含有微量有毒

有害物质，但符合食品、食品添加剂、食品用产品的卫生标准和要求，在正常食用或使用情况下不致危害人体健康。

（2）营养要求　不仅指食品应当包括一定的营养成分，如蛋白质、脂肪、糖类、维生素、矿物质和其他可供代谢的物质，还包括该食品应具有的相应的消化吸收率和维持人体正常生理功能的作用。

（3）感官性状　既包括食品本身固有的感官性状和色、香、味，也包括食品经过一定的加工后，其原有的感官性状虽有所改变，但也应符合各自独特的色、香、味和其他感官性状。

《食品卫生法》还规定，专供婴幼儿的主、辅食品，必须符合国务院卫生行政部门制定的营养、卫生标准。

二、食品卫生标准

食品卫生标准是指国家对食品卫生质量及其检验方法所作的技术规定。它包括：①食品卫生质量标准，即对各类食品中所含成分规定一个上限和下限或禁止的量度；②相应的食品卫生管理办法和检验规程，即对各类食品企业和有关单位规定的行为规范。

根据《食品卫生法》规定，我国实行国家和地方两级食品卫生标准。

1. 国家食品卫生标准

国家食品卫生标准是指由国务院卫生行政部门制定或者批准办法的卫生标准，它在全国范围内适用。需要制定国家卫生标准（管理办法、检验规程）的是：①食品；②食品添加剂；③食品容器及包装材料；④食品用工具、设备；⑤用于清洗食品、食品用工具及设备的洗涤剂、消毒剂；⑥食品中污染物质、放射性物质容许量。

2. 地方食品卫生标准

地方食品卫生标准是指国家未制定卫生标准的食品，省、自治区、直辖市人民政府可以制定地方食品卫生标准，在本地区内适用，并报国务院卫生行政部门和国务院标准化行政主管部门备案。

《食品卫生法》还规定，食品添加剂的国家产品质量标准中的指标，必须经国务院卫生行政部门审查同意。农药、化肥等农用化学物质的安全性评价，必须经国务院卫生行政部门审查同意。屠宰畜、禽的兽医卫生检验规程，由国务院有关行政部门会同国务院卫生行政部门制定。

三、食品添加剂的卫生规定

食品添加剂是指为改善食品品质和色、香、味以及为防腐和加工工艺的需要而使用的化学合成物或者天然物质。

食品添加剂的卫生要求由卫生部《食品添加剂卫生管理办法》和《食品添加剂使用卫生标准》规定：食品添加剂必须采用国家允许、指定厂生产的食品添加剂；食品添加剂必须符合质量标准；复合食品添加剂中各项单物质必须符合国家规定的使用范围和标准；食品添加剂必须在包装标识或者产品说明书上根据不同产品分别按照规定标出品名、产地、厂名、生产日期、批号等；食品添加剂的产品说明书不得夸大及含有虚假的宣传内容。

四、食品用产品的卫生规定

食品用产品是指食品容器、包装材料，食品用工具、设备。食品容器、包装材料包括包装、盛放食品用的纸、竹、木、金属、搪瓷、陶瓷、塑料、橡胶、天然纤维、化学纤维、玻璃等制品和接触食品的涂料。食品用工具、设备包括食品在生产经营过程中接触食品的机械、管道、传送带、容器、用具、餐具等。《食品卫生法》规定，食品用产品必须符合卫生标准和卫生管理办法的规定，采用的原料必须安全无毒，产品应当便于清洗和消毒。

五、食品从业人员的卫生

食品从业人员必须身体健康，没有对食品卫生造成危害的疾病。《食品卫生法》规定食品生产经营人员每年必须进行健康检查，新参加工作和临时参加工作的食品生产经营人员必须进行健康检查，取得健康证后方可参加工作。凡患有痢疾、伤寒、病毒性肝炎等消化道传染病（包括病原携带者）、活动性肺结核、化脓性或者渗出性皮肤病以及其他有碍食品卫生的疾病的，不得参加接触直接入口食品的工作。

第二节　食品卫生许可的法律规定

一、食品的生产经营许可

《食品卫生法》第二十七条规定，食品生产经营企业和食品摊贩，必须先取得卫生行政部门发放的卫生许可证，方可向工商行政管理部门申请登记营业执照。卫生行政部门应对其进行全面审查，对于符合卫生条件者发给卫生许可证。未取得卫生许可证者不得进行生产和经营。食品生产经营者不得伪造、涂改、出借卫生许可证。

作为食品卫生行政许可的前置条件，当食品生产经营者提出卫生行政许可申请时，卫生行政部门必须首先对食品生产经营工程项目进行卫生学的审查，即食品生产经营企业的新建、扩建或改建工程，必须由卫生行政部门对其工程选址、设计是否符合卫生要求进行审查，经审查合理后才能予以食品卫生许可，并在工程验收时必须经卫生行政部门批准，才可正式投入使用。

二、保健食品的许可

根据卫生部《保健食品管理办法》的规定，保健食品是指适宜于特定人群食用，具有调节机体功能，不以治疗疾病为目的的食品。我国的保健食品市场从 20 世纪 80 年代起逐步发展，90 年代初期进入繁荣阶段。为规范保健食品市场发展，卫生部于 1996 年 3 月 15 日发布了《保健食品管理办法》，以后又相继制定了《保健食品检验与评价技术规范》、《保健食品良好生产规范》、《食品企业通用卫生规范》等一系列行政规章，以规范保健食品的发展和实行有效管理。

从 1996 年开始，保健食品的审批文号不再与药品批号混在一起，而获得专用的"卫生健字"批号。从 2003 年底开始，保健食品的审批改由国家食品药品监督管理局负责，其他监管职责仍由卫生部负责。

根据《保健食品管理办法》的规定，对保健食品、保健食品说明书都要实行审批制度。凡保健食品的研制应首先经过省级卫生行政部门初审后，报国家卫生部审批。审批合格者才能获得《保健食品批准证书》。但已由国家有关部门批准生产经营的药品，不得再申请《保健食品批准证书》。已获得《保健食品批准证书》的保健食品生产企业应向省级卫生行政部门申请《食品卫生许可证》。经审查同意后，应在其卫生许可证上加注"××保健食品"的许可项目后方能进行生产。《保健食品管理办法》还规定保健食品的标签、说明书及广告宣传中禁止有宣扬可治疗疾病和封建迷信的内容。凡保健食品经营者，必须向生产单位索取卫生部颁发的《保健食品批准证书》复印件及产品检验合格证。各级卫生行政部门负责对保健食品进行重新审查，抽查管理，随时监督保健食品的质量。

三、新资源食品的审批

食品新资源系指在我国新研制、新发现、新引进的无食用习惯或仅在个别地区有食用习惯的，且符合食品基本要求的物品。

按照该《办法》的规定，凡新资源食品的试生产和正式生产都必须经国家卫生部审批。凡申请试生产者，应首先到省级卫生监督机构提出申请，并报送有关资料和样品，经省级卫生监督机构技术审查和省级卫生行政部门初审后，报卫生部再审。经卫生部审查通过后，发给试生产批件。试生产期为两年，试生产期内的产品只限在卫生部指定的范围内销售，试生产期间也不得转让有关技术。申请正式生产的单位，应在试生产期满前 6 个月向省级卫生行政部门提出申请，经省级卫生行政部门审查后再报卫生部审批，审批通过后发给新资源食品的生产批件。新资源食品的广告宣传和包装上必须在明显位置注明"新资源食品"字样和生产批号，在试生产和正式生产时，都不得随意改变产品配方和生产工艺。

四、食品进出口审批制度

进口的食品、食品添加剂、食品容器、包装材料和食品用工具及设备，必须符合国家卫生标准和卫生管理办法的规定。

进口食品、食品添加剂、食品容器、包装材料和食品用工具及设备，由口岸进口食品卫生监督检验机构进行卫生监督、检验。检验合格的，方准进口。海关凭检验合格证书放行。进口单位在申报检验时，应当提供输出国（地区）所使用的农药、添加剂、熏蒸剂等有关资料和检验报告。

进口食品、食品添加剂、食品容器、包装材料和食品用工具及设备，依照国家卫生标准进行检验，尚无国家卫生标准的，进口单位必须提供输出国（地区）的卫生部门或者组织出具的卫生评价资料，经口岸进口食品卫生监督检验机构审查检验并报国务院卫生行政部门批准。

出口食品由国家进出口商品检验部门进行卫生监督、检验，海关凭国家进出口商品检验部门出具的证书放行。

五、食品广告审批制度

凡通过各种媒介和形式发布的食品广告，都必须遵守国家工商行政管理局和卫生行政部门联合发布的《食品广告管理办法》的有关规定，其内容必须真实、健康、科学、准确。广告的专业技术内容由地（市）级以上卫生行政部门出证，还需报省级以上卫生行政部门批准该食品广告证明。食品广告不得使用卫生行政机关及卫生行政工作人员的名义进行宣传。

六、工程选址设计审查和验收制度

新建、改建、扩建的食品生产经营项目，必须有卫生行政部门对其工程选址、卫生设施进行"三同时"审查，经批准后方可正式投入生产和使用。

厂址的选择、房屋的设计、作业线的布局、建筑材料的选择、设备装置质量等，都与食品卫生有关。而这些问题只有在开始设计和建筑时才能充分考虑和保证。一旦建成后再发现问题，则会造成浪费和损失。食品卫生监督机构参加审查设计和工程验收是许可制度的一种形式。食品生产经营者要自觉做到符合卫生要求，同时，设计要经食品卫生监督机构审查同意后方可施工，竣工后验收合格才能投入使用。

第三节　食品卫生管理的法律规定

食品卫生管理是指食品生产经营主管部门对本系统、食品生产经营企业内部所进行的自身卫生管理活动。它是食品卫生管理的基础，是保证和提高食品卫生质量的关键。各级人民政府的食品生产经营管理部门应当加强食品卫生管理工作，鼓励和支持改进食品加工工艺，促进提高食品卫生质量。

食品卫生管理应当做到几点：

（1）食品生产经营企业应当建立健全本单位的食品卫生管理制度，配备专职或兼职食品卫生管理人员，对执行食品卫生法和食品卫生管理制度的情况进行检查，加强对所生产经营食品的检验工作；

（2）应当保证食品的卫生和安全，防止造成食物中毒和食源性疾病；

（3）各类食品市场的举办者应当负责市场内的食品卫生管理工作，并在市场内设置必要的公共卫生设施，保持良好的环境卫生状况；

（4）生产者按规定对产品进行卫生检验，合格后方可出厂销售；

（5）食品生产经营者采购食品及其原料，应当按照国家有关规定索取检验合格证或者化验单，销售者应当保证提供。

第四节　食品卫生监督的法律规定

《食品卫生法》规定，国家实行食品卫生监督制度。所谓国家食品卫生监督制度，是指在各级人民政府领导下，由卫生行政部门对食品生产和经营活动行使检查权、处罚权和其他行政执法权的一种行政执法制度。在我国，国务院卫生行政部门主管全国食品卫生监督管理工作；国务院有关部门在各自的职责范围内负责食品卫生监督工作。

（一）食品卫生监督机构

《食品卫生法》规定，县级以上地方人民政府卫生行政部门在管辖范围内行使食品卫生监督职责；铁道、交通行政主管部门设立的食品卫生监督机构，行使国务院卫生行政部门会同国务院有关部门规定的食品卫生监督职责。

根据《食品卫生法》的规定，县级以上卫生行政部门在管辖范围内行使食品卫生监督。

（1）进行食品卫生监测、检验和技术指导；

（2）协助培训食品生产经营人员，监督食品生产经营人员的健康检查；

（3）宣传食品卫生、营养知识，进行食品卫生评价，公布食品卫生情况；

（4）对食品生产经营企业的新建、扩建、改建工程的选址和设计进行卫生审查，并参加工程验收；

（5）对食物中毒和食品污染事故进行调查，并采取控制措施；

（6）对违反食品卫生法的行为进行巡回监督检查；

（7）对违反食品卫生法的行为追查责任，依法进行行政处罚；

（8）负责其他食品卫生监督事项。

（二）食品卫生监督员

《食品卫生法》规定，县级以上人民政府卫生行政部门设立食品卫生监督员。食品卫生监督员是代表国家依法执行食品卫生监督任务，履行所在食品卫生监督机构职责的人员。食品卫生监督员由合格的专业人员但任，由同级卫生行政部门发给证书。铁道、交通的食品卫生监督员，由其上级主管部门发给证书。为加强对卫生监督员的管理，卫生部发布了《卫生监督员管理办法》。

食品卫生监督员的职责是执行卫生行政部门交付的任务；食品卫生监督员必须秉公执法，忠于职守，不得利用职权牟取私利。食品卫生监督员在执行任务时，可以向食品生产经营者了解情况，索取必要的资料，进入生产经营场所检查，按照规定无偿采样；生产经营者不得拒绝或者隐瞒；食品卫生监督员对生产经营者提供的技术资料有保密的义务。

第五节　食物中毒事故的处理

食物中毒是指人食用了被生物性、化学性有毒有害物质污染的食品，或者食用了含有有毒有害物质的食品后出现的急性、亚急性食源性疾患。食物污染是指在食品生产经营过程中，可能对人体健康产生危害的物质介入食品的现象。

卫生部《食物中毒事故处理办法》规定，县级以上地方人民政府卫生行政部门对已造成食物中毒事故或者有证据证明可能导致食物中毒事故的，可以采取下列临时控制措施：①封存造成食物中毒或者可能导致食物中毒的食品及其原料；②封存被污染的食品用工具及用具，并责令进行清洗消毒。

发生食物中毒事故的单位和接收食物中毒病人进行治疗的单位，除采取抢救措施外，应当根据国家有关规定，及时向所在地卫生行政部门报告。县级以上地方人民政府卫生行政部门接到报告后，应按照食品卫生监督程序对食物中毒事故进行调查处理。

第六节　法律责任

一、行政责任

《食品卫生法》规定，对违反食品卫生法的食品生产经营者，县级以上地方人民政府卫生行政部门或依法行使食品卫生监督权的其他机关，在规定的职责范围内，可以根据情节给予下列行政处罚：①警告并责令改正；②责令追回已售出的违法产品；③责令停止生产经营违法产品；④责令销毁禁止生产经营的食品；⑤没收违法所得；⑥罚款；⑦吊销卫生许可证。

给予行政处罚的违法行为包括：生产经营不符合卫生标准的食品；造成食物中毒事故或者其他食源性疾患的；食品生产经营过程不符合卫生要求的；生产经营食品卫生法禁止生产经营的食品的；生产经营不符合营养、卫生标准的专供婴幼儿的主、辅食品的；生产、经营或者使用不符合卫生标准和卫生管理办法规定的食品添加剂、食品容器、包装材料和食品用工具、设备以及洗涤剂、消毒剂的；未经国务院卫生行政部门审查批准而生产经营表明具有特定保健功能食品的，或者该食品的产品说明书内容虚假的；在定型包装食品和食品添加剂的包装标识或产品说明书上不标明或者虚假标注生产日期、保质期限等规定事项的，或者违反规定不标注中文标识的；食品生产经营人员未取得健康证明而从事食品生产经营的，或者对患有疾病不得接触直接入口食品的生产经营人员，不按规定调离的。对未取得卫生许可证或者伪造卫生许可证从事食品生产经营活动的，予以取缔。

当事人对行政处罚决定不服的，可以在接到处罚通知书之日起 15 日内向作出处罚决定的卫生行政机关的上一级卫生行政机关申请行政复议；当事人也可以在接到处罚通知之日起 15 日内直接由人民法院起诉。当事人对复议决定不服的，可以在接到复议决定之日起 15 日内向人民法院起诉。当事人逾期不申请复议也不向人民法院起诉，又不履行处罚决定的，作出处罚决定的卫生行政机关可以申请人民法院强制执行。

二、民事责任

违反《食品卫生法》规定，造成食物中毒事故或者其他食源性疾患的，或者因其他违反食品卫生法行为给他人造成损害的，应当依法承担民事赔偿责任。

三、刑事责任

《食品卫生法》规定：①对生产经营不符合卫生标准的食品，造成严重食物中毒事故或者其他严重食源性疾患，对人体造成严重危害的，或者在生产经营的食品中掺入有毒、有害的非食品原料的，依法追究刑事责任。②卫生行政部门违反规定，对不符合条件的生产经营者发放卫生许可证的，对直接责任人员给予行政处分；收受贿赂，构成犯罪的，依法追究刑事责任。③食品卫生监督管理人员滥用职权、玩忽职守、营私舞弊，造成重大事故，构成犯罪的，依法追究刑事责任；不构成犯罪的，依法给予行政处分。④以暴力、威胁方法阻碍食品卫生监督管理人员依法执行职务的，依法追究刑事责任；拒绝、阻碍食品卫生监督管理人员依法执行职务未使用暴力、威胁方法的，由公安机关依照治安管理处罚条例的规定处罚。

《刑法》第一百四十三条规定，生产、销售不符合卫生标准的食品，足以造成严重食物中毒事故或者其他严重食源性疾患的，处 3 年以下有期徒刑或者拘役，并处或者单处销售金额 50% 以上 2 倍以下罚金；对人体健康造成严重危害的，处 3 年以上 7 年以下有期徒刑，并处销售金额 50% 以上 2 倍以下罚金；后果特别严重的，处 7 年以上有期徒刑或者无期徒刑，并处销售金额 50% 以上 2 倍以下罚金或者没收财产。

《刑法》第一百四十四条规定，在生产、销售的食品中掺入有毒、有害的非食品原料的，或者销售明知掺有有毒、有害的非食品原料的食品的，处 5 年以下有期徒刑或者拘役，并处或者单处销售金额 50% 以上 2 倍以下罚金；造成严重食物中毒事故或者其他严重食源性疾患，对人体健康造成严重危害的，处 5 年以上 10 年以下有期徒刑，并处销售金额 50% 以上 2 倍以下罚金；致人死亡或者对人体健康造成特别严重危害的，处 10 年以上有期徒刑、无期徒刑或者死刑，并处销售金额 50% 以上 2 倍以下罚金或者没收财产。

【练一练】

选择题

1. 下列不适用于《食品卫生法》的物品是(　　)

A. 食品添加剂　　　　　　　　B. 食品用工具

C. 食品包装材料　　　　　　　　　　D. 消毒剂

2. 食品经营人员必须进行健康检查的周期是(　　　)

A. 每季一次　　　　　　　　　　　　B. 每半年一次

C. 每年一次　　　　　　　　　　　　D. 每两年一次

3. 城乡集市贸易的食品卫生管理工作由下列哪个部门负责(　　　)

A. 工商行政管理部门　　　　　　　　B. 卫生行政管理部门

C. 技术监督部门　　　　　　　　　　D. 卫生监督所

第十四章　国境卫生检疫法

【目标解读】

1. 掌握国境卫生检疫的相关法律制度
2. 掌握传染病的监测的相关概念和法律制度
3. 理解传染病疫情通报制度
4. 了解《国境卫生检疫法》的法律责任

第一节　概述

一、国境卫生检疫法的概念

国境卫生检疫法是调整防止传染病从国外传入或者由国内传出，实施检疫查验、传染病监测和卫生监督等活动中产生的各种社会关系的法律规范的总称。

国境卫生检疫是指国境卫生检疫机关在中华人民共和国国境和国家确定的关口、口岸，对检疫对象实施传染病检疫、监测和卫生监督的行政执法活动。这里所说的国境关口、口岸，是指国际通航的港口、机场、车站、陆地边境和国界江河的关口。国境卫生检疫可分为海港检疫、航空检疫和陆地边境检疫。

国境卫生检疫具有以下特征：①对内是行政执法活动，对外是维护卫生主权的国家行为；②执法主体是法律授权的国境卫生检疫机关；③是以国境口岸为依托进行的行政执法行为；④是以医学等自然科学为主要手段的执法行为；⑤是以防止传染病传入传出，保护人体健康为目的的执法活动。

二、国境卫生检疫发展历程

新中国成立后，中央人民政府卫生部先后颁布了《交通检疫暂行办法》、《民用航空检疫暂行办法》。1957年第一届全国人大常委会第88次会议通过了我国第一部卫生法律《中华人民共和国国境卫生检疫条例》。1979年6月1日，我国正式承认《国际卫生条例》，成为缔约国并承担义务。1986 年 12 月 2 日，第六届全国人大常委会第 18 次会议通过了《中华人民共和国国境卫生检疫法》，于 1987 年 5 月 1 日起施行。1989 年 3 月，经国务院批准，卫生部发布了《国境卫生检疫法实施细则》。1995 年 3 月，国务院发布了《国际航行船舶进出中华人民共和国口岸检查办法》。卫生部先后发布了《国际航行船舶试行电讯卫生检疫规定》、《国境口岸传染病监测试行办法》、《进口废旧物品卫生检疫管理规定》、《入境出境集装箱卫生管理规定》等规章；与有关部门联合发布了《关于中国公民出入境提交健康证明的通知》、《关于来华外国人提供健康证明问题的若干规定》等。国家出入境检验检疫局发布了《出入境检验检疫行政处罚办法》、《出入境检验检疫行政复议办法》等。国家质量监督检验检疫总局相继颁布了《出入境检验检疫风险预警及快速反应管理规定》、《国际航行船舶出入境检验检疫管理办法》、《航空器电讯检疫实施办法》、《出入境人员携带物检疫管理办法》、《国境口岸突发公共卫生事件出入境检验检疫应急处理规定》等，使我国国境卫生检疫基本上形成了比较完善的法律制度。

在国境卫生检疫管理体制方面，1988 年，中华人民共和国卫生检疫总所成立，直属卫生部，管理全国卫生检疫机关，在国境口岸依法实施传染病检疫、监测和卫生监督。1990 年，根据国家调整口岸进口食品卫生监督检验管理体制的要求，全国卫生检疫机关依照《食品卫生法》，行使进口食品卫生监督检验权。1998 年国务院机构改革，国境卫生检疫总所从卫生部划出，与国家商检局、国家动植物检验局合并组建了国家出入境检验检疫局。2001 年 4 月，国务院决定将国家出入境检验检疫局与国家质量技术监督局合并组建国家质量监督检验检疫总局，主管全国国境卫生检疫工作。

三、国境卫生检疫的目的、任务

《国境卫生检疫法》第一条规定："为了防止传染病由国外传入或者由国内传出，实施国境卫生检疫，保护人体健康，制定本法。"

国境卫生检疫的目的，就是保护人体健康。首先是保护国内人员的身体健康。这是直接目的。这也是维护国家主权的国家行为。加强国境卫生检疫工作，是提高国家主权意识的体现。同时，由于国境卫生检疫涉及到国内和国外，是在国境上对入境和出境的对象进行卫生检疫，因此，国境卫生检疫的目的，其所保护的对象，就既包括国内人员的身体健康，同时也包括国外人员的身体健康。从这个意义上说。国境卫生检疫工作，是维护人类健康和发展的崇高事业，也是我们全人类的共同事业。

国境卫生检疫的任务，就是要保证目的的实现，就是防止传染病由国外传入，或者由国内传出。既是预防传染病，也是控制、消除传染病。这项工作的特殊性就在于，它是对国际性传染病的预防、控制和消除，也是对传染病预防、控制和消除的国际性努力。

国境卫生检疫的途径，就是由国境卫生检验机关，依据有关的法律规定，在我国国境口岸（指国际通航的港口、机场、车站、陆地边境和国界江河的关口），对入出境的人员、交通工具、运输设备，以及可能传播传染病的行李、货物、邮包等物品，实施传染病检疫、监测和卫生监督等行政执法活动。

四、国境卫生检疫机关及人员的职责

（一）国境卫生检疫机关

根据《国境卫生检疫法》及其《实施细则》的有关规定，在我国国际通航的港口、机场以及陆地边境和国界江河的口岸，设立国境卫生检疫机关。这些国境卫生检疫机关的设立、合并或撤销，由国务院卫生行政部门决定。国境卫生检疫机关可以根据工作的需要，设立派出机构。

国境卫生检疫机关的任务，就是通过检疫查验、传染病监测和卫生监督等行政技术措施，改善国境口岸和交通工具的卫生状况，防止检疫传染病和监测传染病由国外传入或由国内传出。其具体的职责有以下八项：

（1）执行《国境卫生检疫法》及其《实施细则》和国家有关的卫生法规；

（2）收集、整理、报告国际和国境口岸传染病的发生、流行和终息情况；

（3）对国境口岸的卫生状况实施卫生监督；对入境、出境的交通工具、人员、集装箱、尸体、骸骨以及可能传播检疫传染病的行李、货物、邮包等实施检疫查验、传染病监测、卫生监督和卫生处理；

（4）对入境、出境的微生物、生物制品、人体组织、血液及其制品等特殊物品以及能传播人类传染病的动物，实施卫生检疫；

（5）对入境、出境人员进行预防接种、健康检查、医疗服务、国际旅行健康咨询和卫生宣传；

（6）签发卫生检疫文件；

（7）进行流行病学调查研究，开展科学实验；

（8）执行国务院卫生行政部门指定的其他工作。

卫生检疫机关工作人员、国境口岸卫生监督员在执行任务时，应当根据国务院卫生行政部门的统一要求，穿着检疫制服，佩戴检疫标志；卫生检疫机关的交通工具在执行任务期间，应当悬挂检疫旗帜。

（二）国境卫生检疫人员

国境卫生检疫机关的任务，由国境卫生检疫人员具体执行和完成。国境卫生检疫人员由国务院卫生行政部门任命，或经由其他法定程序任职于国家或国境口岸的国境卫生检疫机关，直接或间接从事国境卫生检疫管理或查验的人员。包括直接从事国境卫生检疫工作的组织者、领导者和执行人员，也包括间接从事国境卫生检疫的人事、财务、后勤等部门的工作人员。其中，检疫医师和口岸卫生监督员是从事国境卫生检疫工作的具体执行人员。

1. 检疫医师的权限　检疫医师是国境口岸卫生检疫机关具体执行国境卫生检疫法的行政执法人员。他们具有四方面的权力：①首登权，即对受入境检疫的船舶、航空器、列车和其他车辆，检疫医师具有首先登船、登机、登车的权力；②查验权，即有权查验有关的检疫证件和有关材料；③询问权，即有权对受入境检疫的船舶、航空器、列车和其他车辆的负责人及相关人员，就有关的卫生状况、人员健康情况等进行询问；④签证权，即对经查验、询问，符合法律、法规的规定，没有染疫的船舶、航空器、列车和其他车辆，立即签发入境检疫证；对其有受卫生处理或者限制的事项，则在入境检疫证上签注。

2. 国境口岸卫生监督员的职责　国境口岸卫生监督员是国境口岸卫生检疫机关设立的，实施卫生监督任务的执法人员。其具体的职责有三项：①对国境口岸和停留在国境口岸的入境、出境交通工具进行卫生监督和卫生宣传；②在消毒、除鼠、除虫等卫生处理方面进行技术指导；③对造成传染病传播、啮齿动物和病媒昆虫扩散、食物中毒、食物污染等事故进行调查，并提出控制措施。

第二节　卫生检疫

一、国境卫生检疫的对象

国境卫生检疫对象也称检疫范围，主要有以下几类：

1. 入出境人员　入出境人员是指入出我国国境的人员。一切入出我国国境的人员，包括交通人员、旅客、外交人员、劳务人员、留学生、遣送人员、边民、团体等，都应接受卫生检疫。具有外交身份的人员，不享有卫生检疫豁免权。这也是《国际卫生条例》的规定。

2. 交通工具和运输设备　交通工具是指船舶、航空器、列车和其他车辆。运输设备是指货物集装箱等。因为它们有可能成为疾病在国际间传播的媒介，所以要对它们实施卫生检疫和卫生处理。

3. 行李和邮包　行李是指入出境人员携带的物品。邮包则是指入出境的邮件，包括适用于检疫传染病各项规定的纺织品、旧衣服，以及使用过或不干净的被褥，传染性物品，来自霍乱疫区的食品等等。

4. 货物　货物是指由国内运出或国外运进的一切生产资料和生活资料，以及废旧物品。

5. 特殊物品　特殊物品是指微生物、人体组织、生物制品、血液及其制品，以及与人类健康有关的啮齿动物和活昆虫等。

6. 尸体和骸骨　对在国境口岸以及停在该场所的入出境交通工具上的所有非因意外伤害而死亡并死因不明的尸体和骸骨，必须进行卫生检疫，以防止检疫传染病的传播。对因患检疫传染病而死亡的尸体，必须就近火化。

二、国境卫生检疫传染病的种类

目前，我国国境卫生检疫涉及的传染病基本包括以下5类：第一类是《国境卫生检疫法》规定的检疫传染病：鼠疫、霍乱和黄热病。第二类是WHO要求各国进行监测的传染病：流行性感冒、疟疾、脊髓灰质炎、流行性斑疹伤寒、回归热。第三类是《外国人入出境管理法实施细则》和《国境卫生检疫法实施细则》规定的禁止患有艾滋病（含艾滋病病毒感染者）、性病、麻风病、精神病（非传染性）、开放性肺结核的外国人入境的疾病。第四类是《传染病防治法》规定的除上述传染病以外的传染病，如登革热、病毒性肝炎、伤寒、副伤寒、猩红热，以及除霍乱、痢疾、伤寒和副伤寒以外的感染性腹泻等。第五类是军团热、拉莎热、埃博拉－马尔堡病毒病等。

三、对出入境的检疫管理

国境卫生检疫的法律规定，包括对入出境检疫、检疫传染病和检疫传染病病人的管理，以及对交通工具和有关物品的卫生处理等的法律规定。

1. 入境检疫管理

（1）入境前要报告　根据规定，交通工具及人员在抵达国境前，交通工具的代理人或者有关管理机关（如港务管理机关，实施检疫的航空站、车站），必须向国境卫生检疫机关报告以下事项：交通工具的名称、国籍、型号、可供识别的标志；预定到达的日期和时间；始发站和目的地；工作人员和旅客人数；货物种类等等。

入境交通工具，如在行程中发现检疫传染病、疑似检疫传染病，或者有人非因意外伤害而死亡并死因不明的，交通工具的负责人除立即向最先到达实施检疫口岸的卫生检疫机关报告上述事项外，还要报告病名、主要症状、患病人数、死亡人数等。船舶还须报告船上有无船医。

（2）等候查验　受入境检疫的船舶，必须按规定悬挂检疫信号等候查验，在卫生检疫机关发给入境检疫证之前，不得降下检疫信号。受入境检疫的航空器、列车和其他车辆上的旅客，必须在指定的地点接受入境查验。所有受入境检疫的交通工具，在实施入境检疫而未取得入境检疫证以前，未经卫生检疫机关许可，任何人不准上、下交通工具，不准装卸行李、货物、邮包等物品。

（3）提交申报证件和有关的材料　受入境检疫的交通工具，在入境时，其负责人应向卫生检疫机关首先登上交通工具的检疫医师提交申报证件和有关材料。船舶要提供由船长签字或者有船医附签的航海健康申报书、船员名单、旅客名单、载货申报单，出示除鼠证书或者免予除鼠证书。航空器要提交总申报单、旅客名单、货物仓单、有效的灭蚊证书，以及其他有关检疫证书。列车和其他车辆的负责人，应口头或者书面向卫生检疫机关申报该车上人员的健康情况。除此之外，交通工具的负责人，应当如实回答检疫医师提出的有关询问。来自黄热病疫区的人员，入境时必须向国境卫生检疫机关出示有效的黄热病预防接种证书。

（4）非口岸检疫　来自国外的船舶、航空器，因故停泊、降落在中国境内非口岸地点时，其负责人应立即向就近的中国国境卫生检疫机关或者当地的卫生行政部门报告。除紧急情况外，未经国境卫生检疫机关或者当地卫生行政部门许可，任何人不准上下船舶、航空器，不准装卸行李、货物、邮包等。

（5）电讯检疫　为了简化检疫手续，提高经济效益，我国从 1979 年开始试行电讯检疫。按照规定，国际航行船舶可以向我国国境卫生检疫机关提出申请，经检查合格，可获得卫生证书，且自签发之日起 12 个月有效。持有效卫生证书的船舶在入境前 24 小时，应当向我国卫生检疫机关做入境前的报告工作。经签复同意后，方可进港。若有例外情况，检疫机关不同意该船舶直接进港，该船舶应在锚地继续等候入境检疫。

2. 出境检疫管理

出境的交通工具和人员，必须在最后离开的国境口岸接受检疫。接受检疫的内容与入境检疫基本相同。

从 2001 年 6 月 1 日开始，我国实行电子口岸执法系统，称为"中国电子口岸"。该系统由海关总署牵头，国家 12 个有关部委联合开发。该系统运用信息网络技术，将海关、外贸、出入境检验检疫、交通、工商行政管理、公安、银行等部门的执法管理数据，包括信息流、资金流、货物流等数据，集中存放到一个公共数据中心，形成"电子底账"。有关部门可以上网办理各类口岸相关业务，口岸有关的执法部门可以根据管理和执法授权进行联网核查，从而实现数据共享和数据交换。这一系统的开通，实现了政府对企业的"一站式"服务，实现真正的电子商务。

3. 临时检疫管理

在国境口岸发现检疫传染病、疑似检疫传染病时，或者有非因意外伤害而死亡并死因不明的，国境口岸有关单位和交通工具的负责人应当立即向国境卫生检疫机关报告，并申请临时检疫。

4. 边境接壤地区的检疫

边防机关与邻国边防机关的来往、边境接壤地区居民的来往、双方交通工具和人员的入境、出境检疫依照双方的协议办理；没有协议的，依照我国政府的有关规定办理。

5. 入境、出境尸体、骸骨的申报

对入境、出境的尸体、骸骨，其托运人或其代理人必须向国境卫生检疫机关申报，经卫生检查合格获得许可证后，方可运进或运出。

四、检疫措施

对检疫传染病的检疫措施，包括对检疫传染病病人实行卫生处理和对交通工具、物品等实行卫生处理。

(一) 对检疫传染病病人的卫生处理

正在患检疫传染病的人，或者经卫生检疫机关初步诊断，认为已经感染检疫传染病，或者已经处于检疫传染病潜伏期的人，称为检疫传染病染疫人。接触过检疫传染病的感染环境，并且可能传播检疫传染病的人，称为染疫嫌疑人。对待不同的人，根据规定，实行不同的卫生处理。主要的措施有隔离、留验和就地诊验。

1. 隔离　对于检疫传染病病人，必须立即将其隔离，收留在指定的处所，限制其活动，并对其进行治疗，直到消除传染病传播的危险。其隔离期，根据医学检查的结果来确定。

2. 留验　留验是将染疫嫌疑人收留在指定的处所进行诊断和检验。鼠疫、黄热病染疫嫌疑人的留验期为 6 日；霍乱染疫嫌疑人的留验期为 5 日。

受留验的人员，必须在卫生检疫机关指定的场所接受留验。未经卫生检疫机关许可，不准离开留验场所或上岸。受留验的人员，如果在留验期间出现检疫传染病症状，卫生检疫机关应当立即对其实施隔离。对与其接触的其他留验人员，实施必要的卫生处理，并从卫生处理完毕起，重新计算留验时间。

3. 就地诊验　是指在卫生检疫机关规定的期限内，染疫嫌疑人到就近的卫生检疫机关或者其他医疗机构接受诊验和检验；或者卫生检疫机关、其他医疗卫生单位派人到该人员的居留地，对其进行诊验和检验。

对就地诊验的人员，卫生检疫机关应当发给就地诊验记录簿。就地诊验人员携带记录簿按规定接受检查。如果诊验的结果没有染疫，应将记录簿退还卫生检疫机关。同时，卫生检疫机关应当将就地诊验人员的情况，用最快的方法通知就地留验人员的旅行停留地的检疫机关或者其他医疗卫生单位。

如果发现就地诊验人员患有检疫传染病或者监测传染病、疑似检疫传染病或者疑似监测传染病时，应当立即采取必要的卫生措施，收回记录簿，并报告当地的卫生防疫机构。

为防工作人员遭受感染，必要时，对卸货工作人员从卸货完毕时算起，实施不超过 6 日（鼠疫、黄热病）或 5 日（霍乱）的就地诊验或留验。

（二）对交通工具、物品等的卫生处理

对交通工具、物品等实行卫生处理的法律条件。并不是对所有的交通工具、物品都实行卫生处理。对以下三种情况要实行卫生处理。

（1）交通工具、物品等来自疫区。它们不一定都受染疫，但为了更好地预防，必须接受卫生处理。

（2）被检疫传染病污染的交通工具、物品等。当交通工具被确定为染有检疫传染病或染有检疫传染病嫌疑时，交通工具及其中的物品，都必须接受卫生处理。

（3）在交通工具上发现有与人类健康有关的啮齿动物或者病媒昆虫，如鼠、埃及伊蚊及其虫卵、幼虫，超过国家规定的卫生标准，则应接受卫生处理，实施消毒、除鼠、除虫等。

对交通工具、物品等实施卫生处理的主要法律内容：

（1）对染疫人、染疫嫌疑人的行李、用过的物品，或卫生机关认为有污染的物品，实施除虫，必要时实施消毒。

（2）对染疫人占用过的部位和卫生检疫机关认为有染疫嫌疑的部位，实施除虫，必要时实施消毒。

（3）对载有感染鼠疫的啮齿动物的船舶、航空器、列车和其他车辆，卫生检疫机关必须对其实施除鼠。船舶上发现只有未感染鼠疫的啮齿动物，卫生检疫机关也可以实施除鼠。实施除鼠可以在隔离的情况下，在卸货之前进行。

（4）对被霍乱污染或者有污染嫌疑的饮用水，应当实施消毒后排放，并在储水容器消毒后再换清洁饮用水。

（5）对已染霍乱或属霍乱污染嫌疑的交通工具，其人的排泄物、垃圾、废水、废物，或装有霍乱疫区的压舱水，未经消毒，不准排放和移下。

（6）对交通工具上的埃及伊蚊及其虫卵、幼虫和其他黄热病媒介，必须彻底杀灭。在没有完成灭蚊以前，限制船舶与陆地和其他船舶的距离不得少于 400 米。

第三节　传染病的监测

一、传染病监测的概念、内容

（一）传染病监测的概念

传染病监测是指对特定的环境和人群进行流行病学、血清学、病原学、临床症状以及其他有关影响因素的调查研究，预测有关传染病的发生、发展和流行，以便及时采取控制措施。传染病监测，是国家赋予出入境检验检疫机构的职责，是国境卫生检疫的重要工作内容之一。

通过传染病监测，及早发现传染病或传染源，并及时采取有效的防治措施，防止国外传染病的传入和国内传染病的传出，从而达到保护人体健康、促进祖国建设事业的顺利发展的国境卫生检疫工作的目的。

（二）传染病监测的对象、内容

1. 传染病监测的对象

根据《国境卫生检疫法》及其《实施细则》和其他有关法规性文件的规定，入境、出境的交通工具、人员、食品、饮用水和其他物品，以及病媒昆虫、动物，均为传染病监测的对象。具体包括：

（1）国境口岸内和交通工具上的食品、饮用水从业人员，以及国境口岸为人、出境交通工具提供食品和饮用水单位的从业人员。

（2）出国探亲、定居、劳务、留学、商务、公务等中国籍有关人员。

（3）在国外居住三个月以上的归国人员。

（4）遣返人员：如偷渡人员、难民等。

（5）申请入境居住一年以上的外籍人员（留学生、专家教授、工程技术人员、各专业领域和驻华办事机构的工作人员）和华侨、港澳台及经常出入境的有关人员。

（6）中国籍人、出境交通员工（包括在外国交通工具上工作的中国籍员工），及在我国交通工具上工作的外籍交通员工。

2. 传染病监测的内容

根据《国境卫生检疫法》及其《实施细则》和其他有关法规性文件的规定，传染病监测的内容主要有以下九项：

（1）首发病例的个案调查；

（2）暴发流行的流行病学调查；

（3）传染源调查；

（4）国境口岸内监测传染病的回顾性调查；

（5）病原体的分离、鉴定，人群、有关动物血清学调查，以及流行病学调查；

(6) 有关动物、病媒昆虫、人、食品、饮用水和环境因素的调查；

(7) 消毒、除鼠、除虫的效果观察与评价；

(8) 国境口岸以及国内外监测传染病疫情的收集、整理、分析和传递；

(9) 对监测对象开展健康检查和对监测传染病病人、疑似病人、密切接触人员的管理。

二、监测传染病及病种

传染病监测的病种由国务院卫生行政部门确定和公布，主要包括：①世界上已经消灭或基本消灭的病种，防止其死灰复燃；②新近发现的一些烈性传染病；③对我国构成传入性威胁且危害严重的传染病。

监测传染病的病种主要有：①回归热；②流行性斑疹伤寒；③伤寒；④登革热；⑤脊髓灰质炎；⑥疟疾；⑦流行性感冒等。这些传染病的特点是发病急、传播快、危害大，一旦流行起来，就会造成大批人员的感染、伤亡。因此，加强对这些传染病的监测，并采取必要的防治措施，关系到社会的安定、人民的幸福，关系到国家和民族的发展。

近年来，世界上还发现了不少新的传染病，如埃博拉－马尔堡病毒病、拉撒热、军团病以及疯牛病、肝炎病毒、禽流感、SARS等，这些都被纳入严密监测的范围。

2002年，美国、加拿大暴发西尼罗热，非洲布基纳法索、卢旺达等18个国家暴发流行性脑炎，科索沃暴发兔热病，阿富汗暴发急性水样腹泻综合征等等。这些疾病都受到了严密的监测。国家质量监督检验检疫总局为了维护人民的身体健康，都针对这些疾病的流行颁发了公告，提出较具体的预防和监测措施。

三、传染病监测的主要方法

国境卫生检疫机关对入出境人员实施传染病监测，并采取必要的预防、控制措施。主要方法如下：

(1) 申报制度　　入境人员填写健康申明卡，出示某种有效的传染病预防接种证书、健康证明或者其他有关证件。

(2) 与有关部门配合，在口岸内设立监测点。

(3) 健康检查　　以物理检查与血清学检验结合进行健康检查。对象为：①国境口岸和进出口交通工具上从事饮食行业的人员；②经常进出国境的交通员工；③在境外居住3个月以上的回国中国公民和来华留学、工作、居住1年以上的外籍入境人员。

(4) 进行科学研究，探求快速灵敏物检测诊断方法，逐渐建立"关口监测"和"境内监测"相结合的方式。

(5) 对来自检疫传染病或监测传染病疫区的人员实行管理。

(6) 对患有禁止入境疾病的外国人监护其离境。

(7) 对患有监测传染病的人、来自国外监测传染病流行区的人或者与监测传染病密切接触的人，国境卫生检疫机关可以根据流行病学和医学检查结果，区别情况，发给就诊方便卡，实施留验或者采取其他预防、控制措施，并及时通知当地卫生行政部门。各地医疗单位对持有就诊方便卡的人员，应当优先诊治。

第四节　卫生监督与疫情通报

卫生监督是指国境卫生检疫机关根据卫生法规和卫生标准，对国境口岸和停泊在国境口岸的交通工具进行的卫生检查、卫生鉴定、卫生评价和采样检验等活动。对国境口岸的卫生状况和入出境的交通工具的卫生状况实施卫生监督，是防止国际间传染病传播的重要措施，也是维护国家主权的重要手段。

国境卫生检疫机关根据国家规定的卫生标准，对国境口岸的卫生状况和停留在国境口岸的交通工具的卫生状况实施卫生监督。其主要任务是：①监督和指导有关人员对啮齿动物、病媒昆虫的防除；②检查和检验食品、饮用水及其储存、供应、运输设施；③监督从事食品、饮用水供应的从业人员的健康状况，检查其健康证明书；④监督和检查垃圾、废物、污水、粪便、压舱水的处理。

对不同的对象有不同的卫生监督要求。具体体现在：

1. 对国境口岸的卫生要求

国境口岸和国境口岸内涉外的宾馆、生活服务单位，以及候船、候车、候机厅（室），应当有健全的卫生制度和必要的卫生设施，并保持室内外环境整洁通风良好。国境口岸有关部门应当采取切实可行的措施，控制啮齿动物、病媒昆虫，使其数量降低到不足为害的程度。仓库、货场必须具有防鼠设施。对国境口岸的垃圾、废物、污水、粪便，必须进行无害化处理，保持国境口岸的环境整洁、卫生。

2. 对交通工具的卫生要求

交通工具上的宿舱、车厢，必须保持清洁卫生，通风良好。交通工具上必须备有足够的消毒、除鼠、除虫药物及器械，并备有防鼠装置。货舱、行李舱、货车车厢在装货前或者卸货后，应当进行彻底清扫。有毒物品和食品不得混装，防止污染。不符合卫生要求的入境、出境交通工具，必须接受卫生检疫机关的督导，并立即进行改进。

3. 对饮用水、食品及从业人员的卫生要求

国境口岸和交通工具上的食品、饮用水必须符合有关卫生标准。国境口岸内的涉外宾馆以及向入境、出境的交通工具提供饮食服务的部门，营业前必须向卫生检疫机关申请《卫生许可证》。从业人员应当持有卫生检疫机关签发的健康证书。该证书12个月内有效。

为了进一步做好卫生监督工作，国境口岸有关单位和交通工具负责人，应当遵守《国境卫生检疫法》及其《实施细则》，以及有关卫生法规的规定；接受卫生监督员的监督和检查，并为其工作提供方便；要按照卫生监督员的建议，及时对国境口岸和交通工具采取改进卫生的措施。

第五节　法律责任

一、行政责任

《国境卫生检疫法》及其《实施细则》中的第一百零九、一百一十和一百一十一条，

列举了 11 项应当受行政处罚的行为:

(1) 应当受入境检疫的船舶，不悬挂检疫信号的;

(2) 入境、出境的交通工具，在入境检疫之前或者在出境检疫之后，擅自上下人员，装卸行李、货物、邮包等物品的;

(3) 拒绝接受检疫或者抵制卫生监督，拒不接受卫生处理的;

(4) 伪造或者涂改检疫单、证，不如实申报疫情的;

(5) 瞒报携带禁止进口的微生物、人体组织、生物制品、血液及其制品或者其他可能引起传染病传播的动物和物品的;

(6) 未经检疫的入境、出境交通工具，擅自离开检疫地点，逃避查验的;

(7) 隐瞒疫情或者伪造情节的;

(8) 未经卫生检疫机关实施卫生处理，擅自排放压舱水，移下垃圾、污物等控制物品的;

(9) 未经卫生检疫机关实施卫生处理，擅自移运尸体、骸骨的;

(10) 废旧物品、废旧交通工具，未向卫生检疫机关申报，未经卫生检疫机关实施卫生处理和签发卫生检疫证书而擅自入境、出境或者使用、拆卸的;

(11) 未经卫生检疫机关检查，从交通工具上移下传染病病人，造成传染病传播危险的。

卫生检疫机关在收取罚款时，应当出具正式的罚款收据，罚款全部上交国库。当事人对国境卫生检疫机关给予的罚款决定不服的，在接到通知之日起 15 日内，可以向当地人民法院起诉。逾期不起诉又不履行的，国境卫生检疫机关可向人民法院申请强制执行。

二、刑事责任

《刑法》第三百三十二条规定，违反国境卫生检疫规定，引起检疫传染病的传播或者有引起检疫传染病传播严重危险的，处 3 年以下有期徒刑或者拘役，并处或者单处罚金。单位犯违反国境卫生检疫规定罪的，对单位判处罚金，并对其直接负责的主管人员和其他直接责任人员，依照上述规定处罚。

国境卫生检疫机关工作人员，未对入出境的交通工具和人员及时进行检疫，违法失职的，给予行政处分;违法失职，情节严重构成犯罪的，依法追究刑事责任。

【练一练】

简答题

1. 简述检疫医师的权限。

2. 国境卫生检疫的对象有哪些?

第十五章　传染病防治法律制度

【目标解读】
1. 掌握法定传染病的管理原则和方法
2. 理解传染病的预防与控制
3. 理解艾滋病监测管理法规制度
4. 理解国内交通卫生检疫法规制度
5. 理解消毒管理法规制度
6. 理解生活饮用水卫生法规制度
7. 了解违反传染病防治法的法律责任

第一节　概述

一、传染病防治法的概念

传染病防治法是调整因预防、控制和消除传染病的发生与流行，保障人体健康活动中产生的各种社会关系的法律规范的总和。

传染病是指由各种病原体引起的，能在人与人、动物与动物或人与动物之间互相传播的一类疾病。传染病历来是危害人体健康、影响国家经济建设的最严重的一类疾病。世界上曾出现的 3 次鼠疫大流行，夺去了一亿多人的生命；50 多个国家流行血吸虫病，病人达两亿多人。由于其威胁的对象是整个社会，危害性极大，同时预防控制工作也因牵涉面广、科学性强、难度大而受到诸多限制。建国以后，党和政府采取了一系列防治传染病的综合措施，取得了显著成绩，消灭了天花，鼠疫、霍乱等得到了较好的控制，传染病发病率也明显下降。但是，由于我国幅员辽阔，人口众多，城乡各地的经济、文化、卫生水平发展的不平衡，所以传染病对人民群众的危害依然存在。一些已趋于消灭的传染病又有复发，某些已被控制的传染病又在活化，随着对外交往的增加，一些新的传染病传入我国。据统计，2003 年全年，我国按规定报告的 27 种法定管理传染病共发生 2 591 512 例，其中，死亡 6474 例，与 2002 年相比，2003 年我国报告发病率上升了 5.45%，报告死亡率上升了 23.82%。在 27 种按规定报告的法定管理传染病中，发病率居前 10 位的依次为：病毒性肝炎、肺结核、细菌性和阿米巴性痢疾、淋病、麻疹、梅毒、伤寒和副伤寒、疟疾、流行性出血热、猩红热；死亡数居前 10 位的依次为：狂犬病、肺结核、病毒性肝炎、新生儿破伤风、艾滋病、流行性乙型脑炎、传染性非典型肺炎、细菌性和阿米巴性痢疾、流行性出血热、流行性脑脊髓膜炎。因此，我国传染病防治工作的任务还是非常艰巨的。

二、传染病防治法制建设

新中国成立后，党和政府非常重视对传染病的防治和管理工作。1950 年，国务院颁布了《关于发动秋季种痘的指示》，同年 10 月，卫生部制定了《种痘暂行办法》，在全国开展了牛痘普种工作。1955 年，卫生部颁发了《传染病管理办法》。由于各级医疗卫生机构的严格管理和广大医务人员的积极努力，我国于 1961 年宣布消灭了天花，比全世界消灭天花提前了 16 年。鼠疫、霍乱、黑热病、回归热、斑疹伤寒等也已基本消灭，其他传染病的发病率也有不同程度的下降。1978 年经国务院批准颁布了《中华人民共和国急性传染病管理条例》等一系列规范性文件，确定了法定传染病范围及分类管理原则。为了预防、控制和消灭各类传染病的发生和流行，保障人体健康，1989 年 2 月 21 日，第七届全国人大常委会第 6 次会议通过了《中华人民共和国传染病防治法》，并于同年 9 月 1 日开始施行。1991 年 12 月 6 日，经国务院批准，卫生部发布了《中华人民共和国传染病防治法实施办法》。《传染病防治法》以保障人民的生命健康为宗旨，总结了建国以来传染病防治工作的经验，在已实施多年的管理制度的基础上，确定了传染病的预防、疫情报告与公布、控制和监督 4 项法律制度，是传染病防治工作走上法制化轨道的重要标志。经过抗击SARS 的斗争，为使《传染病防治法》更能适应传染病防治和社会发展的需要，不断完善传染病防治法律制度，目前《传染病防治法》正在修订之中。

三、传染病防治法的适用范围

我国《传染病防治法》第七条明确规定：在中华人民共和国领域内的一切单位和个人，必须接受医疗保健机构、卫生防疫机构有关传染病的查询、检验、调查取证以及预防、控制措施，并有权检举、控告违反传染病防治法的行为。这表明《传染病防治法》适用于我国全部领域，包括领空、领水、领海和延伸意义上的领域。一切单位包括我国的一切机关、企事业单位、社会团体，也包括在我国领域内的一切外资、中外合资、合作企业等。一切个人即在我国领域内的一切自然人，包括中国人、外国人和无国籍人，外交人员也不例外。

四、法定传染病的管理原则和方法

（一）预防为主

传染病一旦发生，因其具有传染性，能迅速传播、流行，危害大，控制难。有些传染病如艾滋病，目前的医学技术还无法治疗。因此，预防为主是传染病防治的首要原则，防治工作的重点也应放在预防上。各级政府在制定社会经济发展规划时，必须包括传染病防治目标，并积极组织实施，采取有效的措施，以减少传染病的发生和流行。

（二）防治结合

强调预防为主，并不是可以忽视治疗。恰恰相反，在预防的同时，也要重视治疗。因为传染病人本身也是传染源，也可传播疾病，尽快治好病人，既是恢复病人健康的需要，也是消灭传染源，防止传染病扩散的需要。要力求无病防病，有病早治，预防为主，防治结合。

（三）分类管理

《传染病防治法》根据传染病的危害程度和应采取的监督、监测、管理措施，参照国际上统一分类标准，结合我国的实际情况，将全国发病率较高、流行面较大、危害严重的急性和慢性传染病列为法定管理的传染病，并根据其传播方式、速度及其对人类危害程度的不同，分为甲、乙、丙3类，实行分类管理。

1. 甲类传染病

甲类传染病是指鼠疫、霍乱，为强制管理传染病。对此类传染病发生后报告疫情的时限，对病人、病原携带者的隔离、治疗方式以及对疫点、疫区的处理等，均强制执行。

2. 乙类传染病

乙类传染病是指病毒性肝炎、细菌性和阿米巴性痢疾、伤寒和副伤寒、艾滋病、淋病、梅毒、脊髓灰质炎、麻疹、肺结核、百日咳、白喉、流行性脑脊髓膜炎、猩红热、流行性出血热、狂犬病、钩端螺旋体病、布氏杆菌病、炭疽、流行性和地方性斑疹伤寒、流行性乙型脑炎、新生儿破伤风、黑热病、疟疾、登革热等，为严格管理传染病。对此类传染病要严格按照有关规定和防治方案进行预防和控制，对其中的艾滋病、淋病、梅毒、狂犬病和炭疽病人必要时可采取某些强制性措施，控制其传播。

3. 丙类传染病

丙类传染病是指血吸虫病、丝虫病、包虫病、麻风病、流行性感冒、流行性腮腺炎、风疹、急性出血性结膜炎，以及除霍乱、痢疾、伤寒和副伤寒以外的感染性腹泻病等，为监测管理传染病。对此类传染病要按国务院卫生行政部门规定的监测管理方法进行管理。

《传染病防治法》还规定，国务院和国务院卫生行政部门可以根据情况，分别依权限决定传染病病种的增加或者减少。如2003年5月，卫生部将传染性非典型肺炎列入法定管理传染病。

第二节　传染病的预防与控制

一、传染病的预防

传染病的预防是《传染病防治法》的重要内容，是贯彻"预防为主"原则的集中体现。传染病预防主要包括社会预防和重点预防两大措施。社会预防措施是指在各级政府的领导下，组织社会各部门及全体公民，对可能引起传染病暴发流行的各种社会因素进行综合治理。这是传染病预防的根本性措施。重点预防措施则是在采取社会普遍性预防措施的基础上，对各种容易引起传染病暴发流行的生物性因素重点预防。

（1）开展卫生宣传教育。普及传染病预防知识，提高群众自我保健和防病能力，养成良好的卫生习惯，是预防传染病发生和传播的重要措施。《传染病防治法》将其作为一项法定的义务予以确定，要求各级政府应当组织有关部门，开展传染病预防知识和防治措施的卫生健康教育。卫生、教育、宣传等部门应当分工协作，承担具体的实施工作；全体公民有接受卫生健康教育的义务。

（2）消除各种传染病的传播媒介。开展群众性的以除害灭病为中心的爱国卫生运动，发动全体公民和社会各部门共同参与，是我国传染病预防工作的经验总结。《传染病防治法实施办法》明确指出各级政府组织开展爱国卫生运动；铁路、交通、民航部门，负责组织消除交通工具的鼠害和各种病媒昆虫的危害；农业、林业部门负责组织消除农田、牧场及林区的鼠害；国务院各有关部委分工负责消除钉螺危害。将组织开展和参与爱国卫生运动作为各级政府及其部门、各企事业单位、社会团体和全体公民的共同义务，形成了以全民参与为基础，以专业防治为重点开展爱国卫生运动的法律制度。

（3）有计划地建设和改造公共卫生设施，保护水源，防止污染。建设和改造公共卫生设施，提高城乡基础设施的卫生水平，是降低、控制肠道传染病发病的根本措施。由于城乡公共设施的建设和改造涉及面广，所需资金多，与城乡发展的总体规划关系密切，决非卫生部门所能承担。故《传染病防治法》将其列为各级政府的职责，要求在城市建设和改造中应当按照城市环境卫生设施标准修建公共厕所、垃圾粪便的无害化处理场和污水、雨水排放处理系统等公共卫生设施；在农村应当逐步改造厕所，对粪便进行无害化处理；加强对公共生活用水的卫生管理，建立必要的卫生管理制度；饮用水水源附近禁止有污水池、粪堆（坑）等污染源；禁止在饮用水水源附近洗刷便器和运输粪便的工具；防止饮用水源的污染。集中式供水必须符合国家规定的生活饮用水标准，各单位自备水源，未经城市建设部门和卫生行政部门批准，不得与城市集中式供水系统连接。为保证生活饮用水卫生安全，保障人体健康，建设部、卫生部于 1996 年 7 月 9 日联合发布了《生活饮用水卫生监督管理办法》，对集中式供水、二次供水单位和涉及饮用水卫生安全的产品实施卫生监督管理。

（4）有计划的预防接种制度。实行有计划的预防接种，是提高人群对传染病的特异性免疫力，阻断传染病流行，做到防患于未然的有效方法。《传染病防治法》明确指出国家实行有计划的预防接种制度，国家对儿童实行预防接种证制度。

有计划地预防接种制度的内容主要包括预防接种项目及对象的确定，疫苗的研制、生产、供应，预防接种的实施及特殊反应的处理，以及预防接种的宣传、培训、考核、评价、统计和儿童预防接种证制度等有关规定。《传染病防治法实施办法》明确规定，中华人民共和国境内的任何人均应按照有关规定接受预防接种。适龄儿童应当按照国家有关规定，接受预防接种。适龄儿童的家长或者监护人应当及时向医疗保健机构申请办理预防接种证。托幼机构、学校在办理入托、入学手续时，应当查验预防接种证，来按规定接种的儿童应当及时补种。各省、自治区、直辖市政府卫生行政部门可以根据当地传染病流行情况，增加预防接种项目。

用于预防传染病的菌苗、疫苗等生物制品，由各省、自治区、直辖市卫生防疫机构统一向生物制品生产单位订购，其他任何单位和个人不得经营。用于预防传染病的菌苗、疫苗等生物制品必须在卫生防疫机构的监督指导下使用。

（5）严格执行各项卫生制度，对易使传染病扩散的行业搞好重点预防措施。①医疗保健机构要严格执行消毒隔离制度，防止医院内感染和医源性感染；②卫生防疫机构和从事致病性微生物实验的教学、科研、生产单位必须建立健全防止致病性微生物扩散的制度和人体保护措施，严格执行实验操作规程，对实验后的样品、器材、污染物品等，按照有关规定进行严格消毒后处理；③对传染病菌（毒）种的保藏、携带、运输和供应实行严格管理；根据传染病菌（毒）种的危害性将其分类，对各类菌（毒）种的保藏、携带、运输和供应依有关规定，由经卫生行政部门指定的单位承担；④从事饮水、饮食、整容、保育等易使传染病扩散工作的从业人员，必须按照国家有关规定取得健康合格证后方可上岗；⑤加强对血液、血液制品、卫生用品、卫生材料、一次性医疗器材的管理。

（6）控制传染源，预防传染病扩散。对患有规定的传染病的病人或者病源携带者予以必要的隔离治疗，直至医疗保健机构证明其不具有传染性时，方可恢复工作。对受传染病病原体污染的污水、污物、粪便、室内空气、地面、四壁及动物尸体等物品依照有关规定进行严格消毒处理。出售、运输被传染病病原体污染或者来自疫区可能被传染病病原体污染的皮毛、旧衣物及生活用品等必须按照卫生防疫机构的要求进行必要的卫生处理。

（7）加强对人畜共患传染病的预防管理，和自然疫源地的建设项目审批。发现人畜共患传染病已在人、畜间流行时，卫生行政部门与畜牧兽医部门应当深入疫区，按照职责分别对人、畜开展防治工作。

二、疫情的报告和公布

（一）疫情报告人

《传染病防治法》规定，疫情报告人分为义务报告人和责任报告人。义务报告人是指城乡居民、机关团体、车站、码头、机场、饭店职工及其他人员。上述人员在发现传染病病人或疑似传染病病人时，应及时向附近卫生院、医院或卫生防疫机构报告。这是每个公民应尽的义务。责任报告人是指医疗保健人员、卫生防疫人员（包括军队系统的医疗保健机构和人员）及个体开业医生。

（二）疫情报告时限

责任疫情报告人发现甲类传染病和乙类传染病中的艾滋病、肺炭疽病人和病原携带者、疑似传染病病人时，城镇于6小时内，农村于12小时内，以最快通讯方式向发病地的卫生防疫机构报告，同时报出传染病报告卡；发现乙类传染病病人、病原携带者和疑似传染病病人时，城镇于12小时内，农村于24小时内，向发病地卫生防疫机构报出传染病报告卡；在丙类传染病监测区发现丙类传染病病人时，应在24小时内向发病地的卫生防疫机构报出传染病报告卡。

但是，各级各类疾病控制、卫生监督、医疗、保健等与卫生有关的机构，在发现：①发生或者可能发生传染病暴发、流行的；②发生或者发现不明原因的群体性疾病的；③发生传染病菌种、毒种丢失情形等突发事件时，应当根据《突发公共卫生事件应急条例》规定，在 2 小时内向所在地县级人民政府卫生行政主管部门报告；省级人民政府应当 1 小时内向卫生部报告；卫生部对可能造成重大社会影响的突发事件，应当立即向国务院报告。

（三）疫情的公布

国务院卫生行政部门负责定期公布全国的传染病疫情，并随时通报重大疫情。省、自治区、直辖市的卫生行政部门除定期公布本行政区域的疫情外，还可授权卫生防疫机构公布。市、地及市、地以下政府卫生行政部门、卫生防疫机构，在工作需要时可介绍当地传染病发生、流行与防治情况。做好传染病疫情的通报和公布工作，不仅能增强个人和群体的防护意识，而且也是我国作为 WHO 成员国所必须承担的国际义务。

三、传染病的控制

传染病的控制是指在传染病发生或暴发、流行时，政府及有关部门为了防止传染病扩散和蔓延而采取的控制措施。对传染病的疫情的处理由卫生防疫机构和医疗保健机构实行分级分工管理。

（一）一般性控制措施

1. 对甲类传染病病人和病原携带者，乙类传染病中的艾滋病病人、炭疽中的肺炭疽病人，予以隔离治疗。隔离期限根据医学检查结果确定。拒绝隔离治疗或者隔离期未满擅自脱离隔离治疗的，可以由公安部门协助治疗单位采取强制隔离治疗措施。

2. 对除艾滋病病人、肺炭疽病人以外的乙类、丙类传染病病人，根据病情采取必要的治疗和控制传播措施。

3. 对疑似甲类传染病病人，在明确诊断前，于指定场所进行医学观察。

4. 对传染病病人、病原携带者、疑似传染病病人传染的场所、物品和密切接触的人员，实施必要的卫生处理和预防措施。

在实施以上传染病控制措施时，传染病病人及其亲属和有关单位以及居民或者村民组织应当配合实施。

（二）紧急措施

当传染病暴发、流行时，当地政府应当立即组织力量进行防治，切断传染途径；必要时，报经上一级政府决定，可以采取下列紧急措施：①限制或停止集市、集会、影剧院演出或其他人群聚集的活动；②停工、停业、停课；③临时征用房屋、交通工具；④封闭被传染病病原体污染的公共饮用水源。上一级政府接到下一级政府关于采取上列紧急措施的报告时，必须在规定的 24 小时内做出决定。

紧急措施的撤销和解除，由原决定机关根据有关规定决定并宣布。紧急措施撤销的条件是：①甲类传染病病人、病原携带者全部治愈，乙类传染病病人、病原携带者得到有效的隔离治疗；病人尸体得到严格消毒处理；②污染的物品及环境已经过彻底消毒，有关病媒昆虫、染疫动物基本消除；③暴发、流行的传染病病种，经过最长潜伏期后，未发现新的传染病病人，疫情得到有效的控制。

（三）疫区封锁

疫区是指传染病在人群中暴发或者流行，其病原体向周围传播时可能波及的地区。疫区封锁就是限制疫区与非疫区之间的各种形式的交往。《传染病防治法》规定，甲类、乙类传染病暴发、流行时，县级以上地方政府报经上一级地方政府决定，可以宣布疫区，在疫区内可采取前述紧急措施，并可对出入疫区的人员、物资和交通工具实施卫生检疫。

国务院发布的《国内交通卫生检疫条例》，对控制检疫传染病通过交通工具及其乘运的人员、物资传播的检疫措施作了具体规定：①对出入检疫传染病疫区的人员、交通工具及其承运的物资进行查验；②对检疫传染病病人、病原携带者、疑似检疫传染病病人和与其密切接触者，实施临时隔离、医学检查及其他应急医学措施；③对被检疫传染病病原体污染或者可能被污染的物品，实施控制和卫生处理；④对通过该疫区的交通工具及其停靠场所，实施紧急卫生处理；⑤需要采取的其他卫生检疫措施。

由于封锁疫区关系到政治、经济以及人民群众生活、安全等问题，《传染病防治法》还规定，经省、自治区、直辖市政府决定，可以对甲类传染病疫区实施封锁；封锁大、中城市的疫区或跨省、自治区、直辖市的疫区，以及封锁疫区导致中断干线交通或者封锁国境的，由国务院决定。疫区封锁的解除，由原决定机关宣布。

第三节　艾滋病监测管理

艾滋病（AIDS）是指获得性免疫缺陷综合征，其致病病原是人类免疫缺陷病毒（HIV），潜伏 5 ~ 10 年后衍变为艾滋病。

1981 年自美国发现第 1 例艾滋病病人至今，艾滋病已成为全球性疾病。联合国艾滋病联合规划署和世界卫生组织公布的《2003 年度全球艾滋病流行报告》指出，目前全世界艾滋病病毒感染者已达 4000 万左右，2003 年全球新感染艾滋病病毒人数已达 500 万，同时有 300 万人死于艾滋病，达到历史最高峰，艾滋病的传播形势依然严峻。

我国自 1985 年发现首例艾滋病病人以来，目前疫情已经波及 31 个省（自治区、直辖市）。根据 2003 年卫生部和联合国艾滋病中国专题组《中国艾滋病防治联合评估报告》，我国现有艾滋病病毒感染者约 84 万，其中艾滋病病人 8 万例。自 2001 年以来，我国已进入艾滋病发病和死亡高峰，国内有关专家根据目前存在的许多易使艾滋病传播的危险因素分析，估计我国艾滋病实际感染者已达 104 万。如果不加以有效的控制，估计到 2010 年感染人数可能达到 1000 万。因此，我国政府高度重视艾滋病的预防和控制工作：①在全国建立监测点，对人群进行艾滋病病毒抗体检测。②成立国家预防和控制艾滋病专家委员会，制定了《中国预防和控制艾滋病中长期规划（1998 ~ 2010 年）》、《中国遏制与防治艾滋病行动计划（2001 ~ 2005 年）》。③开展健康教育和宣传工作，开展科研工作，建立性病、艾滋病防治服务体系。④开展国际合作。⑤建立、完善性病、艾滋病防治的有关法律和法规体系，以强化艾滋病的预防与控制工作，维护社会安定。

1988 年经国务院批准，卫生部等部委联合发布了《艾滋病监测管理的若干规定》；

1995 年经国务院批准下发了《关于加强预防和控制艾滋病工作的意见》；1999 年卫生部颁布了《关于对艾滋病病毒感染者和艾滋病病人的管理意见》。

1. 艾滋病监测管理机构

各级人民政府卫生行政部门主管辖区内的艾滋病监测管理工作。公安、外事、海关、旅游、教育、航空、铁路、交通等有关部门及企业、事业单位和群众团体，应协助卫生行政部门采取措施，防止艾滋病传播。

2. 艾滋病监测的内容

艾滋病的监测工作，由省级卫生行政部门负责，主要内容包括：①疫情收集、整理、分析；②重点人群的血清学检查；③流行病学因素调查、分析。

3. 艾滋病病人和感染者的处理

卫生、医疗和保健机构发现艾滋病病人时，应立即采取隔离措施，并送其到指定的医疗单位治疗。对艾滋病病毒感染者和疑似艾滋病病人，以及与艾滋病病人或艾滋病病毒感染者有密切接触者，可以根据预防的需要，实施下列部分或全部措施：①留验；②限制活动范围；③医学观察；④定期或不定期访视。

外国人在我国居留期间，如被发现属艾滋病病人或艾滋病病毒感染者，当地卫生行政部门可提请公安部门令其立即出境。

艾滋病病人或感染者的尸体必须就地火化。艾滋病病人或感染者的分泌物、排泄物及其接触过可能造成污染的用品和环境，应在卫生防疫机构监督指导下进行消毒，必要时由卫生防疫机构实施消毒。禁止艾滋病病毒感染者捐献人体组织、器官、血液和精液。

4. 艾滋病病人和艾滋病病毒感染者的权益保护

艾滋病病毒感染者、艾滋病病人及其家属不受歧视，享有公民依法享有的权利和社会福利；对检测发现艾滋病病毒抗体阳性结果的确认属个人隐私，有关部门不得泄露。各地卫生行政部门指定医疗机构为艾滋病病人及感染者提供医疗服务，被指定的医疗机构不得拒绝收治，对其中经济特别困难者，接受治疗的医疗机构应报请当地政府协调解决费用。

艾滋病病人和艾滋病病毒感染者应对社会承担义务和责任。就诊时应主动说明自身感染情况，防止将病毒传染给他人；明知自己感染而故意感染他人，应依法追究其法律责任。

第四节　国内交通卫生检疫

为了控制检疫传染病通过交通工具及其乘运的人员、物资传播，防止检疫传染病流行，保障人体健康，依照《中华人民共和国传染病防治法》的规定，国务院颁布了国内交通卫生检疫条例，并于 1999 年 3 月 1 日起实行。国内交通卫生检疫条例适用于列车、船舶、航空器和其他车辆（以下简称交通工具）出入检疫传染病疫区和在非检疫传染病疫区的交通工具上发现检疫传染病疫情时，对交通工具及其乘运的人员、物资实施交通卫生检疫。这里所称检疫传染病，是指鼠疫、霍乱以及国务院确定并公布的其他传染病。

一、检疫措施

(一) 确定检疫传染病疫区

省、自治区、直辖市人民政府有权确定检疫传染病疫区，并决定对出入疫区的交通工具及其乘运的人员、物资实施交通卫生检疫。

(二) 检疫措施

1. 县级以上地方人民政府卫生行政部门或者铁路、交通、民用航空行政主管部门的卫生主管机构根据各自的职责，对出入检疫传染病疫区的交通工具及其乘运的人员、物资，有权采取下列相应的交通卫生检疫措施：①对出入检疫传染病疫区的人员、交通工具及其承运的物资进行查验；②对检疫传染病病人、病原携带者、疑似检疫传染病病人和与其密切接触者，实施临时隔离、医学检查及其他应急医学措施；③对被检疫传染病病原体污染或者可能被污染的物品，实施控制和卫生处理；④对通过该疫区的交通工具及其停靠场所，实施紧急卫生处理；⑤需要采取的其他卫生检疫措施。

2. 在非检疫传染病疫区的交通工具上发现下列情形之一时，县级以上地方人民政府卫生行政部门或者铁路、交通、民用航空行政主管部门的卫生主管机构根据各自的职责，有权对交通工具及其乘运的人员、物资实施交通卫生检疫：①发现有感染鼠疫的啮齿类动物或者啮齿类动物反常死亡，并且死因不明；②发现鼠疫、霍乱病人、病原携带者和疑似鼠疫、霍乱病人；③发现国务院确定并公布的需要实施国内交通卫生检疫的其他传染病。

3. 在非检疫传染病疫区的交通工具上，发现检疫传染病病人、病原携带者、疑似检疫传染病病人时，交通工具负责人应当组织有关人员采取下列监测措施：①以最快的方式通知前方停靠点，并向交通工具营运单位的主管部门报告；②对检疫传染病病人、病原携带者、疑似检疫传染病病人和与其密切接触者实施隔离；③封锁已经污染或者可能污染的区域，采取禁止向外排放污物等卫生处理措施；④在指定的停靠点将检疫传染病病人、病原携带者、疑似检疫传染病病人和与其密切接触者以及其他需要跟踪观察的旅客名单，移交当地县级以上地方人民政府卫生行政部门；⑤对承运过检疫传染病病人、病原携带者、疑似检疫传染病病人的交通工具和可能被污染的环境实施卫生处理。

二、疫情通报

检疫传染病疫情发生后，疫区所在地的省、自治区、直辖市人民政府卫生行政部门应当向有关铁路、交通、民用航空行政主管部门的卫生主管机构通报疫情。铁路、交通、民用航空行政主管部门的卫生主管机构接到疫情通报后，应当及时通知有关交通工具的营运单位。检疫传染病疫情的报告、通报和公布，依照传染病防治法及其实施办法的规定执行。

三、国内交通卫生检疫的监督管理

《国内交通卫生检疫条例》明确规定，国务院卫生行政部门主管全国国内交通卫生检疫监督管理工作。县级以上地方人民政府卫生行政部门负责本行政区域内的国内交通卫生检疫工作，有权对出入检疫传染病疫区的或者在非检疫传染病疫区发现检疫传染病疫情的交通工具及其乘运的人员、物资实施交通卫生检疫，并对违法者依法实施处罚。

铁路、交通、民用航空行政主管部门的卫生主管机构，根据有关法律、法规和国务院卫生行政部门分别会同国务院铁路、交通、民用航空行政主管部门规定的职责划分，负责各自职责范围内的国内交通卫生检疫工作。

第五节　消毒管理

为加强消毒工作及消毒药剂和消毒器械的管理，防止疾病传播，保障人体健康，根据《中华人民共和国传染病防治法》及《中华人民共和国传染病防治法实施办法》的有关规定，卫生部于 1992 年 8 月 31 日制定了消毒管理办法。本办法明确规定，医疗、卫生、消毒服务和未列入中华人民共和国药典现行版的所有消毒药剂、消毒器械和一次性使用的医疗、卫生用品生产、经营、使用的单位和个人以及需要消毒的场所都属于本办法的管理范围。国家对生产、经营、使用消毒药剂、消毒器械和一次性使用的医疗、卫生品实行卫生许可证制度。卫生许可证的审批和发放由各省、自治区、直辖市以上（简称省级以上）的卫生行政部门按照有关规定办理。

各级政府卫生行政部门对消毒工作实行统一监督管理；各级卫生防疫机构根据国家有关卫生标准和消毒技术规范，对生产、经营和使用消毒药剂、消毒器械和一次性使用的医疗、卫生用品进行消毒效果的监测管理。

军队、铁路、交通、民航卫生主管机构依照《消毒管理办法》负责本系统的消毒监督管理工作。军队、铁路、交通、民航的卫生防疫机构承担本系统内的消毒监测管理工作，并接受当地政府卫生行政部门指定的卫生防疫机构的业务指导。

一、医疗卫生保健机构的消毒管理

《消毒管理办法》规定，各级医疗保健机构要建立预防医院内感染的管理组织，并负责本单位消毒监测和技术指导工作，建立消毒、隔离制度，预防医院内感染。要组织本单位的医疗、卫生、保健人员接受消毒灭菌技术培训，坚持培训后上岗，要求掌握消毒知识，并按规定严格执行消毒、隔离制度。

进入人体组织或无菌器官的医疗用品必须达到灭菌。各种注射、穿刺、采血器具必须一人一用一灭菌。凡接触皮肤、黏膜的器械和用品必须达到消毒。一次性作用的医疗用品，用后必须及时销毁处理，并记录备案。

医疗、卫生、保健机构和科研、教学等单位使用的消毒药剂、消毒器械和一次性使用的医疗、卫生用品，必须是获得省级以上卫生行政部门"卫生许可"、符合"国家有关卫生标准"的产品，并定期监测消毒效果。

各级医疗保健机构的手术室、产房、婴儿室、烧伤科等有关科室的环境和实验室的空气、物体表面等必须符合"国家有关卫生标准"。医院污水排放应符合"国家医院污水排放标准"。运送传染病人的车辆、工具和污染物品等必须随时进行消毒处理。

发生医源性感染，导致传染病暴发或流行时，医院应当及时报告当地卫生行政机构，并采取有效消毒措施。卫生行政机构应当对医院消毒工作加强管理；卫生防疫机构应当做好对医院消毒工作的技术指导。

二、疫源地的消毒管理

《消毒管理办法》规定，甲类传染病鼠疫、霍乱的疫源地，要在当地卫生防疫机构的监督指导下，由有关单位和个人及时进行消毒，或由当地卫生防疫机构负责进行终末消毒。乙类传染病中的肺炭疽、艾滋病疫源地也依此办理。

乙类传染病中的病毒性肝炎、细菌性痢疾、伤寒与副伤寒、脊髓灰质炎、白喉等必须按照当地卫生防疫机构提出的卫生要求，由有关单位和个人进行消毒处理，或由当地卫生防疫机构组织消毒。

三、预防性消毒管理

许多传染病可通过被污染的传播媒介如生活用品及场所而传播，必须对其加强预防性消毒，切断传播途径。预防性消毒管理包括：食品生产经营单位和公共场所的消毒管理；托幼机构的室内空气、餐具、毛巾、玩具等的定期消毒；生活饮用水的消毒；来自疫区可能被传染病病原体污染的皮毛、羽毛及其收购、运输、加工部门和可能导致人畜共患传染病传播蔓延的物品和场所的消毒；单位或个人经营国家允许经营的旧衣、旧物，以及殡仪馆、火葬场和停放尸体的场所及车辆的经常性消毒等。

四、医疗卫生用品的消毒管理

生产、经营消毒药剂、消毒器械和一次性使用的医疗、卫生用品的单位必须按《消毒药械和医疗卫生用品审批程序》的规定，申请并获得卫生许可后，方可向当地工商行政管理部门申请登记办理生产营业执照，并接受当地政府卫生行政部门的监督和卫生防疫机构的监测管理。

一次性使用的输液（血）器、注射器的研制、生产单位，必须经当地政府卫生行政部门登记，产品由卫生防疫机构或政府卫生行政部门指定的消毒实验室进行消毒监测合格后，由所在省、自治区、直辖市的政府卫生行政部门审核、批准，发给"卫生许可证"。一次性使用的医疗、卫生用品根据其用途，应当达到灭菌或消毒，并取得省级政府卫生行政部门批准和获得"卫生许可证"。

卫生用品必须符合国家有关卫生标准方可出厂、销售。生产一次性使用的医疗、卫生用品的原材料必须清洁、对人体无毒无害。凡从事此类用品生产、销售的单位，必须接受当地卫生行政部门的监督和卫生防疫机构的监测管理。

凡经消毒灭菌后的一次性使用的医疗、卫生用品产品，要严格防止再污染。包装上应当注明批准文号、厂名、批号、消毒方法、消毒日期和有效期，并附详细使用说明，介绍产品保存条件和使用注意事项等。

经营一次性使用的医疗、卫生用品的部门，应当按照产品生产厂家提供的说明书和规定保存、运输。不得销售无厂名、厂址、批号、消毒标签及无有效期限或过期产品。

第六节　生活饮用水卫生

为保证生活饮用水卫生安全，保障人体健康，建设部、卫生部于 1996 年 7 月 9 日联合发布了《生活饮用水卫生监督管理办法》，规定集中式供水、二次供水单位和涉及饮用水安全的产品都属于卫生监督管理范围。

国家对集中式供水单位和涉及饮用水安全的产品实行卫生许可制度。生产涉及饮用水卫生安全的产品的单位和个人，必须按规定向政府卫生行政部门申请办理产品卫生许可批准文件，取得批准文件后，方可生产和销售。任何单位和个人不得生产、销售、使用无批准文件的产品。

国家鼓励有益于饮用水安全的新产品、新技术、新工艺的研制开发和推广应用。

一、生活饮用水卫生管理

《生活饮用水卫生监督管理办法》规定，供水单位供应的饮用水必须符合国家生活饮用水卫生标准。集中式供水单位必须取得县级以上地方人民政府卫生行政部门签发的卫生许可证。城市自来水供应企业和自建设施对外供水的企业还必须取得建设行政主管部门颁发的《城市供水企业资质证书》。

供水单位新建、改建、扩建的饮用水供水工程项目，应当符合卫生要求，选址和设计审查、竣工验收必须有建设、卫生行政主管部门参加。新建、改建、扩建的城市公共饮用水供水工程项目由建设行政主管部门负责组织选址、设计审查和竣工验收，卫生行政部门参加。

集中式供水单位必须有水质净化消毒设施及必要的水质检验仪器、设备和人员，对水质进行日常性检验，并向当地人民政府卫生行政部门和建设行政主管部门报送检测资料。

直接从事供、管水的人员必须取得体检合格证后方可上岗工作，并每年进行一次健康检查。凡患有痢疾、伤寒、病毒性肝炎、活动性肺结核、化脓性或渗出性皮肤病及其他有碍饮用水的疾病的和病原携带者，不得直接从事供、管水工作。直接从事供、管水的人员，未经卫生知识培训不得上岗工作。从事二次供水设施清洗消毒的单位必须取得当地人民政府卫生行政部门的卫生许可后，方可从事清洗消毒工作。清洗消毒人员，必须经卫生知识培训和健康检查，取得体检合格证后方可上岗。

饮用水水源地必须设置水源保护区。保护区内严禁修建任何可能危害水源水质卫生的设施及一切有碍水源水质卫生的行为。二次供水设施选址、设计、施工及所用材料，应保证不使饮用水水质受到污染，并有利于清洗和消毒。各类蓄水设施要加强卫生防护，定期清洗和消毒。

当饮用水被污染，可能危及人体健康时，有关单位和责任人应立即采取措施，消除污染，并向当地人民政府卫生行政部门和建设行政主管部门报告。

二、生活饮用水卫生监督

（一）监督机构及人员

县级以上人民政府卫生行政部门负责本行政区域内饮用水卫生监督监测工作。供水单位的供水范围在本行政区域内的，由该行政区人民政府卫生行政部门负责其饮用水监督监测工作；供水单位的供水范围超出其所在省、自治区、直辖市的，由该供水单位所在省、自治区、直辖市人民政府卫生行政部门负责其饮用水监督监测工作；铁道、交通、民航行政主管部门设立的卫生监督机构，行使卫生部会同国务院有关部门规定的饮用水卫生监督职责。

县级以上人民政府卫生行政部门设饮用水卫生监督员，负责饮用水卫生监督工作。县级卫生行政部门可聘任饮用水卫生检查员，负责乡、镇饮用水卫生检查工作。饮用水卫生监督员由县级以上人民政府卫生行政部门发给证书，饮用水卫生检查员由县级人民政府卫生行政部门发给证书。铁道、交通、民航的饮用水卫生监督员，由其上级行政主管部门发给证书。

饮用水卫生监督员应秉公执法，忠于职守，不得利用职权牟取私利。

（二）监督内容

饮用水卫生监督的内容主要包括：

（1）预防性监督　新建、改建、扩建集中式供水项目时，当地人民政府卫生行政部门应做好预防性卫生监督工作，并负责本行政区域内饮用水的水源、水质监测和评价。

（2）水污染事故的处理　医疗单位发现因饮用水污染出现的水源性传染病或化学中毒病例时，应及时向当地人民政府卫生行政部门和卫生防疫机构报告。县级以上地方人民政府卫生行政部门负责本行政区域内饮用水污染事故对人体健康影响的调查。当发现饮用水污染危及人体健康，需停止使用时，对二次供水单位应责令其立即停止供水；对集中式供水单位应当会同城市建设行政主管部门报同级人民政府批准后停止供水。

（3）发放卫生许可证　供水单位卫生许可证由县级以上人民政府卫生行政部门按照规定的管理范围发放，有效期4年，每年复核一次。有效期满前6个月重新提出申请换发新证。凡取得卫生许可证的单位或个人，以及取得卫生许可批准文件的饮用水卫生安全的产品，经日常监督检查，发现已不符合卫生许可证颁发条件或不符合卫生许可批准文件颁发要求的，原批准机关有权收回有关证件或批准文件。

（4）卫生安全性评价制度　涉及饮用水卫生安全的产品，必须进行卫生安全性评价，与饮用水接触的防护涂料、水质处理器以及新材料和化学物质，由省级卫生行政部门初审后，报卫生部复审，复审合格的产品，由卫生部颁发批准文件。其他涉及饮用水卫生安全的产品，由省、自治区、直辖市人民政府卫生行政部门批准，报卫生部备案。凡涉及饮用水卫生安全的进口产品，需经卫生部审批后，方可进口和销售。

第七节　传染病防治的监督

一、传染病防治监督机构及其职权

《传染病防治法》规定，各级政府卫生行政部门对传染病防治工作实施统一监督管理。铁路、交通、民航、农垦系统等部门的卫生主管机构，受国务院卫生行政部门的委托后，在本系统内对传染病防治工作行使监督管理职权。军队的传染病防治工作，依照法律和国家有关规定办理，由中国人民解放军卫生主管部门实施监督管理。

各级政府卫生行政部门对传染病防治工作的监督管理职权包括：①对一切单位和个人依照《传染病防治法》规定的任务完成情况进行监督检查；②责令被检查单位或者个人限期改进传染病防治管理工作；③对违反《传染病防治法》的行为给予行政处罚；④协助政府制定传染病防治规划，提出加强传染病防治工作的建议；⑤协助政府组织有关单位共同做好传染病防治工作；⑥依法受理、仲裁有关违反《传染病防治法》的案件；⑦指令下属单位根据专业分工对辖区内发生的传染病进行调查、评价，预测发展趋势，采取必要措施控制、平息疫情；⑧对下级卫生行政部门的工作进行检查、考验、纠正不当处理。

各级各类卫生防疫机构按照专业分工承担责任范围内的传染监测管理工作。

各级各类医疗保健机构承担责任范围内的传染病防治管理任务，并接受有关卫生防疫机构的业务指导。

二、传染病防治监督管理人员及其职责

（一）传染病管理监督员

各级政府卫生行政部门和受国务院卫生行政部门委托的其他有关部门卫生主管机构以及各级卫生监督所设立传染病管理监督员，执行卫生行政部门或者其他有关部门卫生主管机构交付的传染病监督管理任务。传染病管理监督员由合格的卫生专业人员担任。由省级以上政府卫生行政部门聘任并发给证件。省级卫生行政部门聘任的传染病管理监督员，报国务院卫生行政部门备案。

传染病管理监督员的职责是：①监督检查传染病防治法的执行情况；②进行现场调查，包括采集必需的标本及查阅、索取、翻印复制必要的文字、图片、声像资料等，并根据调查情况写出书面报告；③对违法单位或者个人提出处罚建议；④卫生行政部门或其他有关部门卫生主管机构交付的任务；⑤及时提出预防和控制传染病措施的建议。

（二）传染病管理检查员

各级各类医疗保健机构设立传染病管理检查员，负责检查本单位及责任地段的传染病防治管理工作，并向有关卫生防疫机构报告检查结果。传染病管理检查员由本单位推荐，经县级以上政府卫生行政部门或受国务院卫生行政部门批准并发给证件。

传染病管理检查员的职责是：①宣传《传染病防治法》，检查本单位及责任地段的传染病防治措施的实施和疫情报告执行情况；②对本单位及责任地段的传染病防治工作进行技术指导；③执行卫生行政部门和卫生防疫机构对本单位及责任地段所提出的改进传染病防治管理工作的意见；⑤定期向卫生行政部门指定的卫生防疫机构汇报工作情况，遇到紧急情况及时汇报。

第八节 法律责任

一、行政责任

（一）行政处罚

《传染病防治法》及其实施办法规定，单位和个人有以下违法行为之一的，由县级以上政府卫生行政部门视违法情节给予警告、责令限期改进，责令赔偿损失，或处以罚款；有造成传染病流行危险的，由卫生行政部门报请同级政府采取强制措施：

（1）集中式供水单位供应的饮用水不符合国家规定的生活饮用水卫生标准、单位自备水源未经批准与城镇供水系统连接的；

（2）未按城市环境卫生设施标准修建公共卫生设施致使垃圾、粪便、污水不能进行无害化处理，对被传染病病原体污染的污水、污物、粪便不按规定进行消毒处理，对被甲类和乙类传染病病人、病原携带者、疑似传染病病人污染的场所、物品未按卫生防疫机构的要求实施必要的卫生处理的；

（3）造成传染病医源性感染、医院内感染、实验室感染和致病性微生物扩散的，招用流动人口的用工单位，未向卫生防疫机构报告并未采取卫生措施，造成传染病传播、流行的；

（4）生产、经营、使用消毒药剂和消毒器械、卫生用品、卫生材料、一次性医疗器材、隐形眼镜、人造器官等不符合国家卫生标准，可能或者已经造成传染病的传播、扩散的；

（5）准许或者纵容传染病病人、病原携带者和疑似传染病病人，从事国务院卫生行政部门规定禁止从事的易使传染病扩散的工作的；

（6）传染病病人、病原携带者故意传播传染病，造成他人感染的；甲类传染病病人、病原携带者或者疑似传染病病人，乙类传染病中艾滋病、肺炭疽病人拒绝进行隔离治疗的；

（7）违章养犬或者拒绝、阻挠捕杀违章犬，造成咬伤他人或者导致人群中发生狂犬病的；

（8）在自然疫源地和可能是自然疫源地的地区兴建大型建设项目未经卫生调查即进行施工的；

（9）单位和个人非法经营、出售用于预防传染病菌苗、疫苗等生物制品的；单位和个人出售、运输被传染病病原体污染和来自自然疫源地可能被传染病病原体污染的皮毛、旧衣物及生活用品的；

（10）个体行医人员在执行职务时，不报、漏报、迟报传染病疫情的。

（二）行政处分

《传染病防治法》及其实施办法规定，有下列行为之一的单位和个人，对主管人员和直接责任者由所在单位或者上级机关给予行政处分：

（1）单位和个人非法经营、出售用于预防传染病菌苗、疫苗等生物制品的；

（2）单位和个人出售、运输被传染病病原体污染和来自自然疫源地可能被传染病病原体污染的皮毛、旧衣物及生活用品的；

（3）传染病暴发、流行时，妨碍或者拒绝执行政府采取紧急措施的；

（4）传染病暴发、流行时，医疗保健人员、卫生防疫人员拒绝执行各级政府卫生行政部门调集其参加控制疫情的决定的；

（5）对控制传染病暴发、流行负有责任的部门拒绝执行政府有关控制疫情决定的；

（6）无故阻止和拦截依法执行处理疫情任务的车辆和人员的；

（7）执行职务的医疗保健人员、卫生防疫人员和责任单位，不报、漏报、迟报传染病疫情的。

二、刑事责任

《传染病防治法》规定，违反《传染病防治法》有关规定，情节严重，构成犯罪的，依法追究刑事责任。

《刑法》第三百三十条规定，违反《传染病防治法》的规定，有下列情形之一，引起甲类传染病传播或者有传播严重危险的，处 3 年以下有期徒刑或者拘役；后果特别严重的，处 3 年以上 7 年以下有期徒刑：①供水单位供应的饮用水不符合国家规定的卫生标准的；②拒绝按照卫生防疫机构提出的卫生要求，对传染病病原体污染的污水、污物、粪便进行消毒处理的；③准许或者纵容传染病病人、病原携带者和疑似传染病病人从事国务院卫生行政部门规定禁止从事的易使该传染病扩散的工作的；④拒绝执行卫生防疫机构依照传染病防治法提出的预防、控制措施的。

单位犯上述罪的，对单位判处罚金，并对其直接负责的主管人员和其他直接负责人员，依照上述规定处罚。

《刑法》第三百三十一条规定，从事实验、保藏、携带、运输传染病菌种、毒种的人员，违反国务院卫生行政部门的有关规定，造成传染病菌种、毒种扩散，后果严重的，处 3 年以下有期徒刑或者拘役；后果特别严重的，处 3 年以上 7 年以下有期徒刑。

《刑法》第三百六十条规定，明知自己患有梅毒、淋病等严重性病卖淫、嫖娼的，处5年以下有期徒刑、拘役或者管制，并处罚金。

【练一练】

选择题

1.《传染病防治法》中规定我国传染病防治的基本制度是（ ）

A. 预防为主   B. 预防为主，防治结合，分类管理

C. 有计划的预防接种制度   D. 预防接种制度

2. 下列属于《传染病防治法》规定的甲类传染病的有（ ）

A. 艾滋病、鼠疫、霍乱   B. 鼠疫、霍乱

C. 艾滋病、鼠疫、黑热病   D. 麻风、鼠疫

3. 下列属于《传染病防治法》规定的乙类传染病，除了（ ）

A. 脊髓灰质炎   B. 狂犬病

C. 麻疹   D. 血吸虫病

第十六章 母婴保健法

第一节 概述

一、母婴保健法的概念

母婴保健是指为了保障母亲和婴儿健康、提高出生人口素质所进行的各种活动。母婴保健法则是指专门调整在母婴保健活动中所产生的各种社会关系的法律规范的总和。

《中华人民共和国母婴保健法》（以下简称《母婴保健法》）作为我国第一部保护妇女、儿童健康的法律和《中华人民共和国婚姻法》、《中华人民共和国妇女权益保障法》共同成为我国维护和保障妇女合法权益的三大法律支柱。这三部法律互为补充，体现了国家对妇女的生育、健康、婚姻、家庭以及社会政治经济地位和作用的全面保护。

《中华人民共和国母婴保健法》的颁布实施，对发展妇女儿童的保健事业，发展妇幼卫生事业，维护妇女、儿童的合法权益，保障母婴健康，保证计划生育基本国策的落实和提高人口素质，发展经济，振兴中华民族，提高国家的国际声誉，均有着重大意义。《母婴保健法》规定了政府对母婴提供保健服务的法律责任，界定了母婴保健服务的法定内容、对象和管理方式。它的颁布实施将彻底改变妇幼卫生工作长期以来无法可依的状况，有利于促进妇幼卫生事业的发展和妇女、儿童健康水平的提高，为广大妇女、儿童的身体健康提供了法律保障。

母亲和婴儿的健康与国家的人口素质紧密相关。人口素质直接关系到民族的兴衰和国力的强弱。纵观当今世界，任何国力强盛的发达国家都非常重视人口素质的提高，从卫生、教育、科技等各个方面为母亲和儿童提供诸多社会保障。自新中国成立以来，我国政府一直重视妇幼保健事业的发展，通过建立妇幼卫生保健体系、培养妇幼卫生保健专业人员、制定服务规范和技术标准、提供妇幼卫生保健服务等各种工作，极大地改善了我国妇女儿童的生活状况，使妇女儿童的健康水平普遍提高。孕产妇死亡率从解放前的

150/10000,降至目前的 5/10000;婴儿死亡率也从解放前夕的 200/1000 以上,降至目前的 30/1000 左右,但是与未来现代化建设的要求和经济全球化的发展需要相比,我国的母婴保健工作仍有不小的差距,尤其中西部经济欠发达地区和广大农村还存在许多问题。为了控制人口数量,提高人口素质,建立完善的法律制度来保证优生优育,为妇女儿童提供卫生、教育、科技、文化等各方面的保障是十分重要的。

二、母婴保健法律制度概述

我国宪法规定"婚姻、家庭、母亲和儿童受国家保护"。因此,母婴保健既是我国保障母亲和婴儿健康、提高出生人口素质的一项法律制度,又是母亲和婴儿所享有的特殊权利。

随着市场经济的建立和综合国力的加强,我国人民的生活水平、社会观念都发生了巨大的变化。为更好地保障妇女儿童健康,使我国的人口素质能够更加适应未来的要求,国家根据当前社会需要和母婴状况相继颁布和修改了与母婴保健相关的多部法律法规和规章。1988 年国务院发布《女职工劳动保护规定》。1992 年 4 月,全国人大制定了《中华人民共和国妇女权益保障法》。1994 年《中华人民共和国母婴保健法》(以下简称《母婴保健法》)颁布并从 1995 年 6 月开始实施。2001 年 4 月,重新修订了《中华人民共和国婚姻法》,同年 6 月《母婴保健法实施办法》施行。2002 年 6 月,卫生部对原有规范性文件进行修订后,发布了新的《婚前保健工作规范》。2003 年 10 月起,新《婚姻登记条例》取代了原有的《婚姻登记管理条例》,使婚姻登记工作更加人性化。此外,2001 年 5 月,我国还发布了 2001~2010 年的《中国妇女发展纲要》、《中国儿童发展纲要》。通过上述法律法规的颁布施行,我国在保护妇女儿童健康领域已建立起比较完整的法律制度。这些法律法规为妇女儿童的健康提供了充分的法律保障,对于改善妇女和儿童的生活质量、提高妇女的整体素质、促进儿童的健康成长均具有十分重要的意义,显示出我国政府对妇女和儿童健康事业的关怀和重视。

第二节　婚前保健

一、婚前保健的意义

婚前保健是妇幼保健工作的主要内容之一。医疗保健机构通过婚前健康教育和婚前卫生咨询服务,一方面对准备结婚的男女双方实行婚前卫生指导;另一方面对发现影响婚育的疾病能够及时给予治疗或转诊治疗,对可能影响结婚和生育的疾病进行医学检查、提出医学指导意见,从而促进了婚姻和家庭幸福,预防和减少了严重先天病残儿的出生,为提高人口素质服务。

二、婚前保健的内容

（一）婚前保健服务

公民有权利在医疗保健机构获得下列内容的婚前保健服务：①婚前卫生指导：关于性卫生知识、生育知识和遗传病知识的教育；②婚前卫生咨询：对有关婚配、生育保健等问题提供医学意见；③婚前医学检查：对准备结婚的男女双方可能影响结婚和生育的疾病进行医学检查。

（二）婚前医学检查

婚前医学检查包括对下列疾病的检查：①严重遗传性疾病，指由于遗传因素先天形成，患者全部或者部分丧失自主生活能力，而且后代再现风险高，医学上认为不宜生育的疾病；②指定传染病是指《中华人民共和国传染病防治法》中规定的艾滋病、淋病、梅毒、麻风病以及医学上认为影响结婚和生育的在传染期内的其他传染病；③有关精神病是指精神分裂症、躁狂抑郁型精神病以及其他重型精神病。

（三）婚前医学检查证明和医学意见

经婚前医学检查，医疗保健机构应出具婚前医学检查证明，医师应当向当事人说明情况，提出预防、治疗及采取相应医学措施的建议。对患有指定传染病在传染期内或者有关精神病在发病期内的，医师应当提出医学意见。对诊断患医学上认为不宜生育的严重遗传性疾病的，医师应当向男女双方说明情况，提出医学意见；经男女双方同意后采取长效避孕措施或者实施结扎手术后不生育的，可以结婚，但《中华人民共和国婚姻法》规定禁止结婚的除外。接受婚前医学检查的人员如果对检查结果持有异议，可以申请医学技术鉴定，并取得医学鉴定证明。

2002 年 10 月，新发布的《婚姻登记条例》，取代了原有的《婚姻登记管理条例》。《婚姻登记条例》与原有的《婚姻登记管理条例》相比，对婚检制度作出重大改革。原《条例》第九条规定办理结婚登记者除应提供法定的证件和证明外，"在实行婚前健康检查的地方，申请结婚登记的当事人，必须到指定的医疗保健机构进行婚前健康检查，向婚姻登记管理机关提交婚前健康检查证明"。《母婴保健法》第十二条也规定"男女双方结婚登记时，应当持有婚前医学检查证明或者医学鉴定证明"。这表明以往进行婚前检查是公民的一项强制性义务，结婚登记时公民必须向婚姻登记机构提供婚检证明，否则婚姻登记机关将不予登记结婚。因此，有人称之为强制婚检制度。新《条例》对婚前检查实行自愿原则，登记机关不再查验当事人的婚前医学检查证明。婚检由强制改为当事人自愿选择，符合世界强调"法治"和"人权"的时代趋势。新《条例》虽然取消了强制婚检的规定，但实际上并未对婚姻登记降低要求。结婚登记的男女双方仍然要证明不患有法律禁止结婚的疾病。对结婚当事人个人而言，婚前保证彼此的健康将有利于以后婚姻幸福；对国家而言，是实现优生优育的保证。自愿婚检制度表明国家对公民个人生活的干预越来越少，而公民所享有的自由空间则越来越扩大。自愿婚检制度实行责任自负的法律原则，是对结婚当事人的诚信考验。这既体现出对个人权利和尊严的尊重，也体现了国家对婚姻秩序的保障。婚检制度的改革对公民的自由和权利给予充分尊重，折射出公民所享有的权利范围正在逐步扩大，具有重要的时代意义。同时，新《条例》实施自愿婚检以来，也确实给社会带来一些负面影响。由于婚姻登记时不再将婚检证明作为必备的审查材料，因而每年进行婚检的男女比例急剧降低。婚检对于保证夫妻双方的生殖权利和防止缺陷出生具有极为重要的意义，关系到每个家庭能否实现优生优育和国家的人口素质能否提高。由于婚检比例下降，导致近两年来的出生缺陷检出率正在逐步上升。因此根据目前的具体情况，国家需要采取一些适当的措施，推动和激励新婚男女进行婚检，减少实行自愿婚检制度可能产生的负面影响，保证我国未来的人口素质。

第三节　孕产期保健

一、孕产期保健服务

孕产期保健是指从怀孕开始至产后 42 天内为孕产妇及胎、婴儿提供的医疗保健服务。医疗保健机构应为育龄妇女和孕产妇提供包括避孕、节育、生育、不育和生殖健康的咨询和医疗保健服务。这既是医疗保健机构应尽的义务，同时也是育龄妇女和孕产妇应享有的权利。医疗保健机构的保健服务不仅为孕产妇提供产前检查、重点监护及随访和安全分娩技术，对其进行科学育儿、合理营养、母乳喂养的指导，还通过对婴幼儿进行体格检查、心理行为指导、预防接种、新生儿疾病筛查、婴幼儿多发病与常见病防治等提供医疗保健服务，以保证婴幼儿的身心健康成长。

孕产期保健服务包括：

（1）母婴保健指导：对孕育健康后代以及严重遗传性疾病和碘缺乏病等地方病的发病原因、治疗和预防方法提供医学意见；

（2）孕妇、产妇保健：为孕妇、产妇提供卫生、营养、心理等方面的咨询和指导，建立保健手册，进行产前定期检查等医疗保健服务；

（3）胎儿保健：为胎儿生长发育进行监护，提供咨询和医学指导；

（4）新生儿保健：为新生儿生长发育、哺乳和护理提供医疗保健服务。

二、医学指导和医学意见

提供医学指导和医学意见是医疗保健机构在提供孕产期保健服务的过程应当履行的义务。如果医疗保健机构未尽此种义务，将可能对其引起的损害后果承担法律责任。其内容包括：

（1）对患严重疾病或者接触致畸物质，妊娠可能危及孕妇生命安全或者可能严重影响孕妇健康和胎儿正常发育的，医疗机构应当给予医学指导；

（2）医师发现或者怀疑患严重遗传性疾病的育龄夫妻，应提出医学意见，育龄夫妻应根据医学意见采取相应措施；

（3）经产前检查，胎儿可能患严重遗传性疾病或者有严重缺陷，或者因患严重疾病、继续妊娠可能危及孕妇生命安全或严重损害其健康的，医师应说明情况并提出终止妊娠的医学意见。

三、施行终止妊娠或者结扎手术的原则

《母婴保健法》注重对孕妇和育龄妇女的生育权、知情同意权的保护。根据第十九条规定，实行终止妊娠或者结扎手术应坚持自愿原则。医师必须向本人说明情况，由本人自愿作出决定。进行手术前，必须经本人同意并签署意见才能施行手术。如果本人为无行为能力人，应经过其监护人同意并签署同意书。依法实行终止妊娠或者结扎手术的，接受免费服务。

四、婴儿保健服务

医疗保健机构应按规定开展新生儿先天性、遗传性代谢病的筛查、诊断、治疗和监测；对新生儿访视，建立儿童保健手册，定期对其进行健康检查，提供有关预防疾病、合理膳食、促进智力发育等科学知识；做好婴儿多发病、常见病防治等医疗保健；应按规定对婴儿进行预防接种；为实施母乳喂养提供技术指导，为住院分娩的产妇提供必要的母乳喂养条件。

五、技术鉴定

《母婴保健法》和《母婴保健法实施办法》规定，技术鉴定委员会分为省、市、县三级，县级委员会应由主治医师以上的专业技术人员组成，市、省的技术鉴定委员会应由副主任医师以上的专业技术人员组成。每次鉴定时都必须有 5 人以上的专业技术人员参加。

当事人对婚前医学检查、遗传病诊断、产前诊断结果有异议的，可在收到检查或诊断结果的 15 日内向县级或市级技术鉴定委员会提出鉴定申请。技术鉴定委员会应当在收到鉴定申请的 30 日内作出鉴定结论，并通知当事人。当事人对鉴定结果仍有异议的，可在收到鉴定意见通知书的 15 日内，向其上一级技术鉴定委员会提出再鉴定的申请。省级鉴定委员会的鉴定意见为最终鉴定结果。

第四节　法律责任

一、行政责任

《母婴保健法》第三十五条规定，未取得国家颁发的有关合格证书的，有下列行为之

一，县级以上地方人民政府卫生行政部门应当予以制止，并可以根据情节给予警告或者处以罚款：

(1) 从事婚前医学检查、遗传病诊断、产前诊断或者医学技术鉴定的；

(2) 施行终止妊娠手术的；

(3) 出具本法律规定的有关医学证明的。

上款第三项出具的有关医学证明无效。

《母婴保健法》第三十七条规定，从事母婴保健工作的人员违反本法规定，出具有关虚假医学证明或者进行胎儿性别鉴定的，由医疗保健机构或者卫生行政部门根据情节给予行政处分；情节严重的，依法取消执业资格。

《母婴保健法》共39条，其中对国家、政府、卫生行政部门的规定有十几条，对医疗保健机构的规定有十几条，对医师的规定有10条，而对公民义务性规定仅有4条（即第九条、第十条、第十六条、第二十条），从法律的整体布局上，体现了立法的指导思想。在法律责任中也没有对群众的处罚条款。

2001年6月20日国务院公布的《中华人民共和国母婴保健法实施办法》中的第四十二条规定：违反本办法规定进行胎儿性别鉴定的，由卫生行政部门给予警告，责令停止违法行为；对医疗保健机构直接负责的主管人员和其他直接责任人员，依法给予行政处分。进行胎儿性别鉴定两次以上的或者以赢利为目的进行胎儿性别鉴定的，并由原发证机关撤销相应的母婴保健技术执业资格或者《医师执业证书》。

二、民事责任

母婴保健工作人员在诊疗护理过程中，因诊疗护理过失，造成病员死亡、残废、组织器官损伤导致功能障碍的，应根据《医疗事故处理条例》有关规定承担相应的民事责任。

三、刑事责任

《母婴保健法》第三十六条规定，未取得国家颁发的有关合格证书，施行终止妊娠手术或者采取其他方法终止妊娠，致人死亡、残疾、丧失或者基本丧失劳动能力的，依照《刑法》第一百三十四条、第一百三十五条的规定追究刑事责任。

《刑法》第三百三十六条规定，未取得医生执业资格擅自为他人进行节育复通术、假节育手术、终止妊娠手术或者摘取宫内节育器，情节严重的，处3年以下有期徒刑、拘役或者管制，并处或者单处罚金。严重损害就诊人身体健康的，处3年以上10年以下有期徒刑并处罚金。造成就诊人死亡的，处10年以上有期徒刑并处罚金。

【练一练】

选择题

1.《母婴保健法》施行日期(　　)

A.1994.10.27　　　　　　　　　B.1995.6.1

C.1995.7.1　　　　　　　　　　D.1996.6.1

2. 婚前保健的内容包括(　　)

A. 婚前卫生指导

B. 婚前卫生咨询

C. 婚前卫生检查

D. 婚前卫生指导、婚前卫生咨询、婚前卫生检查

3. 主管全国母婴保健工作，并对全国母婴保健工作实施监督管理的部门是(　　)

A. 国务院卫生行政部门　　　　　　B. 人口与计划生育委员会

C. 全国妇女联合会　　　　　　　　D. 中华全国总工会

简答题

孕产期保健服务包括有哪些？

第十七章　献血法律制度

【目标解读】
1. 理解献血的组织与管理
2. 掌握采供血机构的相关规定
3. 掌握临床用血的相关规定
4. 理解血液制品的相关规定
5. 了解违反《献血法》的法律责任

第一节　概述

一、献血法的概念

献血法是调整保证临床用血需要和安全，保障献血者和用血者身体健康活动中产生的各种社会关系的法律规范的总称。

血液是医疗抢救活动中不可缺少的特殊物质，其功能和作用是药物所不能替代的，而且只能来自健康者的机体。现阶段人造血液不能广泛应用，且价格昂贵，还不能取代血液，因此，医疗临床用血只能靠公民献血来解决。公民献血制度的完善程度，充分体现了一个国家公民的道德水准、公民意识水平、文化知识程度和社会公德水平的高低。

我国的无偿献血制度始于 20 世纪 70 年代后期，1978 年，国务院批转了卫生部《关于加强输血工作的请示报告》。1996 年，国务院发布了《血液制品管理条例》。卫生部相继颁发了《全国血站工作条例》、《关于加强输血工作管理的若干规定》、《采供血机构和血液管理办法》以及《血站基本标准》等。一些省、自治区、直辖市也制定了地方法规或规章。但是，由于法规调控功能不足和监督机制不够完善，医疗临床用血大部分来自有偿的供血或卖血，血源不足，医疗临床用血不能充分保证。而且，由于个体供血者的血液质量不高，容易引起经血液途径传播疾病的蔓延，严重威胁着献血者和受血者的安全与健康。为了保证临床用血的需要和安全，保障献血者和用血者的身体健康，1997 年 12 月 29 日，八届全国人大常委会第 29 次会议通过了《中华人民共和国献血法》，自 1998 年 10 月 1 日起施行。1998 年 9 月，卫生部根据献血法制定发布了《血站管理办法（暂行）》、《医疗机构临床用血管理办法（试行）》、《临床输血技术规范》等规章。1999 年，卫生部、中国红十字总会颁布了《全国无偿献血表彰奖励办法》。《献血法》及其配套法规的颁布实施，标志着我国血液工作管理进入到一个崭新的阶段。2002 年，卫生部开始按照 WHO 安全血液和血液制品四项方针，即国家血液工作的要点是要建立组织完善的，国家协调的输血服务机构。要从来自低风险人群的定期的、自愿无偿的献血者采集血液；对所有采集血液进行输血传播性疾病检测、血液定型和配合性试验；血液在临床的合理使用，深入实施采供血机构全面质量管理项目，加强血站实验室建设和临床用血管理，确保血液安全。

二、无偿献血制度

1946 年，红十字会与红新月会首先倡导无偿献血。1948 年召开的第十七次红十字会国际委员会会议明确提出医疗用血应该来自无偿献血者，而患者也应该是无偿地使用血液，即供者和受者均应贯彻无偿原则。这次会议特别强调各国红十字组织与政府密切配合，做好本国的输血工作。1975 年，WHO 与红十字会联合召开第二次咨询委员会会议，会议提出了十项世界范围内买卖血浆问题，提出血浆交易的商品化是影响无偿献血体制建立的严重障碍，指出发达国家低价采集血浆是不人道的，这不仅导致卖血浆者的身体损害，也成为严重的社会道德问题。1975 年，第二十八届世界卫生年会要求成员国在自愿无偿献血基础上促进各国血液服务的发展，并颁布有效的法律指导规范本国工作。1981 年马尼拉第二十四届红十字国际会议通过了《献血与输血的道德规范》。规范明确指出：血液的捐献在任何情况下都必须是自愿的，不允许给献血员任何压力，不得给献血员以任何经济好处，要始终鼓励自愿无偿献血，要时刻关心献血员的健康和安全，只有这样，才能保证受血员得到有效的治疗。1991 年，在布达佩斯召开的红十字联合会第八届大会上，做出第三十四号决议，将自愿无偿献血定义为："出于自愿提供自身的血液、血浆或其他血液成分而不收取任何报酬的人，被称为自愿无偿献血者。无论是金钱或礼品都可视为金钱的替代，包括休假和旅游等，而小型纪念品和茶点，以及支付交通费则是合理的。"

世界血液事业的总趋势是无偿献血，世界上很多国家和地区如美国、日本、韩国、中国香港经过几十年的不懈努力，都从过去的有偿供血，逐渐向义务性无偿献血过渡，最终实现公民无偿献血。而英国、澳大利亚、加拿大、新西兰、荷兰、新加坡、缅甸等国家自从有了血液事业就是无偿的。

第二节　献血的组织与管理

一、献血的组织机构

无偿献血制度的推行是一项长期的工程，是社会的移风易俗，需要全社会的共同努力。我国献血法规定：地方各级人民政府领导本行政区域内的献血工作，统一规划并负责组织、协调有关部门共同做好献血工作。开展无偿献血，领导是关键，要强化政府职责，转变管理观念。

县级以上卫生行政部门监督管理献血工作。各级卫生行政部门要严格执行政策法规，建立监督制约机制，加大实施力度，狠抓血源管理，杜绝医疗单位私自采血和血液采供中的买卖行为，并配合公安部门对扰乱采供血秩序的非法采供血行为予以坚决打击。

各级红十字会依法参与推动献血工作。国际红十字会从1936年就提出，无偿献血是人道主义精神的一个最好体现。

为保证无偿献血的顺利开展，我国红十字会也做了大量工作。他们一方面宣传血液有关知识和献血常识，一方面改善服务，坚持以诚心换爱心，以耐心换恒心，使无偿献血者从他们的工作中感受到爱的回报。

二、献血的动员和组织

我国献血法规定，国家实行无偿献血制度。提倡18~55周岁的健康公民自愿献血。提倡个人、家庭、亲友、单位及社会互助献血。鼓励国家工作人员、现役军人和高等学校在校学生率先献血。为树立社会新风尚作表率。

各级人民政府要采取措施广泛宣传献血的意义，普及献血的科学知识，开展预防和控制经血液途径传播的疾病的教育。

新闻媒介应当开展献血的社会公益性宣传，加大宣传力度，营造舆论声势，要通过各种形式，动员社会各界力量，向群众广泛宣传无偿献血的意义，进一步加强和促进广大人民对无偿献血的认识，提高群众的参与意识。

国家机关、军队、社会团体、企业事业组织、居民委员会，应当动员和组织本单位或者本地区的适龄公民参加献血。

对献血者，发给国务院卫生行政部门制作的无偿献血证书，有关单位可以给予适当补贴。为表彰志愿无偿献血者，国家卫生部和中国红十字总会还制定了无偿献血奖励办法：对个人无偿献血累计满1000ml者授予无偿献血铜制奖章一枚，无偿献血累计满1600ml者授予无偿献血银制奖章一枚，无偿献血累计满2400ml者授予无偿献血金制奖章一枚，无偿献血累计满3400ml者授予无偿献血金杯一个。为鼓励献血，各地还出台了各种奖励措施。各级人民政府和红十字会对积极参加献血和在献血工作中做出显著成绩的单位和个人给予奖励，给无偿献血者及其直系亲属给予一定的用血保障。有的地区还制定了互助献血实施办法、用血审批制度等。

第三节　采供血机构

一、采供血机构

各级血站是采集、提供临床用血的机构。血站是不以营利为目的的采集、制备、储存血液，并向临床提供血液的公益性卫生机构。各省、自治区、直辖市人民政府卫生行政部门根据本行政区域人口、医疗资源、临床用血需要等实际情况和当地区域卫生发展规划，制定本行政区域血站设置规划。

（一）血站的设置

血站分为血液中心、中心血站、基层血站或中心血库，负责指定地区的采供血工作。直辖市、省会市、自治区首府市设血液中心，设区的市设中心血站，县及县级市可以设基层血站或中心血库。血液中心或中心血站因采供血需要，经省、自治区、直辖市人民政府卫生行政部门批准，在辖区内可设血站分站或采血点（室），隶属于血液中心或中心血站。血液中心的设置必须经国务院卫生行政部门审核批准，中心血站、基层血站或中心血库的设置必须经省、自治区、直辖市人民政府卫生行政部门审核批准。

（二）执业许可

血站执业以及中心血库开展采供血业务必须经执业验收，并分别领取《血站执业许可证》或《中心血站采供血许可证》后方可进行。未经验收合格的血站不得执业。

（三）注册登记

血站执业以及中心血库开展采供血业务还必须经注册登记。血站注册登记机关为批准其设置的人民政府卫生行政部门。注册登记的内容包括：①名称、地址、法定代表人或主要负责人；②采血项目及采血范围；③供血项目及供血范围；④资金、设备和执业（业务）用房证明；⑤许可日期和许可证号。

（四）监督管理

县级以上人民政府卫生行政部门负责对辖区内血站进行监督管理。

省、自治区、直辖市以上人民政府卫生行政部门委托输血协会成立由卫生行政管理、血液管理、公共卫生等有关专家组成的血液质量管理委员会，接受同级人民政府卫生行政部门领导，对血站质量管理，血液质量进行检查和技术指导。

设区的市级以上人民政府卫生行政部门聘任血液管理监督员，执行同级人民政府卫生行政部门交付的监督管理任务。

省、自治区、直辖市以上人民政府卫生行政部门指定血液检定机构，依法对血站采集的血液质量进行监测，监测结果报同级人民政府卫生行政部门。血站对省级血液检定机构出具的检定结果不服，可以向国家血液检定机构（卫生部临床检验中心）申请复检，国家血液检定机构出具的检定结果为最终结果。

血液管理监督员和血液检定机构有权对血站进行现场检查，无偿调阅有关资料，血站不得拒绝、隐匿或者隐瞒。血液管理监督员和血液检定机构工作人员在履行职责时应当出示证件。

二、采血管理

血站必须按照注册登记的项目、内容、范围，开展采供血业务，必须严格遵守各项技术操作规程和制度，并为献血者提供各种安全、卫生、便利的条件。

（一）采血规则

1. 健康检查　血站在采血前，必须按照国务院卫生行政部门制定的《献血者健康检查标准》，免费对献血者进行必要的健康检查，身体状况不符合献血条件的，血站应当向其说明情况，不得采集血液。

2. 采集血液量和间隔　血站对献血者每次采集血液量一般为200毫升，最高不得超过400毫升。两次采集间隔不少于6个月。严禁对献血者超量、频繁采集血液。

3. 严禁采集冒名顶替者的血液　血站应当按照国务院卫生行政部门的有关规定，采集献血者的血液，并在《无偿献血证》及献血档案中记录献血者的姓名、出生日期、血型、献血时间、地点、献血量、采血者签字，并加盖该血站采血专用章等。严禁采集冒名顶替者的血液。血站采集血液后，对献血者发给《无偿献血证》。《无偿献血证》由国务院卫生行政部门制作，任何单位和个人不得伪造、涂改、出卖、转让、出借。

4. 原始记录保存　采供血和检测的原始记录必须保存10年。血液检验（复检）的全血标本的保存期应当在全血有效期内，血清标本的保存期应在全血有效期满后半年。

（二）采血行为规范

1. 遵守操作规程和规范　采血是以采血器材与人体发生直接接触的活动，对这一活动各个环节进行严格规范和管理，是保障献血者的身体健康，保证血液质量以及用血者用血安全的重要前提。《献血法》规定，血站采集血液必须严格遵守有关操作规程和制度，采血必须由具有采血资格的医务人员进行。一次性采血器材用后必须销毁，包括不得使用可重复使用的采血器材，一次性采血器材一次使用后必须销毁，不得再次使用。

2. 对采集的血液必须进行检测　血站对采集的血液必须进行检测，检测的各种指标都应符合国务院卫生行政部门制定的标准。检测作为一项义务性规范，血站必须执行，如不执行即没有检测或者虽然检测但质量不符合标准，均不得向医疗机构提供。否则要承担相应的法律责任。

三、供血管理

血站应当保证发出的血液质量、品种、规格、数量无差错。未经检验或者不合格的血液，不得向医疗机构提供。

血液的包装、储存、运输必须符合要求，血液包装袋上必须标明：①血站的名称及其许可证号；②献血者的姓名（或条形码）、血型；③血液品种；④采血日期及时间；⑤有效期及时间；⑥血袋编号（或条形码）；⑦储存条件。

特殊血型需要从外省、自治区、直辖市调配血液的，由供需双方省级人民政府卫生行政部门协商后实施，实施中由需方血站对血液进行再次检验，保证血液质量。

血站应当制定重大灾害事故的应急采供血预案，并从血源、管理制度、技术能力和设备条件上保证预案的实施，满足应急用血的需要。血站应当根据医疗机构的用血计划，积极开展成分血制备，并指导临床成分血的应用。

第四节 临床用血

一、临床用血的供给

《献血法》规定，无偿献血者的血液必须用于临床，不得买卖。血站、医疗机构不得将无偿献血的血液出售给单采血浆站或者血液制品生产单位。

医疗机构临床用血，由县级以上人民政府卫生行政部门指定的血站供给。医疗机构开展的患者自身储血、临床用血的包装、储存、运输，必须符合国家规定的的卫生标准和要求。医疗机构对临床用血必须进行核查，不得将不符合国家规定标准的血液用于临床。为保证应急用血，医疗机构可以临时采集血液，但应当依照献血法的规定，确保采血用血安全。

公民临床用血时须交付用于血液的采集、储存、分离、检验等费用。无偿献血者临床需要用血时，免交前述费用，无偿献血者的配偶和直系亲属临床需要用血时，可以按照省、自治区、直辖市人民政府的规定免交或者减交前述费用。

二、临床用血的管理

自 1900 年发现 ABO 血型，开创现代输血以来，输血仍是其他手段和方法不能替代的医疗手段。临床输血的研究已从替代性输血向治疗性输血，从全血输血向成分输血发展。现代技术可将全血分为红细胞、血小板、血浆、白细胞、血液蛋白质、免疫球蛋白、凝血因子等不同成分，每种成分都有不同的功能和适宜的对象。输血医学的研究表明，除非在非常情况下，一般不用给病人输全血，而要针对每一个病人不同的病情采取不同的治疗措施，只给病人输所缺乏的特殊血液成分。如红细胞被广泛用于外科手术的替代血；白细胞用于有严重感染而本身又不带有抗体的患者；凝血因子用于治疗血友病；血浆用于烧伤病人等。全血主要在大量失血的情况下才使用。

医疗机构临床用血应当制定用血计划，遵循合理、科学的原则，不得浪费和滥用血液。医务工作者要严格掌握临床输血指征，减少不必要的输血，纠正和杜绝"安慰血"、"营养血"、"新鲜血"等现象，加速推广使用成分输血，树立合理有效的输血观念。卫生部要求三级医院成分血使用率要达到 70% 以上，二级医院成分血使用率要达到 50% 以上，并将临床医生掌握输血和成分输血的基本知识纳入考核指标。

血站应当根据医疗机构的用血计划，积极开展成分血制备，并指导临床成分血的应用。

三、临床输血技术规范

血液资源必须加以保护、合理应用，避免浪费，杜绝不必要的输血。为了规范、指导医疗机构科学、合理用血，卫生部制定了《临床输血技术规范》。规范要求临床医师和输血医技人员应严格掌握临床输血适应证，正确应用成熟的临床输血技术和血液保护技术，包括成分输血和自体输血。二级以上医院应设置独立的输血科（血库），负责临床用血的技术指导和技术实施，确保贮血、配血和其他科学、合理用血措施的执行。

（一）输血申请

决定输血治疗前，经治医师应向患者或其家属说明输同种异体血的不良反应和经血传播疾病的可能性，征得患者或家属的同意，并在《输血治疗同意书》上签字。《输血治疗同意书》入病历。无家属签字的无自主意识患者的紧急输血，应报医院职能部门或主管领导同意、备案，并记入病历。

亲友互助献血由经治医师等对患者家属进行动员，在输血科（血库）填写登记表，到血站或卫生行政部门批准的采血点（室）无偿献血，由血站进行血液的初、复检，并负责调配合格血液。对于 Rh（D）阴性和其他稀有血型患者，应采用自身输血、同型输血或配合型输血。

（二）受血者血样采集与送检

确定输血后，医护人员持输血申请单和贴好标签的试管，当面核对患者姓名、性别、年龄、病案号、病室/门诊、床号、血型和诊断，采集血样；并由医护人员或专门人员将受血者血样与输血申请单送交输血科（血库），双方进行逐项核对。

（三）交叉配血

受血者配血试验的血标本必须是输血前 3 天之内的。输血科（血库）要逐项核对输血申请单、受血者和供血者血样，复查受血者和供血者 ABO 血型（正、反定型），并常规检查患者 Rh（D）血型（急诊抢救患者紧急输血时 Rh（D）检查可除外），正确无误时可进行交叉配血。

（四）发血

配血合格后，由医护人员到输血科（血库）取血。取血与发血的双方必须共同查对患者姓名、性别、病案号、门急诊/病室、床号、血型有效期及配血试验结果，以及保存血的外观等，准确无误时，双方共同签字后方可发出；血液发出后不得退回。血液发出后，受血者和供血者的血样保存于 2～6℃冰箱，至少 7 天，以便对输血不良反应追查原因。

（五）输血

输血前应由两名医护人员核对交叉配血报告单及血袋标签各项内容，检查血袋有无破损渗漏，血液颜色是否正常，准确无误方可输血。输血时，由两名医护人员带病历共同到患者床旁核对患者姓名、性别、年龄、病案号、门急诊/病室、床号、血型等，确认与配血报告相符，再次核对血液后，用符合标准的输血器进行输血。

第五节 血液制品

一、血液制品的概念

血液制品，是特指各种人血浆蛋白制品。为了加强对原料血浆的采集、供应以及血液制品的生产、经营活动的管理，预防和控制经血液途径传播的疾病，保证血液制品的质量，国务院于 1996 年 12 月 30 日发布了《血液制品管理条例》。

二、原料血浆的管理

原料血浆由国家统一规划、设置的单采血浆站采集。单采血浆站由血液制品生产单位设置或者由县级人民政府卫生行政部门设置，专门从事单采血浆活动，具有独立法人资格。其他任何单位和个人不得从事单采血浆活动。血站不得进行单采血浆活动，血站与单采血浆站分开。

（一）单采血浆站的设置

卫生行政部门、血液制品生产单位、单采血浆站之间的相互关系依照分级负责的原则：①国务院卫生行政部门根据核准的全国生产用原料血浆的需求，对单采血浆站的布局、数量和规模制定总体规划，负责供浆、购浆区域范围划分；②省、自治区、直辖市人民政府卫生行政部门根据总体规划制定本行政区域内单采血浆站设置规划和采集血浆的区域规划，负责本省供浆购浆区域划分、单采血浆站的设置以及原料血浆供应能力和供应量的审批，并报国务院卫生行政部门备案；③申请设置单采血浆站的，由县级人民政府卫生行政部门初审，经设区的市、自治州人民政府卫生行政部门或者省、自治区人民政府设立的派出机关的卫生行政机构审查同意，报省、自治区、直辖市人民政府卫生行政部门审批，经审查符合条件的，由省、自治区、直辖市人民政府卫生行政部门核发《单采血浆许可证》，并报国务院卫生行政部门备案；④血液制品生产单位要严格按照卫生行政部门划片、定点、对口供浆的各项有关规定执行，并按合同履行对对口供浆的单采血浆站承担责任。血液制品生产单位试生产用的原料血浆也必须同样按照规定经卫生行政部门划片、定点。

在一个采血浆区域内，只能设置一个单采血浆站。严禁单采血浆站采集非划定区域内的供血浆者和其他人员的血浆。

设置单采血浆站，必须具备下列条件：①具有单采血浆站布局、数量、规模的规划；②具有与所采集原料血浆相适应的卫生专业技术人员；③具有与所采集原料血浆相适应的场所及卫生环境；④具有识别供血浆者的身份识别系统；⑤具有与所采集原料血浆相适应的单采血浆机械及其他设施；⑥具有对采集原料血浆进行质量检验的技术人员以及必要的仪器设备。

（二）原料血浆的采集

单采血浆必须对供血浆者进行健康检查，检查合格的，由县级人民政府卫生行政部门核发《供血浆证》。《供血浆证》不得涂改、伪造、转让。

单采血浆站在采集血浆前，必须对供血浆者进行身份识别并核实其《供血浆证》，确认无误，方可按照规定程序进行健康检查和血液化验；对检查、化验合格的，按照有关技术操作标准及程序采集血浆，并建立供血浆者健康检查及供血浆记录档案；对检查、化验不合格的，由单采血浆站收缴《供血浆证》，并由所在地县级人民政府卫生行政部门监督销毁。严禁采集无《供血浆证》者的血浆。

为减少交叉感染，保护供浆者的健康，确保原料血浆的质量，我国从 1998 年 1 月 1 日起，全面实行机械单采血浆，严禁手工操作采集血浆，采集的血浆必须按单人份冰冻保存，不得混浆。全自动化机械单采血浆程序控制简单、快捷，克服了手工采集血浆的技术缺陷和随意性；减少了工作环节，避免了回输差错和可能造成的疾病传播，对保护供浆者起到了很好的作用；同时，提高了血浆中蛋白含量，保护血浆有效成分，提高了原料血浆的质量。

单采血浆站必须使用有产品批准文号并经国家食品药品、生物制品检定机构逐批检定合格的体外诊断试剂以及合格的一次性采血浆器材。采血浆器材等一次性消耗品使用后，必须按照国家有关规定予以销毁，并做记录。

单采血浆站采集的原料血浆的包装、储存、运输，必须符合国家规定的卫生标准和要求，且只能向一个与其签订质量责任书的血液制品生产单位供应原料血浆，严禁向其他任何单位供应原料血浆。严禁单采血浆站采集血液或者将所采集的原料血浆用于临床。

三、血液制品生产经营单位的管理

（一）血液制品生产经营机构设置管理

新建、改建或者扩建血液制品生产单位，必须经国务院卫生行政部门根据总体规划进行立项审查同意后，由省、自治区、直辖市人民政府卫生行政部门审核批准。

血液制品生产单位必须具备《药品生产企业许可证》并达到国务院卫生行政部门制定的《药品生产质量管理规范》规定的标准，经国务院卫生行政部门审查合格，并依法向工商行政管理部门申领营业执照后，方可从事血液制品的生产活动。

严禁血液制品生产单位出让、出租、出借以及与他人共用《药品生产企业许可证》和产品批准文号。

开办血液制品经营单位，应当具备与所经营的产品相适应的冷藏条件和熟悉所经营品种的业务人员，由省、自治区、直辖市人民政府卫生行政部门审核批准。

（二）血液制品生产经营管理

血液制品生产单位生产国内已经生产的品种，必须依法向国务院卫生行政部门申请产品批准文号；国内尚未生产的品种，必须按照国家有关新药审批的程序和要求申报。

血液制品生产单位不得向无《单采血浆许可证》的单采血浆站或者未与其签订质量责任书的单采血浆站及其他任何单位收集原料血浆。也不得向其他任何单位供应原料血浆。

血液制品生产单位在原料血浆投料生产前，必须使用有产品批准文号并经国家食品药品生物制品检定机构逐批检定合格的体外诊断试剂，对每 1 人份血浆进行全面复检，并作检测记录。

原料血浆经复检不合格的，不得投料生产，并必须在省级药品监督员监督下按照规定程序和方法予以销毁，并作记录。原料血浆经复检发现有经血液途径传播的疾病的，必须通知供应血浆的单位采血浆站，并及时上报所在地省、自治区、直辖市人民政府卫生行政部门。血液制品出厂前，必须经过质量检验，经检验不符合国家标准的，严禁出厂。

血液制品生产经营单位生产、包装、储存、运输、经营血液制品，应当符合国家规定的卫生标准和要求。

第六节　法律责任

一、行政责任

《献血法》规定，有下列行为之一的，由县级以上地方人民政府予以取缔，没收违法所得，可以并处 10 万元以下的罚款：①非法采集血液的；②血站、医疗机构出售无偿献血的血液的；③非法组织他人出卖血液的。

血站违反有关操作规程和制度采集血液，由县级以上地方人民政府卫生行政部门责令改正；对直接负责的主管人员和其他直接责任人员，依法给予行政处分。

临床用血的包装、储存、运输，不符合国家规定的卫生标准和要求的，责令改正；给予警告，可以并处 1 万元以下的罚款。

血站违反献血法规定，向医疗机构提供不符合国家规定标准的血液的，责令改正；情节严重，造成经血液途径传播的疾病传播或者有传播严重危险的，限期整顿，对直接负责的主管人员和其他直接责任人员，依法给予行政处分。

二、民事责任

血站违反有关操作规程和制度采集血液，给献血者健康造成损害的应当依法赔偿。医疗机构的医务人员违反献血法规定，将不符合国家规定标准的血液用于患者，给患者健康造成损害的，应当依法赔偿。

三、刑事责任

我国献血法规定：血站违反有关部门操作规程采集血液，给献血者健康造成损害的；血站违反法律规定，向医疗机构提供不符合国家规定的标准血液，情节严重造成经血液途径传播的疾病传播或者有传播严重危险构成犯罪的；医疗机构的医务人员违反法律规定，将不符合国家规定标准的血液用于患者，给患者健康造成损害构成犯罪的，对直接负责的主管人员和其他直接责任人员依法追究刑事责任。

我国献血法还规定：卫生行政部门及其工作人员在献血、用血的监督管理工作中，玩忽职守，造成严重后果，构成犯罪的，依法追究刑事责任；尚不构成犯罪的，依法给予行政处分。

《中华人民共和国刑法》对血液事业中的犯罪行为也有明确的规定。《刑法》第三百三十三条规定，非法组织他人出卖血液的，处5年以上有期徒刑，并处罚金；以暴力、威胁方法强迫他人出卖血液的，处5年以上10年以下有期徒刑，并处罚金。上述行为对他人造成伤害的，依照《刑法》第二百三十四条规定，处3年以下有期徒刑、拘役或者管制；致人重伤的，处3年以上10年以下有期徒刑；致人死亡或者以特别残忍手段致人重伤造成严重残疾的，处10年以上有期徒刑、无期徒刑或者死刑。《刑法》第三百三十四条规定，非法采集、供应血液或者制作、供应血液制品，不符合国家规定的标准，足以危害人体健康的，处5年以下有期徒刑或者拘役，并处罚金；对人体健康造成严重危害的，处5年以上10年以下有期徒刑，并处罚金；造成特别严重后果的，处10年以上有期徒刑或者无期徒刑，并处罚金或者没收财产。经国家主管部门批准采集、供应血液或者制作、供应血液制品的部门，不依照规定进行检测或者违背其他操作规定，造成危害他人身体健康后果的，对单位判处罚金，并对其直接负责的主管人员和其他直接责任人员，处5年以下有期徒刑或者拘役。

【练一练】

选择题

1. 献血工作的监督管理部门是(　　)

A. 红十字会

B. 县级以上各级人民政府卫生行政部门

C. 爱国卫生运动委员会

D. 血站、血液中心

2. 血站、医疗机构出售无偿献血的血液的，可能承担的法律责任不包括(　　)

A. 取缔

B. 没收违法所得

C. 构成犯罪的，依法追究刑事责任

D. 警告

辨析题（判断正误，并简要说明理由）

如果血站、医疗机构储存的血液过多，为了避免浪费，可以将血液转卖。

简答题

1. 请谈谈对我国无偿献血制度的认识。

2. 如何理解无偿献血制度在我国建立的必要性？

第十八章　职业病防治法律制度

【目标解读】
1. 理解职业病的预防
2. 理解职业病的诊断与病人管理
3. 理解放射防护的相关法规
4. 了解违反《职业病防治法》的法律责任

第一节　概述

职业病，是指企业、事业单位和个体经济组织的劳动者在职业活动中，因接触粉尘、放射性物质和其他有毒、有害物质等因素而引起的，并列入国家公布的职业病范围的疾病。职业病防治法是调整预防、控制和消除职业危害，防治职业病，保护劳动者健康，促进经济发展活动中所产生的各种社会关系的法律规范的总称。

随着社会主义经济建设的发展，职业危害，即存在于工作场所或者与特定职业相伴随，对从事该职业活动的劳动者可能造成健康损害或者产生影响的各种危害，已逐渐成为我国主要的卫生问题之一，严重妨害了公民享受宪法所规定的劳动权利。党和政府从建国之初就重视防治职业病，保护劳动者的健康。1949 年，中国人民政治协商会议的《共同纲领》就提出要"保护青工、女工的特殊利益，实行工矿检查制度，以改进工矿的安全和卫生设备"；1954 年，中华人民共和国第一部宪法也明确指出劳动者有受到国家保护的权利，并提出了"改善劳动条件"，"逐步扩充劳动者休息和休养的物质条件"等规定；1956 年，卫生部和劳动部联合印发了《职业中毒和职业病报告制度试行办法》等规定；1957 年，劳动部和全国总工会也发布了一系列相应的规章制度。自改革开放以来，我国加快了职业病防治管理的法制化建设，先后发布了《全国职业病防治院（所）工作试行条例》、《职业病诊断管理办法》、《职业病范围及职业病患者处理办法的规定》以及《职业病报告条例》等，同时，全国许多省、自治区、直辖市结合本地区的实际情况，制定了多部相应的地方性职业病防治条例。

为更好地预防、控制和消除职业病危害，保障人民健康，2001 年 10 月，第九届全国人民代表大会常务委员会第二十四次会议通过了《中华人民共和国职业病防治法》（以下简称《职业病防治法》），卫生部也发布了相应的配套规章，如《职业健康监护管理办法》、《职业病诊断与鉴定管理办法》、《职业病危害事故调查处理办法》等，这些法律制度从多角度、多层次，全面而深入地对职业病防治管理做出了规定，是我国职业病防治管理的里程碑。

　　根据新颁布的《职业病防治法》，职业病的防治，坚持以预防为主、防治结合的方针，实行分类管理、综合治理。职业病的分类和目录由国务院卫生行政部门会同国务院劳动保障行政部门规定、调整并公布。根据造成职业病的职业危害因素，即从事职业活动的劳动者可能导致职业病的各种危害，包括职业活动中存在的各种有害的化学、物理、生物因素以及在作业过程中产生的其他职业有害因素，卫生部和劳动保障部于 2002 年 4 月公布了我国目前职业病范围，主要包括如下 10 大类：肺尘埃沉着病（尘肺）、职业性地方病、职业中毒、物理因素所致职业病、生物因素所致职业病、职业性皮肤病、职业性眼病、职业性耳鼻喉疾病、职业性肿瘤和其他职业病等，共计 115 种。

第二节　职业病的预防

一、前期预防

　　职业病防治的前期预防，按其活动过程中所发生的社会关系，可分为对项目建设的规定、对工作场所的规定、对防护设施建设的规定以及对危害的预评价和控制效果的评价的规定等。

　　（一）项目建设

　　对可能产生职业病危害的项目建设，要求在卫生行政部门中建立职业病危害项目的申报制度，即用人单位设有依法公布的职业病目录所列职业病的危害项目的，应及时、如实地向卫生行政部门申报，接受监督。职业病危害项目申报的具体办法以及危害的分类目录和分类管理办法由国务院卫生行政部门制定。

　　对于新建、扩建、改建的项目和技术改造、技术引进的项目（统称建设项目），如可能产生职业病危害的，建设单位在可行性论证阶段应向卫生行政部门提交职业病危害预评价报告。卫生行政部门应当自收到职业病危害预评价报告之日起 30 日内，做出审核决定并书面通知建设单位。未提交预评价报告或者预评价报告未经卫生行政部门审核同意的，有关部门不得批准该建设项目。建设项目的职业病危害预评价报告的内容应包括对可能产生的职业病危害因素及其对工作场所和劳动者健康的影响做出评价，确定危害类别和职业病防护措施等。

　　（二）工作场所

　　对可能产生职业病危害的工作场所的设置，《职业病防治法》规定，用人单位除应符合法律、行政法规规定的设立条件外，工作场所还要符合下列职业卫生要求：

　　（1）职业病危害因素的强度或者浓度符合国家职业卫生标准；

　　（2）有与职业病危害防护相适应的设施；

　　（3）生产布局合理，符合有害与无害作业分开的原则；

（4）有配套的更衣间、洗浴间、孕妇休息间等卫生设施；

（5）设备、工具、用具等设施符合保护劳动者生理、心理健康的要求；

（6）法律、行政法规和国务院卫生行政部门关于保护劳动者健康的其他要求。

（三）防护设施建设

对职业病危害的防护设施的建设，要求其建设的费用应纳入建设项目工程预算；建设的工程要与主体工程同时设计、同时施工、同时投入生产和使用；防护设施的设计需经卫生行政部门进行卫生审查，符合国家职业卫生标准和卫生要求的，方可施工；对于防护设施对职业病危害的控制效果，在竣工验收前，建设单位应进行评价；竣工验收时，经卫生行政部门验收合格后，方可投入正式生产和使用。

对职业病危害的预评价以及对危害的控制效果的评价，由依法设立的取得省级以上人民政府卫生行政部门资质认证的职业卫生技术服务机构进行。

二、劳动过程中的防护与管理

对劳动过程中职业病的防护与管理，按其活动过程中所发生的社会关系，可分为如下7个方面：对管理措施的规定；对防护用品与防护设施的规定；对日常监测、检测与评价的规定；对可能产生职业病危害的设备与材料的规定；对劳动者健康管理的规定；对应急救援与控制措施的规定；对工会组织的规定等。

（一）管理措施

对管理措施的规定，要求用人单位做到有机构和人员，即设置或者指定职业卫生管理机构或者组织，配备专职或者兼职的职业卫生专业人员，负责本单位的职业病防治工作；有计划，即制定职业病防治计划和实施方案；有规章制度，即建立、健全职业卫生管理制度和操作规程；有档案，即建立、健全职业卫生档案和劳动者健康监护档案；有监测和评价，即建立、健全工作场所职业病危害因素监测及评价制度；有急救方案，即建立、健全职业病危害事故应急救援预案。

（二）防护用品与防护设施

对防护用品和防护设施的规定，要求用人单位必须采取有效的职业病防护设施，并为劳动者提供个人使用的职业病防护用品，其中防护用品和防护设施的具体内容和要求包括：优先采用有利于防治职业病和保护劳动者健康的新技术、新工艺、新材料，逐步替代职业病危害严重的技术、工艺、材料；在醒目位置设置公告栏，公布有关职业病防治的规章制度、操作规程、职业病危害事故应急救援措施和工作场所职业病危害因素检测结果；对产生严重职业病危害的作业岗位，应当在其醒目位置，设置警示标识和中文警示说明，且警示说明应当载明产生职业病危害的种类、后果、预防以及应急救治措施等内容；对可能发生急性职业损伤的有毒、有害工作场所，用人单位应当设置报警装置，配置现场急救用品、冲洗设备、应急撤离通道和必要的泄险区；对放射工作场所和放射性核素的运输、贮存，用人单位必须配置防护设备和报警装置，保证接触放射线的工作人员佩戴个人剂量计；对职业病防护设备、应急救援设施和个人使用的职业病防护用品，用人单位应当进行经常性的维护、检修，定期检测其性能和效果，确保其处于正常状态，不得擅自拆除或者停止使用等。

（三）日常监测、检测与评价

用人单位实施应由专人负责职业病危害因素日常监测，确保监测系统处于正常运行状态；并按照国务院卫生行政部门的规定，定期对工作场所进行职业病危害因素检测、评价，且检测、评价结果存入用人单位职业卫生档案，定期向所在地卫生行政部门报告并向劳动者公布。

职业病危害因素检测、评价机构，由依法设立的取得省级以上人民政府卫生行政部门资质认证的职业卫生技术服务机构进行，并要求该机构在做检测、评价时应当客观、真实。

（四）设备与材料

对可能产生职业病危害的设备，要求向用人单位提供中文说明书，并在设备的醒目位置设置警示标识和中文警示说明，且警示说明应当载明设备性能、可能产生的职业病危害、安全操作和维护注意事项、职业病防护以及应急救治措施等内容。

对可能产生职业病危害的化学品、放射性核素和含有放射性物质的材料，要求向用人单位提供中文说明书，且说明书应当载明产品特性、主要成分、存在的有害因素、可能产生的危害后果、安全使用注意事项、职业病防护以及应急救治措施等内容；产品包装应当有醒目的警示标识和中文警示说明；贮存上述材料的场所应当在规定的部位设置危险物品标识或者放射性警示标识。

另外，对国内首次使用或者首次进口与职业病危害有关的化学材料，使用单位或者进口单位按照国家规定经国务院有关部门批准后，应当向国务院卫生行政部门报送该化学材料的毒性鉴定以及经有关部门登记注册或者批准进口的文件等资料；进口放射性核素、射线装置和含有放射性物质的物品的，按照国家有关规定办理。对国家明令禁止使用的可能产生职业病危害的设备或者材料，任何单位和个人不得生产、经营、进口和使用。

（五）劳动者健康管理

对劳动者健康管理方面的规定，主要包括劳动合同、职业卫生培训、职业健康检查和职业卫生保护权利等。

1. 劳动合同　要求用人单位与劳动者订立劳动合同（含聘用合同）时，应当将工作过程中可能产生的职业病危害及其后果、职业病防护措施和待遇等如实告知劳动者，并在劳动合同中写明，不得隐瞒或者欺骗。在已订立劳动合同期间，如劳动者因工作岗位或者工作内容变更，从事与所订立劳动合同中未告知的存在职业病危害的作业时，用人单位应当依照前款规定，向劳动者履行如实告知的义务，并协商变更原劳动合同相关条款。用人单位如违反上述规定的，劳动者有权拒绝从事存在职业病危害的作业，用人单位不得因此解除或者终止与劳动者所订立的劳动合同。

2. 职业卫生培训　一方面要求用人单位的负责人应当接受职业卫生培训，遵守职业病防治法律、法规，依法组织本单位的职业病防治工作；另一方面要求用人单位对劳动者进行上岗前职业卫生培训和在岗期间的定期职业卫生培训，普及职业卫生知识，督促劳动者遵守职业病防治法律、法规、规章和操作规程，指导劳动者正确使用职业病防护设备和个人使用的职业病防护用品。培训内容包括相关的职业卫生知识、职业病防治法律、法规、规章和操作规程，以及正确使用、维护职业病防护设备和个人使用的职业病防护用品，发现职业病危害事故隐患应当及时报告。如劳动者不履行前款规定的义务，用人单位应当对其进行教育。

3. 健康检查　要求用人单位应当按照国务院卫生行政部门的规定组织上岗前、在岗期间和离岗时的职业健康检查，并将检查结果如实告知劳动者；建立职业健康监护档案，并按照规定的期限妥善保存。职业健康监护档案应当包括劳动者的职业史、职业病危害接触史、职业健康检查结果和职业病诊疗等有关个人健康资料。劳动者离开用人单位时，有权索取本人职业健康监护档案复印件，用人单位应当如实、无偿提供，并在所提供的复印件上签字盖章。职业健康检查费用由用人单位承担。劳动者职业健康检查的机构，应由省级以上人民政府卫生行政部门批准的医疗卫生机构承担。对未经上岗前职业健康检查的劳动者，用人单位不得安排其从事接触职业病危害的作业；不得安排有职业禁忌的劳动者从事其所禁忌的作业；对在职业健康检查中发现有与所从事的职业相关的健康损害的劳动者，应当调离原工作岗位，并妥善安置；对未进行离岗前职业健康检查的劳动者不得解除或者终止与其订立的劳动合同。

4. 劳动者的职业卫生保护权利　包括获得职业卫生教育、培训；获得职业健康检查、职业病诊疗、康复等职业病防治服务；了解工作场所产生或者可能产生的职业病危害因素、危害后果和应当采取的职业病防护措施；要求用人单位提供符合防治职业病要求的职业病防护设施和个人使用的职业病防护用品，改善工作条件；对违反职业病防治法律、法规以及危及生命健康的行为提出批评、检举和控告；拒绝违章指挥和强令进行没有职业病防护措施的作业；参与用人单位职业卫生工作的民主管理，对职业病防治工作提出意见和建议。用人单位应当保障劳动者行使前款所列权利。因劳动者依法行使正当权利而降低其工资、福利等待遇或者解除、终止与其订立的劳动合同的，其行为无效。另外，还规定用人单位不得安排未成年人从事接触职业病危害的作业；不得安排孕期、哺乳期的女职工从事对本人和胎儿、婴儿有危害的作业。

（六）应急救援与控制措施

对应急救援与控制措施的规定，要求在发生或者可能发生急性职业病危害事故时，用人单位应立即采取应急救援和控制措施，并及时报告所在地卫生行政部门和有关部门；卫生行政部门接到报告后，应当及时会同有关部门组织调查处理；必要时，可以采取临时控制措施。对遭受或者可能遭受急性职业病危害的劳动者，用人单位应当及时组织救治、进行健康检查和医学观察，所需费用由用人单位承担。

（七）工会组织

对工会组织的规定，要求其督促并协助用人单位开展职业卫生宣传教育和培训，对用人单位的职业病防治工作提出意见和建议，与用人单位就劳动者反映的有关职业病防治的问题进行协调并督促解决；对用人单位违反职业病防治法律、法规，侵犯劳动者合法权益的行为，有权要求纠正；产生严重职业病危害时，有权要求采取防护措施，或者向政府有关部门建议采取强制性措施；发生职业病危害事故时，有权参与事故调查处理；发现危及劳动者生命健康的情形时，有权向用人单位建议组织劳动者撤离危险现场，用人单位应当立即做出处理。

第三节 职业病的诊断与病人管理

一、职业病诊断机构

职业病诊断是一项技术性很强的工作，应当由省级以上人民政府卫生行政部门批准的医疗卫生机构承担。由于劳动者的流动性较大，为了保护劳动者的权益，方便劳动者进行职业病诊断，《职业病防治法》赋予劳动者职业病诊断选择权，规定劳动者可以在用人单位所在地或者本人居住地依法承担职业病诊断的医疗卫生机构进行职业病诊断。

二、职业病诊断标准

职业病诊断标准由国务院卫生行政部门制定；职业病伤残等级的鉴定办法由国务院劳动保障行政部门会同国务院卫生行政部门制定。

职业病诊断应综合分析如下因素：①病人的职业史；②职业病危害因素接触史和现场危害因素调查与评价；③临床表现以及辅助检查结果等。没有证据否定职业病危害因素与病人临床表现之间的必然联系的，在排除其他致病因素后，应当诊断为职业病。承担职业病诊断的医疗卫生机构在进行职业病诊断时，应当组织三名以上取得职业病诊断资格的执业医师集体诊断。职业病诊断证明书应当由参与诊断的医师共同签署，并经承担职业病诊断的医疗卫生机构审核盖章。

用人单位和医疗卫生机构发现职业病病人或者疑似职业病病人时，应当及时向所在地卫生行政部门报告，如确诊为职业病的，用人单位还应当向所在地劳动保障行政部门报告。卫生行政部门和劳动保障行政部门接到报告后，应当依法做出处理。

三、诊断鉴定的机构和程序

当事人对职业病诊断有异议的，可以向做出诊断的医疗卫生机构所在地的地方人民政府卫生行政部门申请鉴定；职业病诊断争议由设区的市级以上地方人民政府卫生行政部门根据当事人的申请，组织职业病诊断鉴定委员会进行鉴定；当事人对设区的市级职业病诊断鉴定委员会的鉴定结论不服的，可以向省、自治区、直辖市人民政府卫生行政部门申请再鉴定。

职业病诊断鉴定委员会由相关专业的专家组成。省、自治区、直辖市人民政府卫生行政部门应当设立相关的专家库，需要对职业病争议做出诊断鉴定时，由当事人或者当事人委托有关卫生行政部门从专家库中以随机抽取的方式确定参加诊断鉴定委员会的专家。职业病诊断鉴定委员会应当按照国务院卫生行政部门颁布的职业病诊断标准和职业病诊断、鉴定办法进行职业病诊断鉴定，向当事人出具职业病诊断鉴定书。职业病诊断、鉴定需要用人单位提供有关职业卫生和健康监护等资料时，用人单位应当如实提供，劳动者和有关机构也应当提供与职业病诊断、鉴定有关的资料。职业病诊断鉴定费用由用人单位承担。

四、职业病病人的待遇

职业病病人，依法享受国家规定的职业病待遇，即用人单位应当按照国家有关规定，安排职业病病人进行治疗、康复和定期检查；用人单位对不适宜继续从事原工作的职业病病人，应当调离原岗位，并妥善安置；用人单位对从事接触职业病危害作业的劳动者，应当给予适当的岗位津贴。职业病病人的诊疗、康复费用，伤残以及丧失劳动能力的职业病病人的社会保障，按照国家有关工伤社会保险的规定执行。

职业病病人除依法享有工伤社会保险外，依照有关民事法律，尚有获得赔偿的权利的，有权向用人单位提出赔偿要求；如用人单位没有依法参加工伤社会保险的，其医疗和生活保障由最后的用人单位承担；如最后的用人单位有证据证明该职业病是先前用人单位的职业病危害造成的，由先前的用人单位承担；如用人单位发生分立、合并、解散、破产等情形的，应当对从事接触职业病危害因素的作业的劳动者进行健康检查，并按照国家有关规定妥善安置职业病病人。此外，职业病病人变动工作单位，其依法享有的待遇不变。

第四节　职业病防治的监督

一、职业卫生监督执法机构及其职责

国家实行职业卫生监督制度。国务院卫生行政部门统一负责全国职业病防治的监督管理工作，国务院有关部门在各自的职责范围内负责职业病防治的有关监督管理工作。

县级以上地方人民政府卫生行政部门负责本行政区域内职业病防治的监督管理工作。县级以上地方人民政府有关部门在各自的职责范围内负责职业病防治的有关监督管理工作。县级以上人民政府卫生行政部门依照职业病防治法律、法规、国家职业卫生标准和卫生要求，依据职责划分，对职业病防治工作及职业病危害检测、评价活动进行监督检查。

卫生行政部门履行监督检查职责时，有权采取下列措施：①进入被检查单位和职业病危害现场，了解情况，调查取证；②查阅或者复制与违反职业病防治法律、法规的行为有关的资料和采集样品；③责令违反职业病防治法律、法规的单位和个人停止违法行为。

发生职业病危害事故或者有证据证明危害状态可能导致职业病危害事故发生时，卫生行政部门可以采取下列临时控制措施：①责令暂停导致职业病危害事故的作业；②封存造成职业病危害事故或者可能导致职业病危害事故发生的材料和设备；③组织控制职业病危

害事故现场。在职业病危害事故或者危害状态得到有效控制后，卫生行政部门应当及时解除控制措施。

二、职业卫生监督执法人员及其职责

职业卫生监督执法人员应当依法经过资格认定。职业卫生监督执法人员依法执行职务时，应当出示监督执法证件。职业卫生监督执法人员应当忠于职守，秉公执法，严格遵守执法规范；涉及用人单位的秘密的，应当为其保密。

卫生行政部门及其职业卫生监督执法人员履行职责时，不得有下列行为：①对不符合法定条件的，发给建设项目有关证明文件、资质证明文件或者予以批准；②对已经取得有关证明文件的，不履行监督检查职责；③发现用人单位存在职业病危害的，可能造成职业病危害事故，不及时依法采取控制措施；④其他违反《职业病防治法》的行为。

第五节　放射防护

一、放射性同位素和射线装置的概念

放射性同位素，是指不包括作为核燃料、核原料、核材料的其他放射性物质。射线装置，是指 X 射线机、加速器及中子发生器。随着科学技术的发展，放射性同位素与射线装置已被广泛地应用于社会生活中的各个领域。然而，科学技术的发明与应用，历来是一把双刃剑，放射性同位素与射线的出现与应用，在造福于人类的同时，也产生一些负面效应，最典型的是损害人体的健康。为加强对放射性同位素与射线装置放射防护的监督管理，保障公众和从事放射工作人员的健康与安全，保护环境，促进放射性同位素与射线技术的应用与发展，我国加强了放射防护卫生立法工作，逐步建立了一整套比较完整的放射防护管理体系。1989 年 10 月 24 日，国务院发布了《放射性同位素与射线装置放射防护条例》。2003 年 6 月 28 日，第十届全国人大常委会第 3 次会议通过了《中华人民共和国放射性污染防治法》，同年 10 月 1 日起施行。卫生部先后发布了《核设施放射卫生防护管理规定》、《核事故医学应急管理规定》、《放射工作人员健康管理规定》、《放射事故管理规定》、《放射工作卫生防护管理办法》、《放射防护器材与含放射性品卫生管理办法》等规章；另外，还依据国家《放射卫生防护基本标准》制定了《关于放射工作人员个人剂量监测管理规定》、《放射治疗卫生防护与质量保证管理规定》等行业标准、专业标准以及测量分析方法标准。凡是在我国境内从事生产、销售、使用放射性同位素与射线装置的单位和个人。托运、承运和自行运输放射性同位素或者装过放射线同位素的空容器；生产装有放射性同位素的设备、射线装置、放射防护器材，都要遵守有关运输规定和符合相应的放射防护标准。

二、放射防护许可登记

国家对放射工作实行许可登记制度。新建、改建、扩建放射工作场所的放射防护设施，必须与主体工程同时设计审批，同时施工，同时验收投产，其设计必须经所在省、自治区、直辖市的卫生、公安部门审查同意。竣工后须经卫生、公安、环境保护等部门验收同意，获得许可登记证方可启用。涉及放射性废水、废气、固体废物治理的工程项目，必须在申请审查的同时，提交经环境保护部门批准的环境影响评价文件，竣工后须经卫生、公安、环境保护等部门验收同意。

任何单位在从事生产、使用、销售放射性同位素和含放射源的射线装置前，必须向省、自治区、直辖市的卫生行政部门申请许可，并向同级公安部门登记。涉及到放射性废水、废气、固体废物排放的，还必须先向省、自治区、直辖市的环境保护部门递交环境影响报告表，经批准后方可申请许可登记，领得许可登记证后方可从事许可登记范围内的放射性工作。

三、放射防护管理

从事放射工作单位的上级行政管理部门，负责管理本系统的放射防护管理工作，具体内容如下：

1. 设置放射性危险标志。放射性同位素的生产、使用、贮存场所和射线装置的生产、使用场所，在室外、野外从事放射工作时，必须设置放射性危险标志，必要时设专人警戒。

2. 放射性物品管理。放射性同位素不得与易燃、易爆、腐蚀性物品放在一起，其贮存场所必须采取有效的防火、防盗、防泄漏的安全防护措施，并指定专人负责保管。贮存、领取、使用、归还放射性同位素时必须进行登记、检查，做到帐物相符。对放射性同位素的订购、销售、转让、调拨和借用、进口装备有放射性同位素的仪表、从事含有放射性的来料加工工作、托运、承运和自行运输放射性同位素的单位和个人，都必须严格依照国家法律和有关规定从事上述活动。

3. 放射性产品管理。生产装有放射性同位素的设备、射线装置、放射防护器材，生产含有放射性物质的消费品、物料和伴有产生 X 射线的电器产品，用放射性同位素和射线装置辐照食品、药品、化妆品、医疗器材和其他应用于人体的制品，都必须符合放射防护要求，不合格产品不得出厂、销售。

4. 放射性治疗管理。对患者实施放射治疗，应当符合下列要求：经病理学、细胞学明确诊断并经医生诊断确属放射治疗的疾患。放射治疗医师提出治疗方案，经物理人员核定照射剂量，或由放射治疗医师会同物理剂量人员、临床医师共同制订有效的放射治疗计划。放射治疗计划应当以高效治疗、减少正常组织损伤为目的，并应准确确定靶区位置与范围、照射剂量和时间。对受检者和患者使用放射性同位素或者射线进行诊断、治疗、检查时，必须严格控制受照剂量，对准靶区部位，确保靶区剂量达到预定治疗剂量，使患者治疗部位的正常组织、器官的照射剂量尽可能低，并对患者的非治疗部位采取有效的屏蔽防护措施，避免一切不必要的照射。

5. 从事放射性工作人员健康管理。放射治疗卫生防护与质量保证管理规定要求，从事放射治疗工作的医疗、物理和其他技术人员，必须具备国家规定的资格条件，并经省级人民政府卫生行政部门组织实施的专业及防护知识考核合格，取得放射工作人员资质和证书后，方可从事放射治疗工作。从事放射治疗装置安装、维修和剂量测试工作的人员，必须经省级以上人民政府卫生行政部门组织实施的有关防护知识及专业培训，取得考核合格证书后，方可从事限定范围内的工作。放射治疗工作单位，必须按照国家有关规定，对放射治疗工作人员进行个人剂量监测、健康监护以及专业技术和防护知识培训，并建立相应的档案管理制度。放射工作人员健康管理规定要求，放射工作人员就业前必须进行体格检查，体检合格者方可从事放射工作。就业后必须进行定期体格检查，必要时可增加体检次数。放射工作单位要关心从事过放射工作的现已离退休或因健康原因调离放射工作岗位人员的身体健康。对于从事放射工作累计工龄超过15年以上的人员，要做定期的医学随访观察，原则上每2到3年一次。从事放射工作的哺乳期妇女、妊娠初期3个月孕妇应尽量避免接受照射，在妊娠或哺乳期间不得参与造成内照射的工作，并不得接受事先计划的特殊照射。未满18周岁者，不得从事放射性工作。

放射工作人员每年除正常休假外，可享受保健休假2到4周，从事放射工作25年以上的在职人员，每年由所在单位安排利用休假时间享受2到4周的疗养待遇。

四、放射事故管理

放射事故，是指放射性同位素丢失、被盗或者射线装置、放射性同位素失控而导致工作人员或者公众受到意外的、非自愿的异常照射。根据《放射事故管理规定》，国家对放射事故处理实行分级管理和报告、立案制度。

发生放射事故的单位，必须立即采取防护措施，控制事故影响，保护事故现场，并向县以上卫生行政部门和公安部门报告，对可能造成环境污染事故的，必须同时向所在地环境保护部门报告。发生放射事故的单位或者个人，应当赔偿受害者的经济损失及医学检查治疗费用，并支付处理放射事故的各种费用，但如果能够证明该损害是由受害人故意造成的，不承担赔偿责任。

五、放射防护监督

1. 放射防护监督机构及其职责。各省、自治区、直辖市的环境保护部门对放射性同位素和含有放射源的射线装置在应用中排放放射性废水、废气、固体废物实施监督；县以上卫生行政部门负责本辖区内放射性同位素与射线装置的放射防护监督，设放射防护监督员，对本辖区内放射工作进行监督和检查。

放射防护监督机构职责是：负责对放射工作监督检查，组织实施放射防护法规，会同有关部门调查处理放射事故，组织放射防护知识的宣传、培训和法规教育，处理放射防护监督中的纠纷。

2. 放射防护监督员及其职责。放射防护监督员由从事放射防护工作，并具有一定资格的专业人员担任，由省级卫生行政部门任命。

放射防护监督员的职责是：有权按照规定对本辖区内放射工作进行监督和检查，并可以按照规定采样和索取有关资料，有关单位不得拒绝和隐瞒，对涉及保密的资料应当按照国家保密规定进行保密。

第六节　法律责任

一、行政责任

对违反职业病防治法有关规定的用人单位，卫生行政部门应视其情节轻重，给予警告，责令限期改正；逾期不改正的，处以罚款；情节严重的，责令停止产生职业病危害的作业，或者提请有关人民政府按照国务院规定的权限责令关闭。

未取得职业卫生技术服务资质认证擅自从事职业卫生技术服务的，或者医疗卫生机构未经批准擅自从事职业健康检查、职业病诊断的，由卫生行政部门责令立即停止违法行为，没收违法所得，并处以罚款；情节严重的，对直接负责的主管人员和其他直接责任人员依法给予降级、撤职或者开除的处分。

职业病诊断鉴定委员会组成人员收受职业病诊断争议当事人的财物或者其他好处的，给予警告，没收所收受的财物，可以开处三千元以上五万元以下的罚款，取消其担任职业病诊断鉴定委员会组成人员的资格，并从省、自治区、直辖市人民政府卫生行政部门设立的专家库中予以除名。

卫生行政部门不按照规定报告职业病和职业病危害事故的，由上一级卫生行政部门责令改正，通报批评，给予警告；虚报、瞒报的，对单位负责人、直接负责的主管人员和其他直接责任人员依法给予降级、撤职或者开除的行政处分。

二、民事责任

用人单位在劳动过程中造成劳动者患职业病或者其他职业性健康损害时，用人单位要依法承担民事赔偿责任。

三、刑事责任

用人单位违反本法规定，造成重大职业病危害事故或者其他严重后果，构成犯罪的，对直接负责的主管人员和其他直接责任人员，依法追究刑事责任。

从事职业卫生技术服务的机构和承担职业健康检查、职业病诊断的医疗卫生机构违反本法规定，有下列行为之一的，即超出资质认证或者批准范围从事职业卫生技术服务或者职业健康检查、职业病诊断的；不按照本法规定履行法定职责的；出具虚假证明文件构成犯罪的，依法追究刑事责任。

卫生行政部门及其职业卫生监督执法人员出现对不符合法定条件而发给建设项目有关证明文件、资质证明文件或者予以批准的；对已经取得有关证明文件，不履行监督检查职责的；发现用人单位存在职业病危害，可能造成职业病危害事故，不及时依法采取控制措施的；其他违反本法的行为，导致职业病危害事故发生，构成犯罪的，应依法追究刑事责任。

【练一练】

选择题

1. 以下不属于《职业病防治法》的立法宗旨的是（　　）

A. 保护劳动者健康及其相关权益

B. 保护用人单位利益

C. 防治职业病

D. 促进经济发展

2. 职业病诊断应当由哪个机构承担（　　）

A. 各级医学会

B. 由省级以上人民政府卫生行政部门批准的医疗卫生机构

C. 由市级以上人民政府卫生行政部门批准的医疗卫生机构

D. 省级以上医疗卫生机构

第十九章 红十字会法

【目标解读】

1. 掌握红十字会的性质和组织
2. 理解红十字会的职责
3. 理解红十字会标志的使用
4. 了解违反《红十字会法》的法律责任

第一节 概述

一、红十字会法的概念

红十字会法是调整保护人的生命和健康，发扬人道主义精神，促进和平进步事业，保障红十字会依法履行职责活动中产生的各种社会关系的法律规范的总称。

19世纪中叶，瑞士人亨利·杜南开创了以人道、博爱、和平、进步为宗旨的国际红十字运动。1863年10月由瑞士发起在日内瓦召开了有欧洲16个国家代表参加的首次外交会议，并一致通过了《红十字决议》。为表示对瑞士的敬意，会议将标志定为"白底红十字"。1864年8月又签订了《改善战地陆军伤员境遇之日内瓦公约》，且被各国相继所承认。1949年8月签订的日内瓦四公约，即《改善战地武装部队伤者病者境遇之日内瓦公约》、《改善海上武装部队伤者病者及遇难船员境遇之日内瓦公约》、《关于战俘待遇之日内瓦公约》和《关于战时保护平民之日内瓦公约》及其附加议定书《关于保护国际性武装冲突受难者的附加议定书》、《关于保护非国际性武装冲突受难者的附加议定书》，进一步确认了红十字会运动的原则和精神，成为红十字会运动的国际法准则。1986年在日内瓦召开的第25届红十字国际会议上通过了《国际红十字会和红新月运动章程》，将国际红十字运动改称为国际红十字和红新月运动。现在，国际红十字会（IRC）是世界上三大国际组织之一，由红十字国际委员会、红十字会与红新月会国际联合会、各国红十字会和红新月会组成，有成员国170多个。国际红十字会的主要活动是讨论有关日内瓦公约问题，促进和维护世界和平，如红十字与和平、红十字与裁军、禁止使用大规模毁灭性武器等。

二、国际红十字与红新月运动的基本原则

1965 年，第 20 届红十字国际大会正式通过了国际红十字与红新月运动人道、公正、中立、独立、志愿服务、统一和普遍的 7 项基本原则。

人道——国际红十字与红新月运动的本意是不加歧视地救护战地伤员，不管是国际还是国内冲突，努力防止并减轻人们的疾苦，不论这种痛苦发生在什么地方。本运动的宗旨是保护人的生命和健康，保护人类的尊严，促进人与人之间的相互了解、友谊和合作，促进持久和平。

公正——本运动不因国籍、种族、宗教信仰和政治见解而有所歧视，仅根据需要，努力减轻人们的疾苦，优先救济困难最紧迫的人。

中立——为了继续得到所有人的信任，本运动在冲突双方之间不采取立场，任何时候也不参与涉及政治、种族、宗教或意识形态的争论。

独立——本运动是独立的。虽然各国红十字会是本国政府人道工作的助手并受本国法律的制约，但必须始终保持独立，以便任何时候都按本运动的原则行事。

志愿服务——本运动是志愿救济运动，绝不期望以任何方式得到好处。

统一——任何一个国家只能有一个红十字会或红新月会。它必须向所有人开放，必须在全国范围内展开人道工作。

普遍——国际红十字与红新月运动是世界性的。在这个运动中，所有的红十字会和红新月会都享有同等地位，并有同样的责任和义务去相互支援。

三、我国红十字运动的起源及发展

中国红十字会是国际红十字会组织的重要成员，诞生于 1904 年，1912 年得到红十字国际委员会的承认，1919 年 7 月 18 日又正式加入红十字和红新月会联盟。近百年的历程，它为维护中国与世界的和平，发扬人道主义精神，保护人类安全与健康，以及在许多重大国际事务中发挥了重要作用。新中国成立后，1950 年在中央人民政府的领导和周恩来总理的亲自主持下，中国红十字会进行了改组，并被国际红十字会再次承认。"文化大革命"期间，红十字会国内工作受到干扰，被迫停顿，组织和事业遭到破坏。1978 年经国务院批准恢复国内红十字会工作以来，我国红十字事业不断发展。目前全国各个省、自治区、直辖市都建立了红十字会，有基层组织 15 万个，会员 2280 万。

中国红十字会是一个具有广泛群众基础的国际性人道主义救助和社会服务团体。中国红十字会在协助政府传播和履行国际人道主义法规定的义务，以人道主义的身份，在国内外政治生活中，在抗灾救灾、群众性卫生救护、无偿献血事业、沟通海峡两岸交流等方面发挥了巨大的作用：先后在杭州、孝感、沈阳、成都、广州、西安等地建立了 6 个区域备灾救灾中心，在云南、安徽、江苏、上海、西藏建立了 5 个省级备灾中心；积极推行无偿献血，开展非血缘关系骨髓移植供者登记工作，建立了中华骨髓库；不仅成功地开展了战时、灾时、突发事件中的卫生救护工作，而且在平时的群众性卫生救护方面也日趋活跃，红十字青少年活动和群众性社会服务不断开展；在海峡两岸交流中，帮助两岸离散亲人团

聚，处理两岸交流中的衍生问题，对实现双向交流起到了特殊作用；中国红十字会还本着独立、平等、互相尊重的原则，发展同各国红十字会和红新月会的友好合作关系，与 150 多个国家红十字会保持经常性的友好往来，为增进世界各国人民的友谊发挥了积极作用。

第二节　红十字会的性质和组织

一、红十字会的性质

《红十字会法》总则中明确规定，中国红十字会是中华人民共和国统一的红十字会组织，是从事人道主义工作的社会救助团体。中国红十字会遵守宪法和法律，遵循 1986 年 10 月日内瓦国际红十字大会第二十五次会议通过的《国际红十字和红新月运动章程》中确立的人道性、公正性、中立性、独立性、志原服务、统一性和普遍性七项基本原则，依照中国参加的日内瓦公约及其附加议定书和中国红十字会章程，独立自主地开展工作。中国红十字会根据独立、平等、互相尊重的原则，发展同各国红十字会和红新月会的友好合作关系。

二、红十字会的组织

中华人民共和国公民，不分民族、种族、性别、职业、宗教、教育程度，承认中国红十字会章程并交纳会费的，可自愿参加红十字会。

全国建立中国红十字总会，具有社会团体法人资格。县级以上按行政区域建立地方各级红十字会，根据实际工作需要配备专职工作人员。全国性行业根据需要可以建立行业红十字会。地方各级红十字会、行业红十字会依法取得社会团体法人资格。

各级红十字会理事会由会员大会民主选举产生。理事会民主选举产生会长和副会长。中国红十字总会设名誉会长和名誉副会长。名誉会长和名誉副会长由中国红十字总会理事会聘请。各级红十字会会员代表大会闭会期间，由理事会执行会员代表大会的决议。理事会向会员代表大会负责并报告工作，接受其监督。上级红十字会指导下级红十字会工作。

第三节　红十字会的职责

一、红十字会职责的范围

红十字会职责的范围包括：

（1）开展救灾的准备工作；在自然灾害和突发事件中，对伤病人员和其他受害者进行救助；

（2）普及卫生救护和防病知识，进行初级卫生救护培训，组织群众参加现场救护；参与输血献血工作，推动无偿献血；开展其他人道主义服务活动；

（3）开展红十字青少年活动；

（4）参加国际人道主义救援工作；

（5）宣传国际红十字和红新月运动的基本原则和日内瓦公约及其附加议定书；

（6）依照国际红十字和红新月运动的基本原则，完成人民政府委托事宜；

（7）依照日内瓦公约及其附加议定书的有关规定开展工作。

二、红十字会职责的履行

红十字会有权处理其接受的救助物资；在处理捐赠款时，应当尊重捐赠者的意愿。在自然灾害和突发事件中，执行救助任务并标有红十字标志的人员、物资和交通工具有优先通行的权利。

红十字会经费的主要来源是：①红十字会会员缴纳的会费；②接受国内外组织和个人捐赠的款物；③动产和不动产的收入；④人民政府的拨款。红十字会应建立经费审查监督制度，并接受人民政府的检查监督。任何组织和个人不得侵占和挪用红十字会的经费和财产。

第四节 红十字标志的使用

一、红十字标志的作用

中国红十字会使用白底红十字标志。红十字标志是国际人道主义保护标志，是武装力量医疗机构的特定标志，是红十字会的专用标志。禁止任何其他组织和个人随意使用红十字标志。

红十字标志具有保护作用和标明作用。

红十字标志的保护性作用是指在武装冲突中必须受到尊重和保护的人员和设备应得到保护。在武装冲突中，冲突各方对依照红十字标志使用办法的规定佩带红十字标志的人员和标有红十字标志的处所及其物品、医务运输工具，必须予以保护和尊重。红十字标志的标明性作用是标志与红十字活动有关的人或者物。

二、红十字标志的使用

红十字标志的使用必须依照有关规定。因宗教信仰使用红新月标志的，其使用办法适用红十字标志的使用规定。

（一）红十字标志的保护性使用

红十字标志的保护作用和标明作用不得混淆使用。

红十字标志作为保护性标志使用时，不得在标志上添加任何内容。

红十字标志作为保护性标志使用时，用在旗帜上的，红十字不得触及旗帜的边缘；用在臂章上的，红十字应当置于臂章的中间部位；用在建筑物上的，红十字应当置于建筑物顶部的明显部位。

红十字标志作为保护性标志使用时，应当在尽可能远的地方或者不同的方向得以辨认；在夜间或者能见度低时，应当以灯光照明或者用发光物装饰。

在武装冲突中，下列人员可以使用保护性红十字标志：①武装力量医疗机构的医疗人员和工作人员；②红十字会的工作人员和医务人员；③经国务院或者中央军事委员会批准的国际红十字组织和外国红十字组织的工作人员和医务人员；④军用的和民用的医务运输工具上的医务人员和工作人员；⑤经国务院或者中央军事委员会批准的国内外的志愿救助团体人员和民用医疗机构的医务人员。

使用保护性红十字标志的人员，必须随身携带国务院或中央军事委员会授权的部门签发的身份证件。

在武装冲突中，下列机构或者组织及其处所、物品、医务运输工具可以使用保护性红十字标志：①武装力量的医疗机构；②参加救助活动的红十字会；③经国务院或者中央军事委员会批准的国内外的志愿救助团体和医疗机构；④经国务院或者中央军事委员会批准的国际组织。

武装力量医疗机构的人员、处所及其物品、医务运输工具在和平时期也可以使用保护性红十字标志作为标记。

（二）红十字标志的标明性使用

红十字标志作为标明性标志使用时，在红十字下方必须有红十字会的名称或者名称缩写，并不得将红十字置于建筑物顶部。

红十字会的工作人员、会员和其他有关人员履行职责时，应当佩带标有红十字的小尺寸臂章；不履行职责时，可以佩带标有红十字的小尺寸胸针或者胸章。

下列人员可以使用标明性红十字标志：①红十字会工作人员；②红十字会会员；③红十字青少年会员。

下列场所可以使用标明性红十字标志：①红十字会使用的建筑物；②红十字会所属的医疗机构；③红十字会开展符合其宗旨的活动场所。

下列物品、运输工具可以使用标明性红十字标志：①红十字会的徽章、奖章、证章；②红十字会的印刷品、宣传品；③红十字会的救灾物资及运输工具。

在上述规定的人员、场所、物品、运输工具范围以外需要使用标明性红十字标志的，由红十字会总会批准。

（三）红十字标志的禁止使用

红十字标志不得用于下列情形：①商标或者商业性广告；②非红十字会或者非武装力

量的医疗机构；③药店、兽医站；④商品的包装；⑤公司的标志；⑥工程设计、产品设计；⑦《红十字标志使用办法》规定可以使用红十字标志以外的其他情形。

第五节　法律责任

一、阻碍红十字会履行职责的法律责任

任何组织和个人不得拒绝、阻碍红十字会工作人员依法履行职责。

在自然灾害和突发事件中，以暴力、威胁方法阻碍红十字会工作人员依法履行职责的，依照刑法有关规定追究刑事责任；阻碍红十字会工作依法履行职责未使用暴力、威胁方法的，依照治安管理处罚条例的有关规定处罚。

《刑法》第二百七十七条规定，在自然灾害和突发事件中，以暴力、威胁方法阻碍红十字会工作人员依法履行职责的，构成妨碍公务罪，处3年以下有期徒刑、拘役、管制或者罚金。

二、滥用红十字标志的法律责任

禁止滥用红十字标志。对违反红十字标志使用办法，有下列情形之一的，红十字会有权予以劝阻，并要求其停止使用；拒绝停止使用的，红十字会可以提请人民政府按照有关法律、法规的规定予以处理：①红十字会的工作人员、会员、红十字青少年会员以外的人员使用标明性红十字标志的；②非红十字会使用的建筑物及其他场所使用标明性红十字标志的；③非红十字会的医疗机构使用标明性红十字标志的；④不属于红十字会的物品、运输工具等使用标明性红十字标志的；⑤有违反红十字标志使用办法规定使用红十字标志的其他情形的。违反红十字标志使用办法关于红十字标志的禁止使用规定，擅自使用红十字标志的，由县级以上人民政府责令停止使用，没收非法所得，并处1万元以下的罚款。

武装力量中的组织和人员有违反红十字标志使用办法规定行为的，由军队有关部门处理。

【练一练】
简答题
1. 国际红十字与红新月运动的基本原则有哪些？
2. 简述红十字会的性质。

第二十章　医学新技术的应用与现代法律的发展

【目标解读】

1. 了解人工生殖法律问题
2. 了解器官移植法律问题
3. 了解脑死亡的法律问题

第一节　人工生殖法律问题

一、人工生殖技术概述

人工生殖技术，是指用现代科学和医学的技术、方法改变性与生殖的联系或代替人类生殖过程中的某一环节或全部过程。

人工生殖技术，从广义上说，包括控制生育技术和辅助生育技术两个方面。从狭义上说，就是指辅助生殖技术。控制生育技术是将性与生殖分离，主要解决人口数量问题，而辅助生育技术是将生殖与性分离，主要解决不育问题。现代医学技术还不能做到在完全实验室条件下生儿育女，目前所称的人类辅助生殖技术，是指运用医学技术和方法对配子、合子、胚胎进行人工操作，以达到受孕目的的技术，分为人工授精和体外受精——胚胎移植技术及其各种衍生技术。

（一）人工授精

人工授精（Artificial Insemination，AI），是指用人工方式将精液注入女性体内以取代性交途径使其妊娠的一种方法。根据精液来源的不同，人工授精分为夫精人工授精（AIH），即使用丈夫的精子所进行的人工授精；供精人工授精（AID），即使用供精者的精子所进行的人工授精。

人工授精技术应用初期主要是通过 AIH 来治疗男性不孕症，后来才逐渐发展到 AID。1953 年，美国阿肯色大学医学中心的谢尔曼（Sherman）和伯奇（Burge）联合发表了著名的《人类冷冻精子的生育能力》一文，报告了利用干冰冷冻精子并用于人工授精获得成功，从而证明冷冻、复温后的人类精子能正常授精，胚胎可以正常发育。随着冷冻精液技术的发展，世界上出现了精子库。20世纪60年代以来，美、法、英、意等国纷纷建立人类冷冻精子库，为人工授精的开展提供了更好的条件。现在，全世界人工授精出生的婴儿已超过30万。

（二）体外受精

体外受精（In Vitro Fertili Tation，IVF），又叫体外受精——胚胎移植（In Vitro Fertilimtion - Embryo Transfer，IVF - ET），是指从女性体内取出卵子，在器皿内培养后，加入经技术处理的精子，待卵子受精后，继续培养，到形成早期胚胎时，再转移到子宫内着床，发育成胎儿直至分娩的技术。由于受孕过程的最早阶段发生在体外试管内，因此俗称试管婴儿技术，生育出来的婴儿称为"试管婴儿"。

体外受精主要解决女性不孕问题，对于开展人类胚胎学和遗传工程学的研究也具有重要意义。1978年英国妇产科专家斯特普托（Steptoe）及胚胎学家爱德华兹（Edwards）首创的世界第一例试管婴儿——路易斯·布朗（Louise Brown）的诞生标志着人类治疗不孕症新的里程碑。体外受精技术发展很快，目前已发展到第四代，全世界的试管婴儿已达数万。

（三）代孕母亲

代孕母亲（Surrogate Mother），是指代人妊娠的妇女。代孕母亲或用他人的受精卵植入自己的子宫妊娠，或用自己的卵子人工授精后妊娠，分娩后孩子交给委托人抚养。代孕母亲出现于20世纪70年代末。

人工生殖技术利用得当，造福人类，利用不当则危害人类。而通过立法可以促进其健康发展，造福人类，防止其异化对社会造成的危害。

二、人类辅助生殖技术产生的法律问题

（一）生殖技术婴儿的法律地位

自从人类进入文明时代，人类的两性关系及生育繁衍就与婚姻家庭不可割裂地联系在一起，社会也据此确立了亲子身份的推定原则：①一个人在血缘上只有一父一母，除非有法律特别规定，父母子女关系自然形成，权利义务终身相随；②"谁分娩谁为母"原则；③子女于婚姻关系中孕育者，父的身份根据其与母的婚姻关系所确定。但是，人工生殖技术的推广，成千上万的人工生殖人口来到人世，打破了这些自然法则，使目前的亲子身份和户籍管理无所适从。对一个采用现代生殖技术而出生的婴儿来说，有可能存在5个父母：精子赠与人、卵子赠与人、怀育胎儿的代理母亲、抚育该婴儿的夫妇。那么究竟谁才是婴儿的父母？法律应该承认谁作为父母的权利和义务？这些都是人工生殖技术给法律带来的新问题。

1. 夫精人工授精

AIH所生子女与生母之夫存在着自然血亲关系，被视为婚生子女一般没有问题。但在丈夫已经法律宣布死亡之后，利用亡夫生前存于"精子银行"的冷冻精液怀孕的新生子女是否具有同等的权利？现行的继承法中有两项原则：第一，继承人与被继承人存在配偶、

子女、父母关系的，享有同等的继承权。第二，继承的时间从被继承人死亡时开始，如果遗产分割时被继承人的遗腹子尚未出生的，当保留胎儿的继承份额。按照继承法的第一项原则，用亡夫精子怀孕分娩的子女应具有同样的继承权，而按照第二项原则，他们在其父死亡时根本不存在，不可能有继承权。传统的继承法已经无法判定。

2. 供精人工授精

20 世纪 50 年代，当供精人工授精技术首次应用时，美国法院曾裁定妇女犯有通奸罪（即使经过丈夫同意），该婴儿是非法的。随着 AID 的广泛使用，法律也发生了相应的变化。1967 年，美国俄克拉荷马州首次就 AID 出生婴儿的法律地位作了以下法律规定：凡由指定的开业医生进行的 AID，并附有夫妻双方同意书的，因 AID 出生的婴儿，对其生母的丈夫，具有婚生子女身份。此后，美国陆续有 25 个州制定了这样的专门法律。在丹麦，根据人工授精法案，在丈夫同意下出生的 AID 子女，具有婚生子女的身份。在法国，根据亲子关系修正案的规定，也视经丈夫同意的 AID 子女为夫之合法子女。英国、瑞典、澳大利亚、以色列也都有类似的规定。从多数国家的发展趋势看，都主张经过夫妻同意后出生的人工授精子女应推定为婚生子女，与母之夫的关系视为亲生父子关系。采用 AID 方法出生的婴儿可以说存在两个父亲，一个是生物学（遗传学）父亲，即供精者，一个是社会学（养育者）父亲，即生母之夫。从许多国家的有关立法来看，大都认定后者为合法的父亲，承担相应的权利和义务。有的法律还规定同意进行人工授精的夫妇离婚后，养育父亲不能拒绝对 AID 出生子女提供经济上的支持，也不能拒绝其会见子女和受赡养的权利。

3. 体外受精

如果说 AID 提出了谁是父亲的问题，IVF 则扩大为"谁是父母"？有关谁是 IVF 婴儿父亲的问题，与在 AID 中的情况一样，而将同样的原则应用到卵子提供者身上，则应认定生下婴儿的妇女为合法母亲。英国 1990 年的《人工授精和胚胎学》法案中规定："一个由植入体内的胚胎或精子和卵子而孕育孩子的妇女应被视为该名孩子的母亲，而非其他妇女"。所以，即便采用 IVF 技术出生的孩子与准备充当孩子养育父母的夫妇双方毫无遗传和血缘关系，仍应确定这对夫妇为孩子的合法父母。通过 IVF 所生子女是他们的婚生子女，享有婚生子女的一切权利。因为孩子的遗传学父母仅仅是分别提供了精子和卵子而已。

4. 代理母亲

在解决卵子提供者与 IVF 婴儿同法律关系的问题上，法律确定了"孕育母亲在母权确定中比遗传母亲处于优势"的原则，同时推定该妇女的丈夫为该孩子的父亲，从而解决了谁是 IVF 婴儿父亲的问题。但随着代理母亲的出现和职业化，这一原则又行不通了。关于"谁是代理母亲所生婴儿的父母"的确定，世界各国法律规定不尽相同，主要有三种情况：第一个原则：以遗传学为根据确定亲子关系。这是人类在漫长的历史中一直适用的最基本原则。随着 AID 和 IVF 技术的应用，遗传母亲与孕育母亲不为同一人时，则遵循第二个原则：生者为母。第三个原则：按契约约定确定亲子关系。如美国新泽西、密执安等州法律规定，请人代生婴儿的夫妇根据与代理母亲签订的契约，与收养的孩子是养父母养子女关系。代理母亲的出现存在以下法律问题：

（1）代理母亲代生婴儿的归属问题。有时，代生母亲出于母爱，舍不得将孩子给委托代理的夫妇。根据"婴儿科顿事件"拍摄的美国电影"谁是母亲"引发更多的人来思考这一问题。有时是由于所生婴儿存在某种缺陷，双方都不愿承担该孩子的抚养责任。

（2）存在出租子宫收取酬金的现象。代理母亲被当作生育机器，侵犯妇女的尊严。同时，婴儿被当作商品，自由买卖，也是不能接受的。

（3）有的母亲替女儿代孕，祖母替孙女代孕，导致婴儿在家庭中地位的微妙，亲属关系的"超时空"；既破坏了现行亲属关系制度造成混乱，又使婚姻登记中对近亲婚配的限制处于尴尬境地。

由于这些问题的存在，许多国家如法国、英国、瑞典等都明文禁止代孕行为，代生协议视为无效。

（二）受精卵和胚胎的处置

胚胎冷藏技术的发展为体外受精的临床应用拓展了空间，但也引发出如何确定胚胎和受精卵的法律地位及相关的一系列法律问题。

1. 受精卵和胚胎是不是人，其权利与归属如何

目前存在两种截然不同的意见：一种意见认为是人，应尊重之，不应伤害，未经主人同意也不能随意处置。另一种意见则认为不是人，不具有与人相同的法律地位，因为世界各国的民法一般都规定自然人的权利能力始于出生，终于死亡。如果仅认定其只是具有财产的价值，那么应归谁有？是否能被后代继承？尽管英国、美国和欧洲一些国家的生育技术法律改革委员会取得了某些一致意见，认为存在于人体之外的胚胎不具有法律上人的地位，但也未明确移植后或出生前是否具有法律上人的地位。大多数法律改革委员会建议男女捐献者对其精子和卵子结合形成的受精卵享有完全的控制权。

2. 胚胎的研究是否符合人道主义，将多余的胚胎销毁或丢弃是否构成杀人

据1984年报道，美国有22个州的法律禁止胚胎研究。美、英、澳等国家专门组织班子或委托专家委员会对胚胎冷藏的法律问题提出咨询。德国1990年颁布《胚胎保护法》，禁止人胚胎研究，不允许用已死亡的人的精子或卵子进行体外受精，而且决不允许提前鉴定胎儿性别（有严重性连锁遗传性疾病危险的例外）。英国《人工授精和胚胎学》法案、法国《生命科学与人权》法律草案还规定胚胎的冷藏保管期为5年，保管期满后可任之死去。

3. 是否允许商业性获取人类胚胎

IVF容易导致一胎多生，同时，试管婴儿的孕育者出于优生的考虑，希望后代具有优异的智力和体魄，这就可能使那些拥有优质人类胚胎的人或机构将其出售而获取利益。有的商人甚至准备筹建"婴儿工厂"，从事婴儿的批量生产和买卖。许多国家都担心通过商业性获取胚胎会导致人口买卖和人口贩子粗制滥造婴儿，影响人口素质。因此，世界各国均禁止商业性获取人类胚胎。

三、我国人类辅助生殖技术应用的法律管理

目前全国已设置精子库的有44家，开展"试管婴儿"技术的有175家，供精人工授精的126家，丈夫人工授精的214家，累计全国已开展辅助生殖技术的各类机构约有400~500家。随着人工生殖技术在我国的应用与普及，不仅造成"父母多元化"和亲属关系

的混乱，使户政管理无所适从。同时由于生育与婚姻分离，也使我国现行的基于婚姻家庭的计划生育管理制度受到冲击。而在人工授精和胚胎孕育中技术操作的失误与失控，更使我国的医疗卫生行政管理面临新的一系列问题。因此，必须加强有关方面的立法，保证我国人类辅助生殖技术安全、有效和健康发展，规范人类辅助生殖技术的应用和管理，使辅助生殖技术真正应用在有适应证的患者身上，避免因实施这一特殊技术给社会伦理、道德、法律乃至妇女及子孙后代带来的负面影响和危害。

1989 年卫生部发出关于严禁用医疗技术鉴定胎儿性别和滥用人工授精技术的紧急通知规定，人工授精除用于科学研究外，其他医疗保健机构一律不得开展。为了保证人类辅助生殖技术安全、有效和健康发展，规范人类辅助生殖技术的应用和管理，保障人民身体健康，2001 年 2 月 20 日卫生部颁布了《人类辅助生殖技术管理办法》和《人类精子库管理办法》。同年 5 月 14 日卫生部发布了《人类辅助生殖技术规范》、《人类精子库基本标准和技术规范》和《人类辅助生殖技术和人类精子库伦理原则》，并于 2003 年 6 月修订后重新公布。卫生部从 2001 年起论证、批准了一批可以开展人类辅助生殖技术和可以设置精子库的医疗机构。

为了解决供精人工授精所生婴儿的法律地位，1991 年最高人民法院在有关司法解释中指出，"在夫妻关系存续期间，双方一致同意进行人工授精，所生子女应视为夫妻双方的婚生子女"。

（一）我国人类辅助生殖技术的应用原则

（1）人类辅助生殖技术的应用应当在医疗机构中进行，以医疗为目的，并符合国家计划生育政策、伦理原则和有关法律规定。

（2）禁止以任何形式买卖配子、合子、胚胎。

（3）医疗机构和医务人员不得实施任何形式的代孕技术。

（4）人类辅助生殖技术必须在经过批准并进行登记的医疗机构中实施，未经卫生行政部门批准，任何单位和个人不得实施人类辅助生殖技术。

（二）开展人类辅助生殖技术的审批

（1）卫生部根据区域卫生规划、医疗需求和技术条件等实际情况，制定人类辅助生殖技术应用规划。

（2）申请开展人类辅助生殖技术的医疗机构应当符合下列条件：①具有与开展技术相适应的卫生专业技术人品和其他专业技术人员；②具有与开展技术相适应的技术和设备；③设有医学伦理委员会；④符合卫生部制定的《人类辅助生殖技术规范》的要求。

（3）申请开展丈夫精液人工授精技术的医疗机构，由省、自治区、直辖市人民政府卫生行政部门审查批准。申请开展供精人工授精和体外受精——胚胎移植技术及其衍生技术的医疗机构，由省、自治区、直辖市人民政府卫生行政部门提出初审意见，报卫生部审批。

（三）人类辅助生殖技术的应用规则

（1）应当符合卫生部制定的《人类辅助生殖技术规范》的规定。

（2）应当遵循知情同意原则，并签署知情同意书。涉及伦理问题的，应当提交医学伦理委员会讨论。

（3）实施供精人工授精和体外受精——胚胎移植技术及其各种衍生技术的医疗机构应当与卫生部批准的人类精子库签订供精协议，严禁私自采精。医疗机构在实施人类辅助生殖技术时应当索取精子检验合格证明。

（4）实施人类辅助生殖技术的医疗机构应当为当事人保密，不得泄漏有关信息。

（5）实施人类辅助生殖技术的医疗机构不得进行性别选择，法律法规另有规定的除外。

（6）建立、健全技术档案管理制度，供精人工授精医疗行为方面的医疗技术档案和法律文书应当永久保存。

（7）对实施人类辅助生殖技术的人员应当进行医学业务和伦理学知识的培训。

（四）人类精子库的管理

人类精子库是指以治疗不育症以及预防遗传病等为目的，利用超低温冷冻技术，采集、检测、保存和提供精子的机构。我国的人类精子库必须设置在医疗机构内，并经卫生部批准。

（1）精子的采集与提供应当在经过批准的人类精子库中进行，未经批准，任何单位和个人不得从事精子的采集与提供活动。

（2）精子的采集与提供应当严格遵守卫生部制定的《人类精子库技术规范》和各项技术操作规程。

（3）供精者应当是年龄在 22～45 岁之间的健康男性，人类精子库应当对其进行健康检查和严格的筛选。供精者只能在一个人类精子库中供精，且一个供精者的精子最多只能提供给 5 名妇女受孕。

（4）人类精子库工作人员应当向供精者说明精子的用途、保存方式以及可能带来的社会伦理等问题，并与供精者签署知情同意书。

（5）精子库采集精子后应当进行检验和筛查，并在冷冻 6 个月后复检合格方能提供，严禁提供新鲜精子和未经检验或检验不合格的精子。严禁精子库向未经批准开展人类辅助生殖技术的医疗机构提供精子。

（6）人类精子库应当建立供精者档案，对供精者的详细资料和精子的使用情况进行计算机管理并永久保存；人类精子库应当为供精者和受精者保密，未经当事人同意不得泄漏有关信息。

（五）对违法的处罚

（1）对未经批准擅自开展人类辅助生殖技术和设置人类精子库的非医疗机构，按照《医疗机构管理条例》第四十四条规定处罚。

（2）对未经批准擅自开展人类辅助生殖技术和设置人类精子库的医疗机构按照《医疗机构管理条例》第四十七条和《医疗机构管理条例实施细则》第八十条的规定处罚。

（3）对开展人类辅助生殖技术和设置人类精子库的医疗机构违反有关规定的违法行为，由省、自治区、直辖市人民政府卫生行政部门给予警告或罚款，并给予有关责任人行政处分；构成犯罪的，依法追究刑事责任。

第二节　器官移植法律问题

一、器官移植概述

（一）器官移植的概念

器官移植（organ transplantation）是指通过手术等方法，替换体内已损伤的、病态的或者衰竭的器官。

从理论上讲器官移植可分为三大类：自体移植、同种移植和异种移植。异种移植是指把一种生物的器官移植到另一种生物上。自体移植是指摘除一个体器官并把它置于同一个体。同种移植是指把同一种生物的某一具体的器官移植到同种生物的另一个个体上。这里所讲的器官移植是指同种移植，即把一个活人或一具尸体身上的器官移植到另一个活人身上这种意义上的移植。

（二）器官移植的意义

首先，器官移植技术使许多本来难以恢复健康的病人得以康复，使患有不治之症的患者有了生的希望和可能。现在全世界由于器官移植手术而获得第二次生命的人已有 50 余万人。为了肯定这一新成就给人类带来的贡献，1990 年诺贝尔生理学和医学奖授予了1954 年首例肾移植医生默里和 20 世纪 60 年代中期首例骨髓移植医生托马斯，此后又有两位从事人体器官移植研究的科学家获奖。其次，器官移植可以使有限的卫生资源发挥更大效益。以肾移植为例，目前费用虽然较高，但与维持晚期肾功能衰竭病人生命的长期透析相比则经济得多，而且病人又可在相当程度上恢复正常的工作和生活，继续为社会创造财富，其社会意义显而易见。

（三）器官移植引起的法律问题

器官移植在临床实践中的广泛应用，为医治某些疾病开辟了广阔的前景，但也带来了许多复杂的法律问题，诸如：每一个公民是否有承担提供器官的义务？器官采集在什么情况下是合法的？病人对自己的废弃器官是否享有所有权？未成年人可否捐献器官？胎儿可否作为供体？对尸体器官的提供能否采取强制措施予以解决？何时摘除器官最为适宜？人体器官是否可以进行买卖？利用动物器官进行移植是否损害了动物权利等。这里主要讨论同种移植中解决器官来源引起的有关法律问题。

器官移植对所移植的器官有严格要求，同时又涉及人权、伦理、法律、社会等方面的问题，以致器官来源渠道不畅，供需矛盾十分突出，也就成为阻碍器官移植发展的一个关键环节。在美国由于缺乏可供移植的人体器官，一年内约有 31.1% 的病人在等待做心脏移植的过程中死亡，23.2% 的病人在等待做肝移植的过程中死亡。更令人担忧的是等待移植的病人每年以 20% 的速度递增，而器官来源却呈下降趋势。在发展中国家，情况更为严重。

由于移植器官的供不应求，器官出现了商业化的倾向。但大多数人认为，人的器官是神圣的，不能作为商品被买卖。1984 年美国政府通过一项立法，禁止人体器官买卖。加拿大、法国等国也明令禁止买卖器官。

因此，有些专家认为，今后的发展方向可能是用人工脏器来代替人体器官。可以想象，人工脏器的研制和临床应用，使人类向着生物——机械共存这一全新的方向迈进，将对人类的繁衍和生存、社会的进步和发展产生重大影响。

二、国外器官移植的法律规定

对于器官移植手术而言，最重要的莫过于供体器官的获得。而人体器官来源的不足已成为阻碍器官移植发展的关键。而围绕如何解决器官来源，产生了许多复杂的法律问题：公民是否有提供器官的义务？在什么情况下采集器官是合法的？能否采取强制措施获取尸体器官？人体器官是否可以买卖等等。为了解决供体来源，国外许多国家制定了一些相应的法律规定，主要可分为两大类。

（一）自愿捐献

自愿捐献，是指由死者生前自愿或其家属自愿将死者器官捐献给他人。这种法律规定强调自愿和知情同意是收集器官的基本原则。知情同意是活体捐献器官的必经程序。所谓知情，是指对捐献器官的目的和器官摘除的危险以及摘除器官后对健康可能损害的一系列后果的明晓。所谓同意，指自愿同意。

1987 年欧洲理事会成员国卫生部长会议决定合作发展器官移植手术，拯救成千上万的生命。会议同时指出，应大力开展器官移植重要性的宣传，让人们懂得"将能够成活的器官带进坟墓是一种社会犯罪"。许多国家相继制定了捐献器官和从尸体移植器官的法律，力图通过法律形式促进器官移植技术的发展。

1968 年美国国家委员会通过的《统一人体组织捐献法》，是自愿捐献器官法律规定的典型代表。该法的基本条款是：

1. 任何超过 18 岁的个人可以捐赠他身体的全部或一部分，用于教学、研究、治疗或移植的目的。

2. 如果个人在死前未作出捐赠表示的，他的近亲有权作出捐赠表示，除非已知死者反对。

3. 如果个人已作出捐赠表示的，不能被亲属取消。

这一法令一方面让一个人在活着的时候可以自主考虑将来死后是否把遗体捐献给医学，另一方面为亲属有义务按礼仪埋葬尸体时增加了捐献的权利。到 1973 年，《统一组织捐献法》为美国所有的州和哥伦比亚特区所采纳。

1971 年加拿大起草的《统一人体组织捐献法》规定了自愿捐献制度，强调个人自愿，尊重个人意愿和人的尊严。1989 年南斯拉夫制定的《人体器官获取和移植法》规定，捐献人体器官同献血一样应是自愿的，但为了排除以人体器官做交易的可能性，接受人体器官移植者应是死者的近亲。

（二）推定同意

推定同意，是指没有死者可证明其捐献器官意思的材料时，在其家属并不反对且未违反死者或家属意愿时，医生从尸体身上摘除所需要的组织和器官用于移植。推定同意适用于尸体器官捐献。由于是死后捐献器官，所以无需适用知情程序。推定同意有两种形式：

一种是政府授权医生以全权来摘取有用的组织和器官，只要死者生前没有作出不愿意捐献器官的表示的，就被认为是自愿捐献器官者，而不考虑死者亲属的愿望。如法国、匈牙利、新加坡、瑞士等国。法国《器官摘取法》规定，为了治疗和医学研究的目的，可在一个在世时未曾宣布拒绝摘取器官的死者身上摘取器官，但如果死者生前是未成年人，也应经法定代理人许可。

另一种是要求医生和死者家属进行交涉，以明确家属没有反对意见，同意捐献方可摘除器官。如意大利、英国、西班牙、罗马尼亚等国。罗马尼亚 1978 年制定的器官移植法令规定，要从尸体中移植器官必须征得年满 18 岁以上的亲属的同意，若死者生前有书面表示反对的，移植则是禁止的。

三、我国器官移植的法律规定

（一）我国器官移植立法现状

我国临床器官移植较国际上为晚，但发展较快，迄今已开展了 28 种同种异体器官移植。肾移植达世界先进水平，胰岛移植、血管全脾移植、胎儿器官移植等已在国际上领先。尽管如此，我国器官移植特别是大器官移植与发达国家相比，在移植例数、存活时间、生存质量上都有较大差距。究其原因，并不完全在于技术、药物等条件方面，而关键在于供体的匮乏与质量低下。造成器官移植供体短缺的原因：一是受"身体发肤，受之父母，不敢毁伤，孝之始也"和"入土为安"的风俗习惯和传统观念的影响，二是还没有建立脑死亡就等于机体整体死亡这一重要的科学概念。三是遗体捐赠体系不完善。随着医学知识的普及，人们对于遗体捐赠的认识越来越理性。许多人已经能够接受器官移植、造福人类的观念，并在生前自愿签署捐赠遗体的协议。由于我国遗体捐赠体系不完善，又使许多愿意在死后捐赠遗体的人捐赠无门，加剧了供体的缺乏。因此，为了解决供体器官供不应求的问题，一方面要开展广泛的宣传教育，一方面要制定适宜的收集、移植器官的法律制度。

1983 年 8 月 16 日《人民日报》刊登了有杨尚昆、胡乔木等党和国家领导人签名的《把遗体交给医学界利用的倡议》，在全国引起强烈反响。为使千千万万脏器患病者获得新生，1995 年 11 月中国器官移植发展基金会在北京成立。1997 年南京市成立了"红十字会捐献遗体志愿者之友"的组织。1997 年在湖北武汉第九届人代会第 5 次会议上，《器官移植亟待立法——武汉市器官捐献地方法规议案》，得到 40 多位代表的联名响应。1999 年有关部门在武汉联合召开了全国器官移植法律问题的专家研讨会，会议提出了我国《器官移植法（草案）》。1999 年在九届全国人大二次会议上，上海、山东、广州等地的代表均提出了《角膜捐献法》议案，该议案在我国第一次提出了凡享受医疗保障的公民推定为角膜捐献者，体现了社会医疗保障公民权利义务对等和社会救济的原则，并参考我国《献血法》的有关规定，建议凡角膜捐献者其家属均可获得一份证书，在需要角膜捐献时可优先得到角膜；议案还对角膜捐献的机构、角膜库的管理、角膜捐献的程序及相关法律责任等都提出了具体建议。

关于利用死刑罪犯的尸体器官进行移植的问题，我国法律对此作了严格的限制。1984年10月9日，最高人民法院、最高人民检察院、公安部、司法部、卫生部和民政部公布了《关于利用死刑罪犯尸体或尸体器官的暂行规定》，对死刑犯尸体的利用进行了特别规定。

2000年12月15日，上海市人大常委会通过并颁布了《上海市遗体捐献条例》，这是我国大陆地区关于遗体捐献的第一部地方性法规。2003年8月22日，深圳市人大常委会通过并颁布了《深圳经济特区人体器官捐献移植条例》，这是我国大陆地区第一部关于器官移植捐献的地方性法规。其主要内容包括：①确保享有平等获得人体器官移植的权利；②实行人体器官捐献自愿、无偿的原则，③明确由卫生行政部门对人体器官移植活动进行监督检查。

此外，我国台湾地区于1987年6月公布了《人体器官移植条例》，1993年5月进行了修订，1988年3月公布了《人体器官移植条例实施细则》。香港特别行政区于1997年11月公布了《人体器官移植条例》。

（二）我国器官移植立法展望

器官移植立法在我国不仅必要，而且也是可行的。国外的器官移植立法的成功经验可以给我们提供借鉴。器官移植立法应包括以下内容：

1. 器官移植立法目的

器官移植必须以医学为目的，为恢复人体器官之功能或挽救生命，保障人体器官捐献者和接受人体器官移植者的合法权益，促进器官移植技术的健康发展。

2. 器官移植的原则

（1）自愿原则。国家提倡公民自愿捐献器官。自愿原则是衡量和判断人体器官采集行为的首要尺度，它表明任何以暴力、胁迫、欺骗或者其他违背供体真实意思表示摘取其器官的行为都将是非法的。

（2）无偿原则。提供移植的器官应以无偿方式为之。禁止人体器官买卖，禁止任何公民因提供器官而索取报酬，禁止任何单位和个人因接受他人器官而主动给予报酬，禁止任何机构和个人以任何形式从事人体器官买卖以及其他与人体器官买卖有关的商业活动。

人体器官不是法律上的物，因为法律上的物首先具有非人格性，而人格权法中规定，身体器官作为人格利益的体现，是人格权的客体，因此不具有财产性，不能作为物来交易。另外，我国的民法、刑法中虽没有明确规定器官能不能买卖，法律无明文规定可以被视为允许，但根本前提是不与社会公共道德相违背，如果违背了就是法律禁止的行为，按照民法通则规定，这种法律行为无效。目前我国基本的道德要求还没有认同并允许买卖器官的行为，从各国惯例来说也不允许人体器官的买卖，所以器官买卖不存在合法的前提，是被禁止的。我国《刑法》第三百三十四条，对非法采集、供应血液制品已经作出处罚规定，但对人体器官买卖尚无规定。因此，需要法律对此加以规范。

（3）知情同意原则。器官捐献者和接受器官移植者享有知情权和决定权，有权了解人体器官移植的可行性及其后果、手术过程、风险及对自身健康的影响，有权决定是否捐献器官或者是否接受器官移植，有权以口头或者书面形式撤销已作出的捐献或者接受移植的决定。无民事行为能力、限制民事行为能力等不能行使知情权、决定权的患者，应当由其法定代理人或者监护人决定是否接受器官移植。

（4）公正、公平原则。人体器官移植应当依据公认的医学原理，符合国家医学科技的发展水平，并应当优先考虑其他更为适当的医疗方法。患者享有平等获得人体器官移植的权利。患者接受移植的顺序按照申请登记的时间先后确定。只有当前一名备选患者不适合接受该人体器官移植时，方可选择后一顺序的备选患者。近亲属中有已经捐献人体器官的患者，在接受人体器官移植时享有优先权。同时享有优先权的患者根据申请登记的时间先后确定顺序。患者不得以任何方式有偿获取人体器官，但应当支付移植手术所需的正常医疗费用。

（5）尊重人体的原则。移植器官不论来自活体或尸体，两种同为人体，人体不论是否具有生命，都应有其人性尊严，因此应该尊重人体。在施行人体器官移植手术时，应善尽医疗及礼仪上必要的注意。

（6）保密原则。从事人体器官移植的登记协调机构和医疗机构应当为人体器官捐献者和受者保守秘密，除接受省级以上卫生行政机关或其授权机构的监督检查、司法机关的调查，不得公开任何个人资料。

3. 摘取器官的条件

（1）尸体器官的摘除。采用自愿捐献和推定同意相结合的原则。凡身后捐献人体器官的，应当符合下列条件之一：①死者生前以书面遗嘱或者其他书面形式同意捐献；②死者近亲属书面同意且死者生前未有不同意捐献的意思表示；③死者生前意识清醒且有同意捐献的口头意思表示，并有不参与该人体器官的摘取或者植入的医师二人以上书面证明，而且其近亲属也不反对的。摘除尸体器官必须有准确无误的死亡证明，出具死亡证明的医疗单位不得摘取器官和进行器官移植手术。尸体器官的受者，不受捐献者亲属关系的影响。

（2）活体器官的摘除。以自愿为原则，仅限于没有合适的尸体器官的场合。捐献器官者应为18周岁、有完全民事行为能力的人。供体的同意应以书面形式表示，及其近亲属2人以上的书面证明。供体在作出同意前，应告知其摘除器官可能带来的结果与危险，以及与摘除器官有关的一切事宜。摘除活体器官，要对供体进行全面检查，并预料对供体的健康和生命不会发生任何损害，而该器官的移植足以挽救受体的生命或恢复、改善受体的健康状况。在摘取器官前，捐献器官者随时有权撤回其同意。活体器官的捐献受益人仅限于捐献人的直系亲属和3代以内旁系亲属。捐献的人体器官移植于配偶的，接受人体器官移植的配偶应当与人体器官捐献者生育有子女或者结婚2年以上。

（3）胎儿组织的摘除。摘除胎儿组织作为供体的，必须得到胎儿父母的同意，参与人工流产的医务人员不得参与胎儿组织移植。

4. 许可证制度

开展器官移植的医疗单位，应事先提出申请，经卫生行政部门或法律授权的部门审查批准，发给器官移植许可证后方可进行。移植手术应由有经验的医生组成移植小组，按照医学规则进行手术。

5. 人体器官移植的实施

自遗体摘取人体器官的，应当经至少 2 名未参与治疗的具有副主任医师资格以上的医师作出书面判定，确认捐献者死亡后方可进行。判定捐献者死亡的医师，不得参与该人体器官的摘取或者植入手术。

遗体需要依法鉴定或者经鉴定认为需要继续查验的，不得摘取遗体的人体器官。判定捐献者死亡的医师认定死者死亡的原因明显与摘取的人体器官无关，并且等待依法鉴定将延误摘取时机的，经法医和死者近亲属书面同意，可以摘取。

医师自遗体摘取人体器官后，对摘取部位应当予以妥善处理。实施人体器官移植手术的医院应当设置人体器官保存库，妥善保存摘取的人体器官。摘取的人体器官经检查不适宜植入的，可以用于科学研究和教学或者依照《医疗废物管理条例》妥善处理，但应当报人体器官移植协调机构备案。

6. 管理与监督

国务院卫生行政部门负责人体器官移植的管理和监督工作：①制定人体器官捐献移植的技术标准和相关管理规定；②对人体器官捐献移植活动进行监督检查；③审定（核）实施人体器官捐献移植的医院、医师的资格和类别；④法律、法规规定的其他职责。

7. 法律责任

尽管法律规定有摘取器官、移植器官的条件，但在实践中可能会出现各种违反法律规定的行为。为了保障实现器官移植造福人类的崇高目标，应结合我国国情规定相应的民事法律责任、刑事法律责任和行政法律责任。包括：对器官移植过程中造成的供体或者受体的损失，不论物质损失（器官的缺失）、精神损失以及健康损失要予以民事赔偿，对于器官移植过程中，违反刑法或者有关行政法规规定的行为，应比照《刑法》及其他相关法律法规追究有关人员的刑事责任或者行政责任。

第三节 脑死亡的法律问题

一、脑死亡的概念

脑死亡，是指整个中枢神经系统的全部死亡，包括脑干在内的全脑功能不可逆转和永久的丧失。自古以来，人们对死亡的认识都保持着这样一个概念：一个人只要心脏停止跳动，自主呼吸停止，就是死亡。把心脏视为维持生命的中心，这一概念一直指导着传统医学与法律。然而，随着当代医学科学的发展，人们逐渐改变了死亡的定义，改变了判定死亡的标准。临床医学也一直根据病人心跳、呼吸停止，瞳孔散大，对光反射消失，作为判断病人死亡的标准。

随着心脏移植手术的成功和人工心肺机的广泛应用，传统的死亡概念受到有力的冲击。现代医学认为，心跳和呼吸停止并不表明必然死亡，有些患者可通过人工起搏器和人工呼吸维持血液循环和大脑供应，甚至移植心脏。据统计，全世界开展心脏移植的已有一万例。1982 年，美国犹他大学医疗中心为 61 岁的克拉克首次安装人工心脏成功，存活 112 天，轰动世界。1967 年，南非医生首次施行心脏移植手术成功，从而打破了心脏功能丧失可导致整个机体死亡的常规。由于心肺功能的可替代性，使其失去作为死亡标准的权威性器官的地位。相反，在脑死亡的情况下，心肺功能得到维持并不等于活着，只不过是延续生物死亡而已。越来越多的现代科技受益者靠人工心肺系统、静脉营养等医疗措施维持着心跳呼吸，既占据昂贵的医疗设备，消耗宝贵的医药资源，又使其亲属承受着经济上和精神上的负担。人们不得不问：一个没有意识，没有自主性呼吸和心跳，靠人工设施维持的生命能算是人的生命吗？同时也带来一些更为棘手的法律问题：医生何时能停止对病人的抢救与治疗？何时能摘取供体器官？造成他人不可逆性昏迷是否构成"杀人罪"？如何确定人的死亡及其时间？传统的死亡标准已无法解决因复苏技术和器官移植的发展所带来的难题，从而引发了关于建立新的死亡标准的思考。

早在 1968 年召开的世界第 22 次医学大会上，美国哈佛大学医学院特设委员会就提出了比较完善的脑死亡标准，得到国际医学界的赞同和支持。

对脑部功能不可逆损害的诊断，必须经过一定时间的密切观察并做进一步检查，如脑血流图和脑电图的检查，并排除低温和中枢神经抑制剂的作用。酒精、巴比妥类药物和其他神经抑制剂中毒的病人和一些由于肝肾功能衰竭的病人也可以表现出类似的临床症状。如果诊断不能明确，或者有自相矛盾的临床表现时，则需等待 12 ~ 24 小时后再做最后诊断。这个标准后来又几经修改，力求妥当而又有利于器官移植。

二、确定脑死亡的意义

（一）有利于维护人的生命尊严和生命价值

拘泥于心跳呼吸停止作为死亡标准，有可能把心肺功能丧失在脑死之前，在当代医学上仍有可能救治之人宣布为死人，也可能使许多假死病人，如中枢神经抑制剂自杀的人，失去抢救的时机，失去宝贵的生命。脑死亡的确立，为真死与假死的鉴别提出了科学的依据，可以更好地维护人的生命尊严，更好地尊重人的生命价值。

（二）有利于有限医疗卫生资源的合理使用

脑死亡对于病人来说不具有任何的生存和抢救价值，继续进行抢救只不过是一种医疗卫生资源的浪费以及满足病人家属的某种自慰心理。确认脑死亡，可以适时地终止对脑死亡者的医疗措施，减少不必要的医疗支出，把有限的医疗卫生资源用于那些需要治疗而又能够达到预期效果的病人身上，发挥更好的效益，同时也可以减轻脑死亡者亲属的精神和经济负担。

（三）有利于法律的正确实施

死亡不仅是一个医学概念，而且是一个法律概念。各国的民事法律、刑事法律的许多规定都涉及人的死亡问题。因此，科学地、准确地判断一个人的死亡时间，在司法实践中具有极其重要的意义。如果根据传统的心肺标准，医务人员停止对已经脑死亡、尚未到达心脏死亡的病人进行抢救，将构成医疗上的过失，甚至是杀人行为。如果直接从已经脑死亡、尚未到达心脏死亡的病人身上摘除器官（特别是心脏），将有可能构成伤害罪或者杀人罪。所以是否确认脑死亡，直接关系到一名处于脑死亡，但没有达到现行心肺死亡标准病人的法律定位，也关系到医务人员对于脑死亡病人的处置，也涉及与脑死亡病人死后利益的处分。

（四）有利于人道主义的实现

脑死亡虽然带有一定的功利主义色彩，但却为器官移植开辟了广阔的前景。如果运用传统的心肺标准，一方面使大量无意识的病人长期浪费有限的医疗资源，也使许多终末期病人丧失了器官移植的机会，尤其是医学上永远得不到可供移植的心脏或其他器官。而确认脑死亡，实际上提前了确立病人死亡的阶段，将心脏仍然可能处于跳动状态的脑死亡病人宣布为死亡。这就意味着可以摘除跳动的心脏进行移植，而且包括眼角膜在内的其他器官的存活和新鲜状态也将大大改善。因此，确定脑死亡不是片面地运用纯科学结论，而是为了实现更广泛、更高、更温和的人道主义，这也是确立脑死亡的社会意义和医学价值所在。

三、国外脑死亡立法

20世纪60年代末，随着法国以部长令的形式赋予脑死亡标准以法律效力，拉开了脑死亡立法的序幕。现在，世界上已经有80余个国家通过立法接受了脑死亡。

国外脑死亡立法的内容主要有以下几个方面：

（一）脑死亡定义

许多国家采用全脑死亡的概念，如1983年美国《统一死亡判定法》的定义是：全脑功能包括脑干在内的功能不可逆转的丧失。1997年日本《器官移植法》的定义是：全脑功能包括脑干功能的不可逆停止，但与"植物状态"不同，后者脑干的全部或部分仍有功能。

欧洲部分国家则采用脑干死亡的概念。1997年德国《器官移植法》的定义是：脑干死亡就是人的死亡。1997年格鲁吉亚《卫生保健法》的定义是：脊髓基本节段和脑功能的不可逆终止，包括使用特殊措施维持呼吸和血循环的情况。

（二）脑死亡的诊断标准

自1968年美国哈佛大学医学院死亡定义审查特别委员会首次提出了脑死亡的诊断标准后，各国先后制定了多种脑死亡诊断标准，如英国皇家医学会脑死亡标准（1976年）、日本厚生省脑死亡研究班标准（1985年）、加拿大脑死亡诊断标准（2000年）等。

就在"哈佛标准"颁布的同年，由世界卫生组织建立的国际医学科学组织委员会在日内瓦会议上也通过了一项关于脑死亡的指导原则。这个原则与"哈佛标准"十分相似，其判断标准是：①对环境失去一切反应；②完全没有反射和肌张力；③停止自主呼吸；④动脉压陡降；⑤脑电图平直。但是，在随后大会通过的宣言里，又强调死亡决定可依据临床判断，必要时辅以若干诊断技术，其中以脑电图为现有的最有效的方法。

目前，世界上许多国家在脑死亡判断上基本上还是采用"哈佛标准"或与其相近似的标准。哈佛大学医学院死亡定义审查特别委员会脑死亡诊断标准的主要内容是：

1. 不可逆的深度昏迷。对于外界刺激和内在的需求完全没有知觉，而且完全没有反应能力，即使最痛苦的刺激也不再能引发声响或其他反应——甚至如喘气、四肢抽搐或呼吸急促等。

2. 自发呼吸停止。医生经过至少1小时的观察，即足以参照规定标准确定有无自发的肌肉运动、呼吸自由，有无对于痛苦、接触、声音、光等刺激的反应。

3. 脑干反射消失。已没有可以诱导的生理反射作用：瞳孔凝固放大，对直射强光没有反应，并成为不可复原的状态。这也是中枢神经系统同时停止活动的部分证明。

4. 脑电波图平坦。脑电波图平坦和等电位的诊断价值最高。当然这首先要求电极安放部位准确，仪器功能正常，操作人员合乎标准要求。

凡符合以上标准，并在24小时或72小时内反复测试，多次检查，结果无变化，即可宣告死亡。但需排除体温过低（<32.2℃）或刚服用过巴比妥类及其他中枢神经系统抑制剂两种情况。

（三）判定脑死亡的医生

为了保证和提高脑死亡诊断的准确性，防止偏差，法律对判定脑死亡的医生人数及其资格作了规定。

1. 判定脑死亡医生的人数。美国、澳大利亚、阿根廷实行2人制，意大利、匈牙利实行3人制，欧洲委员会的部长会议决议允许1人来判断病人是否死亡。死亡诊断需要与会人员全体一致时才能作出死亡决定，每个医生应当根据自己的专业知识，并依据法律的规定，诚实地作出裁判。为了保证结论的公正性，防止医生之间相互影响，法律要求每个医生各自独立诊断，并得出自己的结论。

2. 判定脑死亡医生的资格。菲律宾规定必须有相当资格和治疗致命疾病所必需的合格经历；意大利规定，由内科医生3人组成，其中1人必须为心电学专家，1人必须为脑电学专家；美国规定医生为神经内科或外科医师，并需要同时在场判定；西班牙规定脑死亡必须由3位与移植工作无关的医师确认，其中一位是神经外科医师或者神经病学专科医师；英国规定由具有经验的急救中心医生来判断，有疑问时还要与神经内科或神经外科医生会诊；日本规定判定脑死亡由2人以上的医生完成，具有丰富的诊断脑死亡的经验，但与移植无关，两次以上检查时不必由同一医生来进行，但这一医生必须参加过脑死亡的诊断；我国台湾省规定由2名接受过专门训练的神经内科、神经外科、麻醉科、急救中心的医师担当判定脑死亡，2人中至少有1人必须是精通脑干机能试验的神经内科或神经外科的医生，参与器官移植的医生不能诊断脑死亡。

【练一练】

辨析题（判断正误，并简要说明理由）

根据我国有关司法解释规定，在夫妻关系存续期间，双方一致同意进行人工授精，所生子女应视为夫妻双方的婚生子女。

简答题

脑死亡立法条件是否成熟？为什么？

案例分析题

某眼科医生为给患者治疗角膜，偷偷地从医院太平间一死者尸体上挖了一眼球，挖时考虑到不能毁损死者容貌，即进行了人工修补眼球，但死者家属发现后仍要求司法机关对该医生依法进行定罪，或以盗窃尸体罪，或以侮辱尸体罪，请问，本案中的医生是否构成此二罪之一，为什么？

第二十一章 突发公共卫生事件应急法律制度

【目标解读】

1. 理解突发公共卫生事件的概念
2. 了解中外突发公共卫生事件的立法情况
3. 理解突发事件的预防相关制度和措施
4. 理解突发事件应急报告和信息发布制度
5. 熟悉突发事件应急处理措施

第一节 概述

突发公共卫生事件，是指突然发生的、造成或者可能造成社会公众健康严重损害的重大传染病疫情、群体性不明原因疾病、重大食物和职业中毒以及其他严重影响公众健康的事件。突发公共卫生事件具有以下特征：①突发性 它是突如其来的，一般是不易预测的；②公共卫生属性 它针对的不是特定的人，而是不特定的社会群体；③严重性 它已经对社会公众健康造成严重损害，或者从发展的趋势看，可能对公众健康造成严重影响。

对公众造成威胁的突发公共卫生事件在人类社会早期多表现为自然灾害，如地震、洪水等。然而，社会发展到今天，突发公共卫生事件除去原有的自然灾害事件之外，人类社会因为自身发展而带来的大量人为突发公共卫生事件却逐渐突现出来，而且伤害程度逐渐大于自然灾害。这其中主要包括：

(一) 重大传染病疫情

重大传染病疫情，是指传染病在集中的时间、地点发生，导致大量的传染病病人出现，其发病率远远超过平常的发病水平。这些传染病包括：①发生鼠疫、肺炭疽和霍乱暴发；②动物间鼠疫、布氏菌病和炭疽等流行；③乙类、丙类传染病暴发或多例死亡；④发生罕见或已消灭的传染病；⑤发生新发传染病的疑似病例；⑥可能造成严重影响公众健康和社会稳定的传染病疫情，以及上级卫生行政部门临时规定的疫情等。

(二) 群体性不明原因的疾病

群体性不明原因的疾病，是指在一定时间内，某个相对集中的区域内同时或者相继出现多个临床表现基本相似患者，又暂时不能明确诊断的疾病。这种疾病可能是传染病、可能是群体性癔病，也可能是某种中毒。

（三）重大食物和职业中毒

中毒，是指由于吞服、吸入有毒物质，或有毒物质与人体接触所产生的有害影响。重大食物和职业中毒，是指由于食物和职业的原因而发生的人数众多或者伤亡较重的中毒事件。

1. 食物中毒事件　是指人食用了被生物性、化学性有毒有害物质污染的食品或者食用了含有毒有害物质的食品后出现的急性、亚急性食源性疾患的事件。

2. 职业中毒事件　是指劳动者因接触粉尘、放射性物质和其他有毒有害物质等因素所致的突发急性职业病危害事件。根据《职业病危害事故调查处理办法》规定，发生急性职业病10人以下的为一般职业病危害事故；发生急性职业病10人以上50人以下或者死亡5人以下，或者发生职业性炭疽5人以下的为重大职业病危害事故；发生急性职业病50人以上或者死亡5人以上，或者发生职业性炭疽5人以上的为特大职业病危害事故。

（四）其他严重影响公众健康事件

其他严重影响公众健康事件，主要包括：①有毒有害化学品、生物毒素等引起的集体性急性中毒事件；②有潜在威胁的传染病动物宿主、媒介生物发生异常；③医源性感染暴发；④药品引起的群体性反应或死亡事件；⑤预防接种引起的群体性反应或死亡事件；⑥严重威胁或危害公众健康的水、环境、食品污染和放射性、有毒有害化学性物质丢失、泄漏等事件；⑦发生生物、化学、核和辐射等恐怖袭击事件；⑧上级卫生行政部门临时规定的其他重大公共卫生事件等。

一、突发公共卫生事件应急管理立法

（一）国外突发公共卫生事件应急管理立法

20世纪以来，世界范围内的突发公共卫生事件频频。1918年的大流感横扫全球各个角落，全球因此而死亡的人数高达2500万至5000万。1957年亚洲流感、1968年香港流感、1977年俄罗斯流感也造成了200万人丧生。1984年，印度博帕尔联合碳化物毒气泄漏事故，造成3600人死亡，近100万居民受到不同程度影响。20世纪80年代中期至90年代中期英国疯牛病的暴发流行，不仅严重打击了英国的畜牧业，对公众健康也造成了严重威胁。法国发生的多次小范围公共卫生危机，如输血污染、增长激素问题、石棉危害等，引起公众强烈反响。1999年，比利时、荷兰、法国、德国相继发生因二噁英污染导致畜禽类产品及乳制品含高浓度二噁英的事件。日本近20年来突发公共卫生事件也主要集中在疾病的流行和扩散、环境污染和食物中毒等几方面，如0-157事件、1995年沙林地铁毒气事件，后者造成12人死亡，约5500人受伤。2003年，SARS的暴发给全球特别是我国造成了严重的损失。

此外，由于近几年来反对世界和平的恐怖组织力量的悄然壮大和多次恐怖活动实施的成功，又给突发公共卫生事件所涵盖的内容增添了新的含义，即因为生化与恐怖袭击对公众造成的心理和生理的伤害。

国外在建立突发公共卫生事件管理方面，分别构建了的结构体系和功能体系两个既相互独立又密切相关的系统。结构体系是指国家突发公共卫生事件的内部运作体系，即应对突发事件本身所涉及的包括决策、信息、执行和保障等四大系统的处理机制。功能体系是结构体系的外显性表征，主要是指对应于突发公共卫生事件的周期性波动，指向不同阶段所进行的举措，包括预防、反应、扩散、恢复和总结等五方面内容。

美国 1987 年制定《公共卫生服务突发事件反应指南》，把公共卫生服务作为突发事件反应的一项主要辅助功能。2000 年通过《公共卫生威胁和突发事件法案》。2001 年"9.11"事件和紧接着的炭疽热生物恐怖袭击后，通过了《公共卫生安全和反生物恐怖主义法案》。2002 年，《生物恐怖主义准备和反应法案》、《生物恐怖主义准备法案》和《国内安全法案》相继通过。2003 年，美国国土安全部成立，全面负责国内突发事件的管理和协调，包括突发公共卫生事件。加拿大联邦政府于 1985 年颁布《紧急状态法》，赋予联邦政府经过议会表决与各省的协商后，应对国家突发事件时采取的措施。1988 年，联邦《应急准备法》通过，主要目的在于和《紧急状态法》相配合，并督导《国民应急计划》的发展和实施。英国于 1990 年，由卫生部突发事件规划协调小组首次发布了国民医疗服务体系关于重大突发事件的国家手册，1996 年重新编制，1998 年修订再版。2000 年，卫生部颁布突发事件控制保障标准，为所有的卫生服务组织提供了一个最低服务标准。日本于 1961 年制定了《灾害对策基本法》。1998 年和歌山辖区的咖喱砒霜事件后，厚生省采取措施建立了综合的公共卫生突发事件管理计划。1999 年 4 月，通过《感染症法》，提供了基于信息的预防管理机制建立的基础。美国"9.11"事件后，日本重新认识到了现代国家在恐怖袭击面前的脆弱性，因而进一步加快了国家危机管理的建设。

（二）我国突发公共卫生事件应急管理立法

我国近年来也多次发生影响较大的突发公共卫生事件。1988 年上海甲肝暴发，共发生 29 230 病例；1998 年山西省朔州市毒酒事件，造成数百名群众中毒，近 30 人死亡；2002 年 9 月南京汤山中毒事件，造成 395 人中毒，42 人死亡。特别是 2003 年年初以来，我国内地 24 个省、自治区、直辖市先后发生的传染性非典型肺炎疫情，波及 266 个县和市（区）。这次疫情的发生和蔓延，暴露出我国在处置重大突发公共卫生事件方面机制不健全，特别是在疫情初发阶段，组织指挥不统一、信息渠道不通畅、信息统计不准确、应急反应不快捷、应急准备不充分。因此，为了有效预防、及时控制和消除突发公共卫生事件的危害，保障公众身体健康与生命安全，维护正常的社会秩序，迫切需要建立统一、高效、权威的突发公共卫生事件应急处理机制。

2003 年 5 月 7 日，国务院第 7 次常务会议审议通过了《突发公共卫生事件应急条例》（以下简称《条例》），5 月 12 日公布，并自公布之日起施行。《条例》依据《传染病防治法》和有关法律的规定，在总结前阶段防治 SARS 经验教训的基础上，借鉴国外的先进经验和有益做法，对公共卫生突发事件的管理范畴和具体内容进行了制度性的建设，是中国社会危机管理制度史上具有标志性的重要篇章。此后，卫生部制定了《传染性非典型肺炎防治管理办法》等一系列规章、诊断标准和处理原则。《条例》的实施，既有利于解决防治传染性非典型肺炎工作中的实际问题，又为今后及时有效地处理突发公共卫生事件建立起"信息畅通、反应快捷、指挥有力、责任明确"的法律制度，从而为我国经济发展、社会稳定和人民安居乐业提供一个安全、健康的环境。

二、突发公共卫生事件应急指挥机构

《条例》明确了政府对突发公共卫生事件的应急管理职责，规定突发事件发生后，国务院和省、自治区、直辖市人民政府设立突发事件应急处理指挥部，负责对突发事件应急处理的统一领导、统一指挥。卫生行政主管部门和其他部门在各自职责范围内，做好突发事件应急处理的有关工作。全国突发事件应急处理指挥部对地方突发事件应急处理工作进行督察和指挥，地方各级人民政府及其有关部门应当予以配合。省、自治区、直辖市突发事件应急处理指挥部对本行政区域内突发事件应急处理工作进行督察和指导。

卫生部于2003年10月设立卫生应急办公室（突发公共卫生事件应急指挥中心）。其职责是：组建监测和预警系统，统一指挥和组织协调有关突发公共卫生事件应急处理工作；制定突发公共卫生事件应急预案，组织预案培训和演练，培训公共卫生和医疗救护专业人员，指导各地实施突发公共卫生事件应急预案，帮助和指导各地应对其他经常性突发事件的伤病救治工作。

三、突发公共卫生事件的处理原则

我国是一个欠发达国家，经济和社会发展水平还不高，特别是广大中西部地区和农村地区，人均收入水平较低，公共卫生设施较差。一旦发生突发公共卫生事件，必将给广大人民群众的身体健康和生命安全带来严重伤害，也会使国家经济遭受巨大损失。因此，坚持预防为主，常备不懈，是卫生工作的基本指导方针，也是突发公共卫生事件应急处理的方针。在这一方针的指导下，《条例》规定处理突发公共卫生事件应当贯彻统一领导、分级负责、反应及时、措施果断、依靠科学、加强合作的原则。

（一）统一领导

统一领导，是指在突发公共卫生事件应急处理的各项工作中，必须坚持由各级人民政府统一领导，成立应急指挥部，对处理工作实行统一指挥。各有关部门都要在应急指挥部的领导下，根据部署和分工，开展各项应急处理工作。

（二）分级负责

分级负责，是指全国性的突发公共卫生事件或跨省、自治区、直辖市的突发公共卫生事件，由国务院设立全国突发公共卫生事件应急处理指挥部，负责统一领导和指挥全国的应急处理工作；地方性突发事件，由省级人民政府设立突发事件应急处理指挥部，负责统一领导和指挥本行政区域内的应急处理工作。

（三）反应及时、措施果断

反应及时、措施果断，是指突发公共卫生事件发生后，有关人民政府要成立应急处理指挥部，决定是否启动应急处理预案等。有关部门应当及时做出反应，搜集、报告疫情及有关情况，立即组织调查，组织医疗队伍，积极开展救治，并向政府提出处理建议，采取果断措施，有效控制突发公共卫生事件事态发展。

（四）依靠科学、加强合作

依靠科学、加强合作，是指突发公共卫生事件应急工作要尊重科学、依靠科学，各有关部门、学校、科研单位等要通力合作，实现资源共享，做到：①有效控制和消除突发公共卫生事件的危险源；②有效地减轻突发公共卫生事件的危害后果；③已经受到伤害的公民及时得到有效救治；④有效地防止类似事件在同一范围内重复发生。

第二节　突发事件的预防

一、突发事件应急预案的制定

《条例》规定，国务院卫生行政主管部门按照分类指导、快速反应的要求，制定全国突发事件应急预案，报请国务院批准。省、自治区、直辖市人民政府根据全国突发事件应急预案，结合本地实际情况，制定本行政区域的突发事件应急预案。

分类指导，是指对不同性质的突发事件制定不同的应急预案；快速反应，是指一旦发生突发事件，应急预案马上可以启动，应急处理机制马上可以做出反应。全国突发事件应急预案应当包括以下主要内容：①突发事件应急处理指挥部的组成和相关部门的职责；②突发事件的监测与预警；③突发事件信息的收集、分析、报告、通报制度；④突发事件应急处理技术和监测机构及其任务；⑤突发事件的分级和应急处理工作方案；⑥突发事件预防、现场控制，应急设施、设备、救治药品和医疗器械以及其他物资和技术的储备与调度；⑦突发事件应急处理专业队伍的建设和培训。

二、突发事件预防控制体系

国家建立统一的突发事件预防控制体系。地方各级人民政府应当依照法律、行政法规的规定，做好传染病预防和其他公共卫生工作，防范突发事件的发生。县级以上各级人民政府卫生行政主管部门和其他有关部门，应当对公众开展突发事件应急知识的专门教育，增强全社会对突发事件的防范意识和应对能力。

县级以上地方人民政府应当建立和完善突发事件监测和预警系统，并确保其保持正常运行状态，对早期发现的潜在隐患以及可能发生的突发事件，应当及时报告。监测和预警工作的具体要求是：①根据重大的传染病疫情、群体性不明原因疾病、重大食物和职业中毒等突发事件的类别进行；②监测计划的制定要根据突发事件的特点，有的放矢；③运用监测数据，进行科学分析，综合评估；④及时发现潜在的隐患；⑤按照规定的程序和时限报告。

国务院有关部门和县级以上地方人民政府及其有关部门，应当根据突发事件应急预案的要求，保证应急设施、设备、救治药品和医疗器械等物资储备。

县级以上各级人民政府应当加强急救医疗服务网络的建设，配备相应的医疗救治药物、技术、设备和人员，提高医疗卫生机构应对各类突发事件的救治能力。设区的市级以上地方人民政府应当设置与传染病防治工作需要相适应的传染病专科医院，或者指定具备传染病防治条件和能力的医疗机构承担传染病防治任务。应当定期对医疗卫生机构和人员开展突发事件应急处理相关知识、技能的培训，定期组织医疗卫生机构进行突发事件应急演练，推广最新知识和先进技术。

第三节　突发事件应急报告和信息发布制度

一、突发事件应急报告制度

建立突发事件应急报告制度是领导机关准确把握事件动态，正确进行决策，有关部门及时采取处理和控制措施的重要前提。《条例》规定，国家建立突发事件应急报告制度。

突发事件应急报告的主体包括：①突发事件监测机构。这是由县级以上各级人民政府卫生主管部指定的开展突发事件日常监测的机构。这类机构可能根据突发事件的类型不同，被指定在不同的卫生机构中或者卫生机构中的不同部门。由于其承担着对突发事件的检测，在发现有规定报告的情形时，应当向所在地县级人民政府卫生行政主管部门报告。②医疗卫生机构。包括各级各类疾病控制、卫生监督、医疗、保健等与卫生有关的机构。上述机构在发现有规定报告的情形时，应当向所在地县级人民政府卫生行政主管部门报告。③卫生行政主管部门。在接到突发事件监测机构、医疗卫生机构和有关单位的报告后，应当向本级人民政府报告，并同时向上级人民政府卫生行政主管部门和国务院卫生行政主管部门报告。国务院卫生行政主管部门对可能造成重大社会影响的突发事件，应当向国务院报告。④县级以上地方人民政府在接到突发事件报告后，应当向设区的市级人民政府或者上一级人民政府报告；设区的市级人民政府应当在接到报告后向省、自治区、直辖市人民政府报告；省、自治区、直辖市人民政府接到报告后，应当向国务院卫生行政部门报告突发事件。⑤其他单位包括突发事件的发生单位，与群众健康和卫生保健工作有密切关系的机构或者单位。有关单位在发现有规定报告的情形时，应当向所在地县级人民政府卫生行政主管部门报告。

根据《条例》规定，除省级人民政府向卫生部报告的时限为1小时外，其他每一个环节的报告时限为2小时。卫生部对可能造成重大社会影响的突发事件，应当立即向国务院报告。其内容应包括：①发生或者可能发生传染病暴发、流行的；②发生或者发现不明原因的群体性疾病的；③发生传染病菌种、毒种丢失的；④发生或者可能发生重大食物和职业中毒事件的。

二、突发事件通报和发布制度

《条例》规定，国务院卫生行政主管部门应当根据发生突发事件的情况，及时向国务院有关部门和各省、自治区、直辖市人民政府卫生行政主管部门以及军队有关部门通报。突发事件发生地的省、自治区、直辖市人民政府卫生行政主管部门，应当及时向毗邻省、自治区、直辖市人民政府卫生行政主管部门通报。

接到通报的省、自治区、直辖市人民政府卫生行政主管部门，必要时应当及时通知本行政区域内的医疗卫生机构。县级以上地方人民政府有关部门，已经发生或者发现可能引起突发事件的情形时，应当及时向同级人民政府卫生行政主管部门通报。

《条例》规定，国家建立突发事件的信息发布制度。国务院卫生行政主管部门负责向社会发布突发事件的信息。必要时，可以授权省、自治区、直辖市人民政府卫生行政主管部门向社会发布本行政区域内突发事件的信息。信息发布应当及时、准确、全面。

《条例》规定，任何单位和个人对突发事件，不得隐瞒、缓报、谎报或者授意他人隐瞒、缓报、谎报。任何单位和个人有权向人民政府及其有关部门报告突发事件隐患，有权向上级人民政府及其有关部门举报地方人民政府及其有关部门不履行突发事件应急处理职责，或者不按照规定履行职责的情况。接到报告、举报的有关人民政府及其有关部门，应当立即组织对突发事件隐患、不履行或者不按照规定履行突发事件应急处理职责的情况进行调查处理。对举报突发事件有功的单位和个人，县级以上各级人民政府及其有关部门应当予以奖励。国家公布统一的突发公共卫生事件报告、举报电话。

第四节　突发事件应急处理措施

一、启动应急预案

突发事件发生后，卫生行政主管部门应当组织专家对突发事件进行综合评估，初步判断突发事件的类型，提出是否启动突发事件应急预案的建议。在全国范围内或者跨省、自治区、直辖市范围内启动全国突发事件应急预案，由国务院卫生行政主管部门报国务院批准后实施。省、自治区、直辖市启动突发事件应急预案，由省、自治区、直辖市人民政府决定，并向国务院报告。

应急预案启动后，突发事件发生地的人民政府有关部门，应当根据预案规定的职责要求，服从突发事件应急处理指挥部的统一指挥，立即到达规定岗位，采取有关的控制措施。医疗卫生机构、监测机构和科学研究机构，应当服从突发事件应急处理指挥部的统一指挥，相互配合、协作，集中力量开展相关的科学研究工作。

二、应急处理措施

(一) 突发事件的评价

省级以上人民政府卫生行政主管部门或者其他有关部门指定的突发事件应急处理专业技术机构，负责突发事件的技术调查、确证、处置、控制和评价工作。

国务院卫生行政主管部门或者其他有关部门指定的专业技术机构，有权进入突发事件现场进行调查、采样、技术分析和检验，对地方突发事件的应急处理工作进行技术指导，有关单位和个人应当予以配合；任何单位和个人不得以任何理由予以拒绝。对新发现的突发传染病、不明原因的群体性疾病、重大食物和职业中毒事件，国务院卫生行政主管部门应当尽快组织力量制定相关的技术标准、规范和控制措施。

(二) 法定传染病的宣布

国务院卫生行政主管部门对新发现的突发传染病，根据危害程度、流行强度，依照《传染病防治法》的规定及时宣布为法定传染病；宣布为甲类传染病的，由国务院决定。

(三) 人员和疫区的控制

突发公共卫生事件应急处理指挥部根据突发公共卫生事件应急处理的需要，可以对食物和水源采取控制措施；必要时，对人员进行疏散或者隔离，并可以依法对传染病疫区实行封锁。对传染病暴发、流行区域内流动人口，突发事件发生地的县级以上地方人民政府应当做好预防工作，落实有关卫生控制措施；对传染病病人和疑似传染病病人，应当采取就地隔离、就地观察、就地治疗的措施；对需要治疗和转诊的，应当依照有关规定执行。

县级以上地方人民政府卫生行政主管部门应当对突发公共卫生事件现场等采取控制措施，宣传突发公共卫生事件防治知识，及时对易受感染的人群和其他易受损害的人群采取应急接种、预防性投药、群体防护等措施。

(四) 人员和物资的生产、供应、调集

突发公共卫生事件发生后，国务院有关部门和县级以上地方人民政府及其有关部门，应当保证突发公共卫生事件应急处理所需的医疗救护设备、救治药品、医疗器械等物资的生产、供应；铁路、交通、民用航空行政主管部门应当保证及时运送。根据突发事件应急处理的需要，突发事件应急处理指挥部有权紧急调集人员、物资、交通工具以及相关设施、设备。

(五) 交通工具上传染病人的处置

交通工具上发现根据国务院卫生行政主管部门的规定需要采取应急控制措施的传染病病人、疑似传染病病人，其负责人应当以最快的方式通知前方停靠点，并向交通工具的营运单位和县级以上地方人民政府卫生行政主管部门报告。卫生行政主管部门接到报告后，应当立即组织有关人员采取相应的医学处置措施。对于交通工具上的传染病病人密切接触

者，由交通工具停靠点的县级以上各级人民政府卫生行政主管部门或者铁路、交通、民用航空行政主管部门，根据各自的职责，依照法律规定，采取控制措施。

涉及国境口岸和入出境的人员、交通工具、货物、集装箱、行李、邮包等需要采取应急控制措施的，依照国境卫生检疫法律、行政法规的规定办理。

第五节　法律责任

一、《条例》规定的法律责任

（一）隐瞒、缓报、谎报突发公共卫生事件的法律责任

1. 县级以上地方人民政府及其卫生行政主管部门未按规定履行报告职责，对突发公共卫生事件隐瞒、缓报、谎报或者授意他人隐瞒、缓报、谎报的，对政府主要领导人及其卫生行政主管部门主要负责人，依法给予降级或者撤职的行政处分；造成传染病传播、流行或者对社会公众健康造成其他严重危害后果的，依法给予开除的行政处分；构成犯罪的，依法追究刑事责任。

2. 医疗卫生机构隐瞒、缓报或者谎报的，由卫生行政主管部门责令改正、通报批评、给予警告；情节严重的，吊销医疗机构执业许可证，对主要负责人、负有责任的主管人员和其他直接责任人员依法给予降级或者撤职的纪律处分；造成传染病传播、流行或者对社会公众健康造成其他严重危害后果，构成犯罪的，依法追究刑事责任。

3. 在突发公共卫生事件应急处理工作中，有关单位和个人未按规定履行报告职责，隐瞒、缓报或者谎报的，对有关责任人员依法给予行政处分或者纪律处分；触犯治安管理处罚条例，构成违反治安管理行为的，由公安机关依法予以处罚，构成犯罪的，依法追究刑事责任。

（二）玩忽职守、失职、渎职的法律责任

1. 县级以上各级人民政府卫生行政主管部门和其他有关部门在突发公共卫生事件调查、控制、医疗救治工作中玩忽职守、失职、渎职的，由本级人民政府或者上级人民政府有关部门责令改正、通报批评、给予警告；对主要负责人、负有责任的主管人员和其他责任人员依法给予降级、撤职的行政处分；造成传染病传播、流行或者对社会公众健康造成其他严重危害后果的，依法给予开除的行政处分，构成犯罪的，依法追究刑事责任。

2. 国务院有关部门、县级以上地方人民政府及其有关部门未按规定，完成突发公共卫生事件应急处理所需要的设施、设备、药品和医疗器械等物资的生产、供应、运输和储备的，对政府主要领导人和政府部门主要负责人依法给予降级或者撤职的行政处分；造成传染病传播、流行或者对社会公众健康造成其他严重危害后果的，依法给予开除的行政处分；构成犯罪的，依法追究刑事责任。

3. 突发公共卫生事件发生后，县级以上地方人民政府及其有关部门对上级人民政府

有关部门的调查不予配合，或者采取其他方式阻碍、干涉调查的，对政府主要领导人和政府部门主要负责人依法给予降级或者撤职的行政处分；构成犯罪的，依法追究刑事责任。

4. 县级以上各级人民政府有关部门拒不履行应急处理职责的，由同级人民政府或者上级人民政府有关部门责令改正、通报批评、给予警告；对主要负责人、负有责任的主管人员和其他责任人员依法给予降级、撤职的行政处分；造成传染病传播、流行或者对社会公众健康造成其他严重危害后果的，依法给予开除的行政处分；构成犯罪的，依法追究刑事责任。

5. 医疗卫生机构未按规定及时采取控制措施的、履行突发事件监测职责的、拒绝接诊病人的、拒不服从突发事件应急处理指挥部调度的，由卫生行政主管部门责令改正、通报批评、给予警告；情节严重的，吊销医疗机构执业许可证；对主要负责人、负有责任的主管人员和其他直接责任人员依法给予降级或者撤职的纪律处分；造成传染病传播、流行或者对社会公众健康造成其他严重危害后果，构成犯罪的，依法追究刑事责任。

（三）扰乱社会和市场秩序的法律责任

在突发事件发生期间，散布谣言、哄抬物价、欺骗消费者，扰乱社会秩序、市场秩序的，由公安机关或者工商行政管理部门依法给予行政处罚；构成犯罪的，依法追究刑事责任。

二、最高人民法院、最高人民检察院司法解释的规定

为依法惩治妨害预防、控制突发传染病疫情等灾害的犯罪活动，保障预防、控制突发传染病疫情等灾害工作的顺利进行，切实维护人民群众的身体健康和生命安全，最高人民法院、最高人民检察院根据《中华人民共和国刑法》等有关法律规定，2003 年 5 月 14 日公布了《关于办理妨害预防、控制突发传染病疫情等灾害的刑事案件具体应用法律若干问题的解释》，同年 5 月 15 日起施行。

"两高"的司法解释共涉及刑法的 30 个条文和 30 多个罪名，并对有关犯罪的界限与刑罚适用，作出了具体规定。主要包括以下几类案件：①传播传染病病毒危害公共安全的案件；②以防治传染病之名，非法行医，制售假冒伪劣产品、药品、医疗器械、防护用品等医用卫生材料，危害医务人员和人民群众身体健康的案件；③虚假广告、坑蒙拐骗、哄抬价格，扰乱市场经济秩序的案件；④在传染病防治期间趁火打劫，侵犯公民人身权利和公私财产，危害社会治安的案件；⑤编造、传播谣言或恐怖信息，危害国家政权或社会稳定的案件；⑥国家工作人员、企事业单位的工作人员，贪污、侵占、挪用防治传染病款物的案件；⑦有关国家机关工作人员、国有企事业单位工作人员，在防治传染病工作中渎职失职，造成疫情传播等严重后果的案件；⑧妨害传染病防治公务的案件等。

【练一练】

简答题

1. 什么是突发公共卫生事件？
2. 突发公共卫生事件的特征有哪些？
3. 简述突发公共卫生事件的处理原则。
4. 简述突发公共卫生事件的应急处理措施。

第二十二章　国际卫生法

【目标解读】
1. 了解国际卫生法的发展历史和现状
2. 理解国际卫生法的基本原则和效力
3. 了解主要国际卫生法的内容

第一节　概述

一、国际卫生法的发展历史和现状

卫生问题是全世界共同面临的问题。随着全球经济一体化趋势的加强，国际交往的快速发展，自然科学取得的重大突破，人类在享受由于生产力的提高带来的巨大物质利益的同时，也面对着共同的健康问题。如毒品泛滥；疾病结构正在发生变化，出现了愈来愈多的慢性疾病；困扰人类的一些旧的传染病死灰复燃，一些新的传染病不断出现等。保护人的健康，不是某一个国家的目标，也不是通过一个国家独自的努力就能够实现的。对于国际卫生问题，只有依靠国家之间的合作才能得到解决。因此，加强国与国之间在卫生法方面的合作，形成对参加国都具有约束力的规则和制度，将对消除疾病威胁，保护人类健康起到极大的促进作用。

国际卫生法是调整国家之间在保护人体健康活动中产生的各种关系的原则、规则和制度的总和。国际卫生法主要是主权国家之间的法律，此外，类似国家的政治实体和国家组成的国际组织在一定条件下和一定范围内也是国际卫生法的主体。

近代关于保护人体健康的国际协定可以追溯到19世纪中叶。1851年，在巴黎举行的有11个国家参加的第一次国际卫生会议上，制定并通过了第一个地区性的《国际卫生公约》。它虽是早年工业国家为了国际贸易以及减轻战争带来的疾苦而达成的国际检疫协议，且参加国的数量有限，但却标志着国际卫生合作的开始。1905年，美洲24个国家签订了泛美卫生法规。第二次世界大战后，国际卫生法发展的步伐日益加快。

国际卫生法主要通过以下三条途径来制定：

（一）世界卫生组织（WHO）。1948年，世界卫生组织成立，明确提出了"使全世界人民获得可能的最高水平的健康"的宗旨。为了实现这一宗旨，世界卫生组织进行了一系列的卫生立法方面的工作，把制定国际卫生公约、规则和协定以及食品、药品、生物制品的国际标准和诊断方法等国际规范，作为自己的主要任务之一。如《国际卫生条例》、《2000 年人人健康全球策略》等都是在世界卫生组织主持下制定的。

（二）联合国及其系统组织以各种形式订立的与卫生有关的国际条约和国际标准。如《精神药物公约》、《儿童生存、保护和发展世界宣言》、《1961 年麻醉品单一公约》、《禁止非法贩运麻醉品和精神药物公约》等。

（三）涉及医疗卫生领域的国际间非政府组织如世界医学会（WMH）、国际红十字会等，它们也制定了一系列世界性医学原则。如规定人体实验原则的《赫尔辛基宣言》，关于医学流产问题的《奥斯陆宣言》，关于死亡确定问题的《悉尼宣言》、《献血与输血的道德规范》等等。

二、国际卫生法的基本原则

国际卫生法的基本原则是指那些被成员国公认的、具有普遍意义的、构成国际卫生法基础的法律原则。在卫生领域，国与国之间当然也要遵守尊重主权、相互平等、不干涉内政等国际法一般原则，同时，由于国际卫生法调整对象的特殊性，还有其独有的基本原则，主要有：

（一）维护全人类健康的原则

每个人都享有改善卫生条件，获得基本医疗保健的权利，以提高生命质量，延长寿命。WHO 在《2000 年人人健康全球策略》中提出："健康是一项基本人权，是全世界的一项目标"。在现代社会，健康不仅仅指生理上的无疾病，还包括心理状态的完整和具有良好的社会适应能力。随着社会的发展，人类一方面享受着科技进步、生产力提高所带来的物质文明，另一方面也承受着人与自然未能协调发展而产生的种种恶果，面临着由于竞争加剧等社会现象引发的人际关系紧张的状态，这些都构成了对人类健康的威胁。同时，世界南北差距的扩大、贫富的分化，不同国家人们的健康水平也存在极大的差异。国际卫生法的制定和实施，就是要在全球范围内，共同采取切实有效的措施，保证人类获得尽可能高的医疗卫生保健，提高健康水平。

（二）国际合作原则

预防、控制和逐步消灭疾病，维系人与自然的协调关系，建立良好的社会人际关系，促进人类社会的可持续发展，为人们创造清洁、适宜的工作和生活环境，保证人体健康，是各国追求的理想和目标，为实现这个目标，需要全人类紧密合作、共同努力。然而，高密度和快速流动的现代社会非常适合疾病的传播，在全球化和现代交通工具面前，曾经阻止疾病远距离传播的地理屏障已经形同虚设。许多疾病的预防、治疗和消灭，特别是对危害甚烈的传染病的控制更要全球的通力合作、协调一致。联合国、世界卫生组织及各个国家在积极推进卫生国际合作方面，已经取得了十分显著的成果，如天花病毒的消灭就是全球合作的成果。当今世界，发达国家因其经济发达，科学技术先进，占有的卫生资源更为充裕，应当对发展中国家提供经济和技术等方面的援助，为建立国际卫生新秩序，公平的分配卫生资源承担更多的责任。

在地球村里，不同肤色、国籍人的命运被紧紧地拴在了一起。保护人类赖以生存的环境，需要各个国家的共同努力。

三、国际卫生法的效力

国际卫生法的效力是指它对相关国家的拘束力问题。国际卫生法和国内法不同。国际卫生法是国际法，它的主体主要是国家，在国际上，不存在像国内那样的立法机关，也没有超越主权国家之上的强制机关。但是，国际卫生法并非没有拘束力。国际卫生法是国家之间的协议或条约，按照"条约必须遵守"、"条约只拘束缔约国"的国际法原则，缔约国应当接受条约的约束。国际卫生条约可分为双边条约和多边条约，双边条约指两个国家签定的为确定它们之间维护人体健康关系的权利和义务而达成的协议；多边条约是多个国家参加的条约。双边条约对缔约国双方有约束力，构成两个国家之间的权利义务关系；多边条约则对所有参加的国家有拘束力。

在适用上，国际卫生条约优先于国内法。但对于多边条约，参加国事先声明保留的条款不在此限。

第二节　主要国际卫生法简介

一、《国际公共卫生条例》

1951 年，第四届国际卫生大会通过了《国际公共卫生条例》。该条例把鼠疫、霍乱、天花、黄热病、斑疹伤寒、回归热 6 种疾病列为检疫传染病。1969 年，第 22 届世界卫生大会将其名称修改为《国际卫生条例》，并对内容进行了充实，自 1971 年 1 月 1 日起生效。1973 年，第 26 届世界卫生大会对《国际卫生条例》进行了修改，特别修改了关于霍乱的条款。1981 年，第 34 届世界卫生大会再次修改《国际卫生条例》，鉴于全球已经消灭了天花，删除了有关天花的条款。现在的《国际卫生条例》，包括 1969 年文本，世界卫生大会对其进行的两次修改，以及世界卫生大会、国际传染病监测委员会根据"其就有关国际传染病监测的实施、方法及程序提出建议"的职责所作出的并经世界卫生大会认可的一些诠释和建议，还包括对《国际卫生条例》的保留意见和其他一些参考文件。

目前，世界上已经有 160 多个国家和地区承认《国际卫生条例》。我国于 1979 年 6 月 1 日起正式承认《国际卫生条例》，并且未做任何保留。

《国际卫生条例》的目的是：最大限度地防止传染病在国际间传播，保障人类的健康安全，同时，尽可能小地干扰世界交通运输；为了鉴别和控制传染病，强调流行病学监测，加强流行病学原则在国际间的应用，以期发现、减少或扑灭传染源，改善港口、机场及其周围的卫生；防止媒介扩散；鼓励国家一级的流行病学活动，以便减少外来传染病传入的危险。

《国际卫生条例》的主要内容有：

1. 定义　对条例中涉及到的名词和概念进行统一的界定和解释，以避免各国在使用过程中出现混乱。如对疫区、染疫人、染疫嫌疑人、医学检查、输入病例、疾病流行、国际航行、留验等均给出了明确的定义。

2. 疫情通报　每个国家得承认 WHO 有权直接与其领域或各领地的卫生行政机关联系，WHO 与卫生行政机关互送通知或情报应视为 WHO 与相关国家之间的行为。根据《国际卫生条例》的规定，各国卫生行政机关在获悉其领土内发生本条例所辖的、既非外来又非转移的第一个病例时，应当在 24 小时内用电报或电传通知世界卫生组织，并在其后的 24 小时内，通知其疫区所在地。除此之外，应迅速补充报告疫病来源、类型、病例数及死亡数、影响疫病传播的情况以及所采取的预防措施。各国应当每年向 WHO 递交由于国际交通所引起或带入的本条例所辖疫病病例发生的情况，以及根据本条例规定采取的行动及其实施的影响的情况。WHO 应尽快将收到的疫情和其他情报发送给各卫生行政机关，编写条例执行情况和对国际交通影响的年度报告，刊出条例所辖疫病流行的趋势，用地图表明世界上的疫区、非疫区以及 WHO 监测规划中获得的其他有关情报。

3. 卫生机构　各国卫生行政机关应保证在其领域内的港口、机场内设置有组织的、有足够人员、设备和房屋的医疗卫生机构。特别应具有能迅速隔离与治疗染疫人、实施消毒、除虫、除鼠，进行细菌学调查、对感染鼠疫啮齿动物的收集和检验鼠类、对人、食品进行采样并送实验室检验及实施其他适当措施的设备。在国际交通运输量十分繁重和在流行病学情况需要时，凡在铁路线、公路线的边境站以及边境和内河水域实行内河航运卫生控制的地方，也应有上述设施。

4. 卫生措施及其程序　《国际卫生条例》规定的卫生措施是应用于国际交通运输方面最大限度的措施，也是一个国家在其领域内防止条例所辖传染病传播的要求。由于卫生措施是以保护健康为目的，因此适用于具有外交身份的人员。卫生措施应立即执行，毫不迟疑地完成，不加区别地实施。条例明确规定了飞机、船舶及其上的人员、货物离境时的卫生措施，应用于港口、机场、到达或离去之间的卫生措施，到达时的卫生措施，关于国际运输货物、物品、行李和邮件的措施，并对实施这些卫生措施应当遵循的程序和要求作了详细的规定。

5. 《国际卫生条例》所辖疫病的特殊规定　该条例规定的检疫传染病为鼠疫、霍乱、黄热病。其中鼠疫的潜伏期为六天，霍乱的潜伏期为五天，黄热病的潜伏期为六天，对染疫嫌疑人实施就地诊验或留验或隔离的日期与疫病的潜伏期相同。对确定飞机、船舶已经染疫或有染疫的条件及对染疫或有染疫嫌疑的船舶、飞机采取的除虫、除鼠、消毒等卫生措施作了规定。

6. 卫生文件　卫生文件包括航海健康申报书、飞机总申报单中的卫生部分、预防接种证书等。上述卫生文件应当符合世界卫生组织要求的印刷式样、填写文字，且应填写齐全，字迹清楚。国际预防接种证书是个人证件，在任何情况下都不能集体使用。对儿童应单独签发证书。

7. 收费　实施医学检查、鉴定被查者健康状况所需要的细菌学检查或其他补充检查、对到达人员的预防接种以及为此而签发的任何证书不得收费。飞机乘务员的隔离费用由飞机的经营者支付，其他国际旅行者的隔离费用由旅行者本人支付或由抵岸国家支付。除医学检查之外，为执行《国际卫生条例》规定的其他措施而需收费时，每个领域内只能使用一个收费标准；每次收费应当与该标准相一致；价格适当并且不超过所提供服务的实际成本；收费时不分人员的国籍、籍贯或住址，不分船舶、飞机、火车、公路车辆和其他交通工具的国籍、国旗、注册处所，都一视同仁。特别是在本国籍与外国籍的人员、船舶、飞机、火车、公路车辆、其他交通工具和集装箱之间更不能有所区别。

8. 各种规定　为防止疟疾的传播，当飞机离开处于疟疾传播或其他蚊媒疾病发生地区的机场，或离开处于对杀虫剂有抗药性的病媒蚊虫存在地区的机场，或离开有某种媒介存在地区的机场而该媒介在飞机前往机场地区已被消灭时，应使用 WHO 推荐的方法进行消毒。有关国家应当接受飞机在飞行中应用已被核准的喷雾除虫系统进行除虫。每一艘船舶离开处于上述情况的港口时应保持船上完全没有有关蚊种的幼虫和成虫。移民、游牧民、季节工或参加定期群众性集会的人员和船舶，特别是运载他们的国际沿海航行的小船、飞机、火车、公路车辆、或其他交通工具应当接受与各有关国家的法律、条例以及这些国家间缔结的协定相符的附加性卫生措施，这些交通工具的卫生标准不得低于 WHO 推荐的标准。在两国或多国间，由于在卫生、地理、社会或经济方面有某些共同利益，可以缔结特殊条约或做出安排，但不应当与《国际卫生条例》的各项规定有抵触。

二、食品法典

食品法典是食品法典委员会（CAC）为保护消费者的健康，促进公平的食品贸易而建立的国际协调一致的食品标准体系。CAC 负责标准制定的有两大组织类别：一类是包括食品添加剂、污染物、食品标签、食品卫生、农药兽药残留、进出口检验和出证体系以及分析和采样方法等在内的 9 个一般委员会（或称横向委员会）；一类是包括鱼、肉、奶、油脂、水果、蔬菜等在内的 16 个商品委员会（或称纵向委员会）。它们分别制定食品的横向（针对所有食品）标准和纵向（针对不同食品）标准，由此建立了一套完整的食品国际标准体系，以食品法典的形式向所有成员国发布。

（一）食品法典标准的性质和范围

1. 食品法典标准的性质　世界贸易组织（WTO）成立后，CAC 标准是一种推荐性标准，各成员国政府可以自愿采纳。但"实施卫生与动物检疫措施协定"（SPS 协定）和"贸易技术壁垒协定"（TBT 协定）赋予了 CAC 标准新的涵义。

WTO/SPS 协定将 CAC 标准作为国际食品贸易的参考依据，规定 WTO "缔约国首先应采用国际标准，国内正在制定的，应以国际标准为基础。"在食品领域，一个国家只要采用了 CAC 标准，就被认为是与 SPS 和 TBT 协定的要求一致。反之，如果其标准低于 CAC 标准，在理论上意味着该国将成为低于国际标准的食品的倾销市场。在这种情况下，各个国家为了保护本国消费者的健康，要么采纳 CAC 标准，要么按照 SPS 协定的规定，根据风险评估的原则，制定更为严格的国家标准。而发展中国家甚至一些发达国家都无力进行后一项工作，采用 CAC 标准在技术和经济上就成了一种比较明智的选择。CAC 标准已经成为促进国际贸易和解决国际贸易争端的依据，同时也是 WTO 成员保护自身贸易利益的合法武器。因此，CAC 标准实际上具有强制性。

2. 食品法典的范围 食品法典通常包含以下内容：①标准适用范围，包括标准的名称；②描述：一般组成和质量因素以对食品限量标准予以定义；③食品添加剂：仅限于 FAO（联合国粮农组织）和 WHO 明确规定可以使用的；④污染物；⑤卫生、重量和规格；⑥标签：需依照法典有关预包装食品的一般标准；⑦取样和分析方法。

除了商品标准之外，食品法典的内容还包括有普遍适用于所有食品的一般性标准及推荐项目，包括：①食品标签；②食品添加剂；③污染物；④取样和分析方法；⑤食品卫生；⑥特殊饮食的食品营养；⑦进出口食品检验和出证系统；⑧食品中的兽药残留；⑨食品中的农药残留。

CAC 标准规定，国际食品贸易中的食品不得：①含有或掺有可达到有毒、有害或有损健康水平的任何成分；②在全部或部分产品中含有不洁、变质、腐败、腐烂或致病的物质及异物或其他不适于人类食用的成分；③掺假；④标识上的内容有错、误导欺骗消费者；⑤在不卫生的条件下进行销售、制备、包装、贮藏及运输。

(二) 食品法典的作用

1. 保护消费者的健康 保护消费者的健康是食品法典的首要任务。食品法典指南提醒各国政府应充分考虑所有消费者对食品安全的需要，并尽可能地支持和采纳食品法典标准。

近半个世纪以来，随着社会的进步、生产力的发展、人口的增加，人们对食品消费提出了更高的要求。尤其面对人口的巨大压力，世界各国纷纷培育高产品种，大量使用化肥农药、植物生长刺激素、除草剂、各种抗生素激素、抗寄生虫病药物及其他兽药，发展先进的生物工程技术应用于食品及农副产品的生产，引起了人们对食品质量和安全卫生问题的关注。高灵敏度分析仪器的应用，对化学、生物、物理污染与健康关系的深入了解，食品质量及相关危害因素的知识不断增加，使广大消费者对食品的营养、安全卫生要求大幅提高。

食品法典委员会及其下属各专业委员会在制定食品标准的过程中，均把消费者的利益作为优先考虑的问题。食品法典包括了 200 多种食品及某一类别食品的标准，此外，它还包括了预包装食品标签的一般性标准、法典索引指南和法典营养标签指南。所有这些内容的目的都在于指导消费者正确选购食品。食品卫生、食品添加剂、食品中的污染物及毒素和辐射食品等的一般标准，确定农药残留、兽药残留、食品添加剂和污染物的最大限量，也保证了消费者能最大限度地不受不安全食品的危害。更进一步讲，CAC 实质上已经使各国政府将食品的安全和质量问题纳入了政治议程，如果政府忽视消费者对他们所吃食品的关心，势必导致严重的政治后果。

2. 维护正常的国际食品贸易秩序 食品法典的一般准则声明："食品法典的出版是要指导和规范对各类食品的描述和品质要求，以使各国能协调一致，有利于国际贸易的发展。"

目前，国际食品贸易额约为 3000 亿～4000 亿美元。各国政府最为关心的是：进口的食品对消费者是否安全，是否会威胁到消费者的健康。出于对食品质量和安全卫生的关注，各国政府（尤其是发达国家）除了促进本国食品产业提高产量、质量和效率外，纷纷制定与食品产业有关的法律法规。在进口食品方面，其规则和强制性措施往往更为严厉，凡不符和要求的，一律不得进口。

由于各国不加限制地制定食品法律，采取不同的食品标准，使贸易双方难于了解对方的法律规定，不可避免地增加了食品贸易壁垒，造成重大损失。所以，在全球经济一体化和贸易国际化的大趋势下，有必要在国际食品贸易中制定统一的国际食品法典，以通用的国际标准取代国家和地区性标准，从而减少贸易壁垒，迎来更加自由的国际贸易环境。CAC 目前已有 165 个成员国，覆盖全球 98％的人口，因此，CAC 标准是打开国际市场大门的通行证。

3.CAC 标准是解决国际食品贸易争端的依据　WTO 的成员国必须遵守统一的游戏规则。在 WTO 的有关协议中，与食品相关的主要是 SPS 和 TBT 两项，这两项协定都要求成员国遵守透明度、不歧视和平等的原则，明确规定 CAC 法典标准在国际食品贸易中具有准绳作用。虽然 CAC 标准名义上是非强制性的，但其一旦被有关政府承诺接受或被贸易双方接受，就成为强制性技术规范。各成员国在发生贸易争端时，必须以 CAC 标准或风险分析的结论为依据，一方若出示 CAC 标准作为证据，不符合 CAC 标准的一方就可能败诉。

三、麻醉品单一公约

当今世界，全球化的药物滥用问题已经对人类的生存和发展构成了重大的威胁。联合国禁毒和预防犯罪办公室发表的《2002 年全球非法麻醉品趋势》报告说，估计全球有1.85 亿人吸毒。麻醉品的滥用，不仅使吸毒者个人道德沦落、人格丧失、健康受损、家庭破裂，而且造成犯罪行为激增，严重危害社会的稳定和经济秩序的正常运行。本公约的目的旨在加强国际之间的合作，共同行动，遵守共同的原则，承认联合国在麻醉品管制方面的职权，将各国有关机关置于该组织体系之内，关怀人类的健康与福利，实现将麻醉品只限于供医药及科学用途的宗旨与目标。

1912 年，中、美、日、英、法、德等国在海牙缔结了《海牙禁止鸦片公约》，这是国际上第一个麻醉品管制公约。此后，国际社会先后签订了 9 个有关国际麻醉品管制的公约、协定和议定书，在上述基础上，联合国于 1961 年在纽约通过了《1961 年麻醉品单一公约》。1972 年，联合国大会又通过了《修正 1961 年麻醉品单一公约的议定书》，对《1961 年麻醉品单一公约》进行了补充和修正，并于 1975 年生效。截至 1996 年 11 月，全世界已有 158 个国家加入了公约。1985 年 6 月，我国加入经 1972 年议定书修正的《1961年麻醉品单一公约》，1986 年成为联合国麻醉药品委员会的 40 个成员国之一。

（一）麻醉品的国际管制机关及其职责

根据公约的规定，联合国经济及社会理事会麻醉品委员会（简称"委员会"）和国际麻醉品管制局（简称"管制局"）是麻醉品国际管制机关。委员会的职责是：审议所有与本公约宗旨有关的事项；修订公约各附表；提请管制局注意任何与该局职责可能有关的事项；提出实现本公约宗旨与规定的建议，包括科学研究方案及科学或技术性情报的交换；

请非缔约国注意委员会依据本公约所通过的决议及建议，以期依照各决议及建议考虑采取行动。

管制局是一个独立的半司法机构，由13名委员组成，均通过联合国经社理事会选举产生。管制局委员应为才能胜任、公正无私、可获各方信任的人士。在其任期内不得担任或从事足以妨碍公正执行职务的任何职位或活动。管制局的职责有：通过与各政府合作，根据公约的精神，努力限制麻醉品的种植、生产、制作及使用，使其不超过医药及科学用途所需要的适当数量。确保其可供此种用途并防止麻醉品的非法种植、生产和制造及非法产销和使用。管制局每年印发一份工作报告书，报告其综合审查世界各地麻醉品管制情况，并据此辨明或预测危险趋向，提出采取措施的建议。除年度报告外，管制局还负责编制四份技术性较强的报告书：《世界麻醉品需求估计数》、《麻醉药品统计数字》、《麻醉药品估计数和统计数比较表》和《精神药物统计数字》。

（二）麻醉品的制造、贸易方面的限制

根据公约，缔约国应当规定麻醉品的制造须经特许，但由国营企业机关经办的，不在此限。特许管制包括：管制所有从事或经营麻醉品制造的人和企业；以核发特许证办法管制准予制造麻醉品的场所及房地；规定持有特许证的麻醉品制造人须领取定期许可证，证内载明准其制造的麻醉品种类及数量。但对制剂无规定须领定期许可证。各缔约国应根据当时一般市场情况，防止麻醉品制造人所积存的麻醉品及罂粟草超出正常营业所需的数量。麻醉品的贸易同样须经特许。

公约对麻醉品的国际贸易作了特别规定。各缔约国不得故意准许向任何国家或领土输出麻醉品，除非这种输出符合该国家或领土的法律规章且输出数量符合公约的规定。在麻醉品的国际贸易中，各缔约国应以核发特许证办法管制麻醉品的输入或输出，管制所有从事或经营此项输入或输出业务的人及企业。每次输入或输出一种或多种麻醉品须分别领取输入或输出准许证，准许证上应载明麻醉品名称（如有国际非专用名称的，连同该项名称）、输入或输出的数量、输入人或输出人的名号地址，并注明输入或输出应完成的期限。缔约国在发出输出许可证前，应责令申请输出者出具输入国或输入领土主管机关发给的输入证，证明其上载明的麻醉品的输入业经核准。输入证应由申请输出准许证的人或机构呈缴。运入或运出缔约国领土的麻醉品如未附有输出许可证，应由主管机关扣留。

（三）缔约国的义务

缔约国的一般义务是，采取必要的立法和行政措施，在其本国领土内实施及执行本公约的规定；与其他国家合作实行本公约的规定，并保证除本公约另有规定外，麻醉品的生产、制造、输入、输出、分配、贸易、使用及持有，以专供医药及科学上的用途为限。缔约国应互相援助，进行取缔麻醉品非法产销的活动。

（四）罚则

缔约国应当根据本国宪法，使下列故意犯罪行为受到惩罚，情节严重者，给予刑罚制裁，特别应科以徒刑或其他剥夺自由的刑罚：违反本公约规定的麻醉品的种植、生产、制造、提制、调制、持有、供给、兜售、分配、购买、贩卖、以任何名义交割、经纪、发

送、过境寄发、运输、输入及输出，以及任何其他行为经该缔约国认为违反本公约的规定者。除此之外，故意参与、共谋实施、实施未遂、及从事与上述各项犯罪行为有关的预备行为及财务活动皆属应予以惩罚的罪行。本国人或外国人犯有上述罪行情节重大者，应由犯罪地的缔约国追诉，如果发觉犯罪在一缔约国领土，虽经向该缔约国请求引渡但依该国法律不能予以引渡而该罪犯尚未受制裁的，应由其所在地国追究。

凡用于或拟用于上述各项犯罪行为的麻醉品、物质及器具应予以缉获并没收。

四、精神药物公约

精神药物是医学和科学上不可或缺的物质，但精神药物的滥用将产生药物依赖性，使中枢神经系统兴奋或抑郁，以致造成幻觉，或对动作机能、思想、行为、感觉、情绪造成损害，并构成严重的公共卫生和社会问题。精神药物公约的目的在于预防和制止精神药物的滥用及由此引起的非法产销，使之使用仅限于合法用途。

1971 年 2 月，联合国通过了《精神药物公约》，自 1976 年起生效。该公约管制的品种共 40 余种，分为 4 个等级，分列于公约后的附表一、附表二、附表三、附表四中。附表一的品种滥用的危险性极大，对公共卫生构成严重威胁，且医疗价值尚不明显，对这类药物的管制最为严格。附表二的品种对人的治疗价值十分有限，但依赖性很强。附表三的品种包括那些速效和中效的镇静催眠药，有医疗价值但已被严重滥用的巴比妥药物类，少数镇痛药也属于附表三的品种。附表四的品种主要包括那些具有明显依赖性的各种镇静催眠药，但广为医疗使用。截至 1996 年 11 月，《精神药物公约》已有 146 个成员国。我国 1985 年 6 月加入了该公约。

（一）公约中有关精神药物制造、贸易、包装、广告的规定

根据公约的规定，缔约国制造、贸易、分配及持有附表一中的精神药物，须凭特别执照或事先领取许可证；制造、贸易（包括输出和输入贸易）及分配附表二、附表三、附表四中的精神药物，须凭执照或受其他类似措施管制。对于附表一所列药物，各缔约国应规定制造人及从事该类药物贸易及分配者须遵循每一缔约国所作规定备存纪录，列载制造数量及贮存数量的细节，并按每次取得与处置，列载数量、日期、供应人及收受人各项细节。对于附表二和附表三中的药物，各缔约国应规定制造人、批发人、输出人及输入人须遵循每一缔约国所作规定备存纪录，列载制造数量的细节，并按每次取得与处置列载数量、日期、供应人及收受人各项细节。对于附表四的药物，各缔约国应规定制造人、输出人及输入人须遵循每一缔约国所作规定备存纪录，列载制造、输出及输入数量。

在精神药物的国际贸易中，凡准许输出或输入附表一或附表二精神药物的缔约国，应规定每次进行此种输出或输入，均须分别领取由麻醉品委员会规定的输出或输入准许证。准许证应载明有关药物的国际非专用名称，没有此种名称时载明附表内所用名称，并且载明将予输出或输入的数量、药型、输出人或输入人的名号与地址及输出或输入的期限。如输出或输入的药物为制剂，其有名称者应加列其名称。输出准许证并应载明有关输入准许证的号码、日期及发证机关。缔约国在核发准许证前，应规定缴验输入国或输入区域主管当局所核发的输入证，以证明内载的精神药物业经核准。

缔约国应参照世界卫生组织的有关规章或建议，制定为使用人安全所必需的精神药物使用方法说明，包括注意事项及警语，在零售包装的标签上载明。禁止利用广告向公众推销精神药物。

（二）精神药物使用的规定

公约对精神药物的使用进行了严格的规定。除为医学和科学研究的目的外，禁止一切使用。即使因为医学和科学的需要而使用精神药物，也应当备存纪录，列载该药物取得及其使用详情，记录自其所载最后一次使用日期起至少保存两年。各缔约国应规定附表二、附表三、附表四内的药物，只能凭处方才能供应或配给个人使用，但个人依法执行医疗或科学职务可合法取得、使用、配给或施用各该精神药物的，不在此限。

（三）缔约国的义务

缔约国应按照公约的规定，全面履行自己的义务。对精神药物的制造人、输出人、输入人、批发人、零售分配人及医学与科学院所规定检查制度，并应对有关房地、贮存品及记录规定办法作必要的、经常性的检查。各缔约国应向联合国秘书长提供必要资料，尤其应提交关于公约在其领土内实施情形的常年报告书。报告书应包括的情报资料有：有关精神药物各项法律与规章的重要修改，精神药物在其领土内滥用与非法产销的重大发展。缔约国应依照国际麻醉品管制局拟定的格式向管制局提交常年统计报告。

（四）罚则

缔约国在本国宪法的范围内，对于故意违反为履行本公约义务所制定的法律或规章的任何行为，应作为犯罪行为进行处罚，并应确保其罪行情节重大者受充分刑罚，尤其受徒刑或其他剥夺自由的处罚。故意参与、共谋实施、实施未遂及从事公约所指各项与犯罪行为有关的预备行为及财务活动都属于犯罪。拟用于实施犯罪行为的任何精神药物或其他物质及器具应予以缉获并没收。缔约国如认为宜采取或必须采取较本公约规定更为严格或严厉的措施以保障公共卫生与福利时，可以采取此类措施。

五、联合国禁止非法贩运麻醉药品和精神药物公约

（一）公约的制定和目的

麻醉药品和精神药物的非法生产、需求及贩运，规模巨大且呈上升的趋势，对人类健康和幸福构成了严重威胁，侵蚀着社会的各类群体，并对社会的经济、文化及政治基础造成不利的影响。特别是在世界上许多地区，儿童被当成毒品消费市场，被利用进行麻醉品和精神药物的非法生产、分销和买卖，造成了无法估量的危害。麻醉品和精神药物的非法贩运同其他与之有关的有组织犯罪活动结合在一起，损害着正当合法的经济，危及各国的稳定、安全和主权。鉴于此，联合国在1988年12月通过了《联合国禁止非法贩运麻醉品和精神药物公约》，自1990年11月11日生效。我国积极参与了公约的起草工作，是公约的发起国之一。

由于非法贩运是一种国际性的犯罪活动，因此，应当在国际合作范围内，采取协调行动，才能予以根除。公约的宗旨和目的是促进缔约国之间的合作，更有效地对付国际范围的麻醉品和精神药物的非法贩运。

（二）非法贩运、制裁及管辖权的规定

非法贩运指本公约第三条第一款和第二款所列的犯罪。缔约国对犯罪行为，应按照罪行的严重性予以制裁，如监禁或以其他形式剥夺自由、罚款和没收。除进行定罪或惩罚外，还可以采取治疗、教育、善后护理、康复或回归社会等措施。对实施犯罪的麻醉品、精神药物、材料、设备或其他工具以及所得收益等财产应予以没收。公约不排除任一缔约国行使按照其国内法确立的任何刑事管辖权，也可按公约的规定确立管辖权。

（三）国际合作和司法协助

缔约国之间应根据本公约进行合作，相互提供司法协助。对于本公约第三条第一款确定的犯罪，均应视为缔约国之间现行引渡条约应予以包括的可引渡的犯罪。各缔约国承诺将此种犯罪作为可予引渡的犯罪列入它们之间将要缔结的每一引渡条约之中。引渡应遵守被请求国法律或适用的引渡条约所规定的条件。缔约国在对于上述犯罪进行的调查、起诉和司法程序中相互提供最广泛的法律协助。法律协助的请求可以是：获取证据或个人证词；送达司法文件；执行搜查及扣押；检查物品和现场；提供情报和证物；提供有关文件及记录的原件或证明的副本，其中包括银行、财务、公司或营业记录；识别或追查收益、财产、工具或其他物品，以作为证据。缔约国可相互提供被请求国国内法所允许的任何其他形式的相互法律援助，并不得以保守银行秘密为由拒绝相互司法协助。缔约国在符合各自国内法和行政制度的情况下，还可以采取其他形式的合作和培训。

（四）缔约国的义务

各缔约国应全面履行本公约的义务。采取措施制止在自由贸易区和自由港非法贩运麻醉药品、精神药物，按照万国邮政联盟各项公约规定的义务，制止利用邮件进行非法贩运，并应为此目的相互合作。确保商业承运人经营的运输工具不被用于犯罪活动，确保商业承运人与出入境口岸及其他海关管制区的有关当局合作。防止擅自接触运输工具和货物，并采取适当的安全措施。各缔约国应要求合法出口的麻醉药品和精神药物单证齐全，所贴标签准确无误。

缔约国应尽可能充分合作，依照海洋法制止海上非法贩运。缔约国如有正当理由怀疑悬挂其国旗或未挂旗或未示注册标志的船只在进行非法贩运，可请求其他缔约国协助，以制止将该船用于此种目的。被请求的缔约国应尽其所能提供此种协助。缔约国如有正当理由怀疑悬挂另一缔约国国旗或显示该国注册标志的船只虽按照国际法行使航行自由却在从事非法贩运，可将此事通知旗船国，请其确认注册情况，并可在注册情况获得确认后，请旗船国授权对该船采取适当措施。

缔约国应通过联合国秘书长向麻委会提供关于在其领土内执行本公约的情报，特别是：为实施本公约而颁布的法律和法规的文本；在其管辖范围内发生的非法贩运案件中缔约国认为因其涉及所发现的新趋势、所涉及的数量、获得有关物质的来源或从事非法贩运

的人使用的手段而具有重要性的案件的详情。各缔约国应按照麻委会要求的方式和日期提供此种情报。

【练一练】

简答题

1. 简述国际卫生法的基本原则。

2. 《麻醉品单一公约》缔约国的义务是什么？

参 考 文 献

陈明光．卫生法学．上海：上海医科大学出版社，1992

伍天章．卫生法学．广州：广东人民出版社，2001

郑平安．卫生法学．北京：科学出版社，2003

赵同刚．卫生法立法研究．北京：法律出版社，2003

卫生部、国家中医药管理局．常用卫生法规汇编．北京：法律出版社，2002

王镭．中国卫生法学．北京：中国人民大学出版社，1988

赵同刚．卫生法．北京：人民卫生出版社，2001

曹泰康．突发公共卫生事件应急条例释义．北京：中国法制出版社，2003

樊立华．卫生法学．北京：人民卫生出版社，2004

吴崇其．中国卫生法学．北京：中国协和医科大学出版社，2001

达庆东．卫生法学纲要．上海：复旦大学出版社，2004

宋文质．卫生法学．北京：北京大学医学出版社，2005